高等学校内部控制标准体系建设

孙开宝　潘莉娜　俞红梅　编著

中国矿业大学出版社
·徐州·

图书在版编目(CIP)数据

高等学校内部控制标准体系建设 / 孙开宝，潘莉娜，俞红梅编著. — 徐州 ：中国矿业大学出版社，2025.4.
ISBN 978-7-5646-6673-6

Ⅰ. G647-65

中国国家版本馆 CIP 数据核字第 20258TS734 号

书　　名 高等学校内部控制标准体系建设
编　　著 孙开宝　潘莉娜　俞红梅
责任编辑 马晓彦
出版发行 中国矿业大学出版社有限责任公司
（江苏省徐州市解放南路　邮编 221008）
营销热线 (0516)83885370　83884103
出版服务 (0516)83995789　83884920
网　　址 http://www.cumtp.com　**E-mail**:cumtpvip@cumtp.com
印　　刷 江苏凤凰数码印务有限公司
开　　本 787 mm×1092 mm　1/16　**印张** 19.5　**字数** 330 千字
版次印次 2025 年 4 月第 1 版　2025 年 4 月第 1 次印刷
定　　价 96.00 元

序　言

近年来，随着我国高等教育事业的快速发展，高等学校（以下简称高校）的经济活动及相关业务活动日趋复杂。内部控制建设作为提升高校治理能力、风险防范、实现高质量发展的重要抓手，已成为深化教育改革的关键任务。自2014年《行政事业单位内部控制规范（试行）》（财会〔2012〕21号）实施以来，高校内部控制建设成效显著，但仍面临诸多困难与挑战。如何进一步健全高校内部控制建设体系、优化资源配置、强化风险防控、推动内涵式发展，是当前教育改革中亟须破解的课题。

在此背景下，2024年财政部、教育部联合印发了《关于进一步加强高等学校内部控制建设的指导意见》（财会〔2024〕16号），明确提出将内部控制建设作为高校完善治理体系、提升治理效能的核心举措。值此关键时期，《高等学校内部控制标准体系建设》一书的出版可谓恰逢其时。本书立足政策导向与实践需求，系统梳理理论框架，深度剖析典型案例，为全面推进高校内部控制建设提供了兼具学术价值与实践意义的指导方案。

本书的编写团队由多位高校财务管理、内部控制领域的专家学者组成，他们既有深厚的理论积淀，又扎根一线积累了丰富的实践经验。书中不仅深入解读了最新政策要求，而且结合高校十年来的实践探索，提炼出许多创新性路径与方法，特别是书中结合具体案例的分析，为高校内部控制体系的建设与实施提供了参考。无论是高校管理者、财务工作者，还是教育领域的研究者，都能从中获得理论启示和实践参考。

尤为可贵的是，本书既跳出了传统理论著作的框架局限，又以系统性视角梳理了高校内部控制建设的实践经验，同时，立足长远提出了创新性发展路径。我相信，随着内部控制体系的不断完善，高校将更具韧性地应对风险挑战,在优化治理效能、提升资源配置水平中实现内涵式发展,为落实科教兴国战略的实施构筑坚实基础。

总之,本书的出版,既为进一步推动高校内部控制建设提供了方法指引,也为治理效能提升开辟了新视野。书中凝结的理论智慧与实践方案,不仅能够助力管理者破解制度落地难题,更能为教育财务工作者优化业务流程提供系统参照。期待本书成为推动高校治理现代化的重要载体,在政策执行与基层创新的良性互动中,持续释放制度活力。愿它成为广大教育工作者案头常备的工具书,更期待学界同仁以此为契机,共探内部控制创新之路,共筑教育强国之基。同时,也期待广大读者提出宝贵意见,共同推动高校治理水平的不断提升。

江苏省教育会计学会会长 **周亚君**

2025 年 3 月

前言

内部控制标准体系建设是学校管理思想的一次解放与动员，是培养规则意识的重要举措。自2014年1月1日起，高校正式施行《行政事业单位内部控制规范（试行）》。为全面规范高校经济活动及相关业务活动，建立健全科学有效的内部控制制约机制，有效防控风险，作者根据《中华人民共和国会计法》、《关于进一步加强财会监督工作的意见》、《关于全面推进行政事业单位内部控制建设的指导意见》（财会〔2015〕24号）、《教育部直属高校经济活动内部控制指南（试行）》（教财厅〔2016〕2号）、《行政事业单位内部控制报告管理制度（试行）》（财会〔2017〕1号）、《关于进一步加强高等学校内部控制建设的指导意见》等有关法律法规及政策制度，在教育部经费监管事务中心委托江苏省教育厅开展全国教育系统财务干部网络学习平台课程建设（即"地方财务管理课程——内部控制"课程，由江苏省教育厅财务与资产管理处牵头组建课程建设小组，小组成员包括李心合、叶青松、孙开宝、顾亚莉、俞红梅、赵春喜。2023年9月通过验收，现已在教育系统财务干部网络学习平台上线，供全国教育财务人员学习）基础上，进一步整理、提升，系统编著高校经济活动及相关业务活动内部控制建设的标准体系。

本书可用于各级财政部门、教育部门、其他主管部门和各高校业务线下培训，增强内部控制理念，为全面推进高校内部控制建设营造良好的环境和氛围，确保内部控制体系在高校内部见行见效，以提升高校治理水平，为推动高校高质量发展、深入实施科教兴国战略提供管理保障。

本书共15章，以高校内部控制整体框架和内部控制环境为切入点，以高校主要经济活动及相关业务活动为主线，通过建设、报告、评价和监督等形式，建立健全高校内部控制标准体系，从而保证高校经济活动及相关业务活动合法合规、资产安全和使用有效、财务信息真实完整，有效防范舞弊和预防腐败，提高资源配置和使用效益，实现高校高质量发展。本书具有以下三个特点：

第一，与时俱进。从理论层面和实务层面，全面解读防范风险的内部控制最新管理要求，突出重点，讲求实效。

第二，风险导向。结合高校实施《行政事业单位内部控制规范（试行）》十年来的经验和教训，全面深入地分析重点领域内部控制建设现状，提出有针对性的创新举措。

第三，强调实用。结合具体案例，重点探讨了内部控制体系和内部控制信息化建设案例，对高校开展内部控制建设与评价监督具有借鉴作用，对教育财务干部的专业发展和提升其岗位能力具有一定的指导意义。

本书层次分明、条理清晰、重点突出，不仅可以作为高等学校领导班子和干部职工学习内部控制的课本，也可以作为高校推动《关于进一步加强高等学校内部控制建设的指导意见》在本单位落地见效的参考书、工具书。

本书由淮阴工学院发展规划处处长孙开宝等编著。其中：孙开宝负责总纲、第一章、第二章、第四章、第七章、第八章第二节和第三节、第十章至第十二章内容的撰写及统稿；江苏省教育厅财资处副处长潘莉娜负责全书整体框架和全部内容的审定；南京工业大学计划财务处处长、江苏省教育会计学会副秘书长、江苏省教育会计学会基础教育专业委员会副主任叶青松负责第六章、第十四章内容的撰写；南京体育学院财务处处长丁锴负责第十五章第二节内容的撰写；无锡职业技术学院财务处原处长、江苏省教育会计学会副秘书长、江苏省教育会计学会职业教育专业委员会副主任兼秘书长俞红梅负责第三章、第八章第一节、第九章内容的撰写；常州工程职业技术学院审计处处长顾亚莉负责第五章、第十三章、第十五章第一节内容的撰写。淮阴工学院国际教育学院刘晨韵负责第一章、第二章外国文献检索、《内部控制——整体框架》翻译和全书案例、图表的整理等；计财处钟洪磊、商学院研究生王支晴参与了本书资料的收集、整理和校对工作。

特别感谢教育部经费监管事务中心副主任朱明的大力支持，感谢南京大学商学院李心合教授和扬州市教育局财务处处长赵春喜给予的指导与帮助。同时，本书成稿过程中参考了相关研究资料和辅导用书并加以借鉴，在此向相关作者致以诚挚的谢意！

由于编者水平有限，且高校经济活动和相关业务活动具有多元性、复杂性的特点，书中难免存在疏漏和不妥之处，恳请读者给予批评指正！

作者

2025年3月

目 录

第一章　高校内部控制整体框架

第一节　我国高校内部控制发展历程

一、内部控制的定义

Treadway 委员会下属的发起人委员会(Committee of Sponsoring Organizations,COSO)发布的《内部控制——整体框架》(2013)对“内部控制”给出了如下定义:“内部控制是一个由主体(经营实体、政府机构或非营利组织)的董事会、管理层和其他员工实施的,旨在为实现运营、报告和合规目标提供合理保证的过程。”这个定义强调内部控制具有以下五个特点:

(1) 旨在实现目标。这些相互独立但又互有重叠的目标类别包括运营、报告和合规。

(2) 一个持续不断的过程。此过程包括持续的任务和活动,是达到目的的手段,而非目的本身。

(3) 由人来实施。不仅仅是单纯的政策、流程手册、系统和表单,而且包括组织中各层级人员以及他们所实施的可能影响内部控制的行为。

(4) 可以提供合理保证。向组织的高级管理层和董事会提供合理保证,但非绝对保证。

(5) 与组织的结构相适应。可灵活运用于整个组织或其中一个下属单位分部、业务单元或业务流程。

《行政事业单位内部控制规范(试行)》所称内部控制,是指单位为实现控制目标,通过制定制度、实施措施和执行程序,对经济活动的风险进行防范和管控。单位内部控制的目标主要包括:合理保证单位经济活动合法合规、资产安全和使用有效、财务信息真实完整，有效防范舞弊和预防腐败，提高公共服务的效率和效果。

《教育部直属高校经济活动内部控制指南（试行）》所称高校内部控制，是指学校为实现办学目标，通过制定制度、实施措施和执行程序，对经济活动的风险进行防范和管控。高校内部控制的目标主要包括：保证学校经济活动合法合规、资产安全和使用有效、财务信息真实完整，有效防范舞弊和预防腐败，提高资源配置和使用效益。

二、内部控制的发展历程

内部控制的产生与发展最早可以追溯到公元前 3 600 年至公元前 3 200 年的苏美尔文化时期，已经具有 5 000 多年的历史，大体上经历了内部牵制、内部控制系统、内部控制结构、内部控制整体框架等四个不同的阶段，并呈现出与企业合规管理、风险管理整体框架一体化趋势。

（一）内部牵制阶段

《柯勒会计词典》中内部控制是指“以提供有效的组织和经营，并防止错误和其他非法业务发生的业务流程设计。其主要特点是以任何个人或部门不能单独控制任何一项或一部分业务权力的方式进行组织上的责任分工，每项业务通过正常发挥其他个人或部门的功能进行交叉检查或交叉控制。”由此可见，内部控制可以通过职责分离、实物牵制、技术牵制和会计系统牵制实现。内部控制发展到今天，内部牵制依然是“一个不可缺少的组成部分”。

（二）内部控制系统阶段

为适应所有权和经营权的分离，内部控制由早期的内部牵制逐步演变为涉及组织结构、岗位职责、人员分工、业务处理流程和内部审计等比较严密的内部控制系统。

1949 年，美国注册会计师协会（AICPA）发表特别报告，首次正式提出了权威的内部控制定义，即“内部控制包括组织机构的设计和企业内部采取的所有协调方法和措施，旨在保护资产、检查会计信息的准确性和可靠性，提高经营效率，促进既定管理政策的贯彻执行”，由此内部控制系统的基本思想形成了。

1972 年，AICPA 发布《审计准则公告第 1 号——审计准则和程序汇编》，由此内部控制进入“二要素”阶段，管理控制和会计控制都成为内部控制的重要组成部分。

(三)内部控制结构阶段

1988年,AICPA发布《审计准则公告第55号——财务报表审计中对内部控制的考虑》。此公告首次以“内部控制结构”的概念更新了“内部控制系统”,非常精准地表达“企业内部控制结构包括为企业实现特定目标提供合理保证而建立的各种政策和程序”,内部控制发展史上从“两要素”阶段步入了“结构三要素”阶段。内部控制结构由控制环境、会计系统和控制程序三要素组成。

(四)内部控制整体框架阶段

1992年,COSO发布了《内部控制——整体框架》,该报告在内部控制发展史上所做出的最大贡献在于其给出了最权威的内部控制定义,提出了内部控制目标包括经营目标、财务报告目标和合规目标,还明确了内部控制的内容,即控制环境、风险评估、控制活动、信息与沟通和监控。

2013年,COSO发布了修订后的《内部控制——整体框架》,新修订的整体框架,明确了内部控制的经营目标涉及经营的有效性和效率,包括经营和财务业绩目标,以及保护资产免遭损失;内部控制的报告目标涉及面向主体内部和外部的财务和非财务报告,包括外部财务报告、内部财务报告、外部非财务报告和内部非财务报告;内部控制的合规目标涉及适用的法律法规和监管要求。遵守主体内部的规章制度属于经营目标,不属于合规目标。

三、我国高校内部控制发展历程

(一)内部控制标准体系建设的背景和意义

1. 内部控制标准体系建设的背景

2012年11月,财政部最早发布《行政事业单位内部控制规范(试行)》,强调建立组织体系,建设内部控制体系,开展风险评估,开展经济业务活动风险防控,定期组织内部控制评价并进行监督整改。

2014年10月,党的十八届四中全会通过的《中共中央关于全面推进依法治国若干重大问题的决定》提出内部控制要求:① 强调授权管理和轮岗制度;② 强化内部流程控制;③ 防止权力滥用。

2015年12月,财政部发布《关于全面推进行政事业单位内部控制建设的指导意见》，提出明确要求：一是健全内部控制体系，强化内部流程控制；二是加强内部权力制衡，规范内部权力运行；三是建立内控报告制度，促进内控信息公开；四是加强监督检查工作，加大考评问责力度。

2015 年 12 月，财政部发布《关于加强财政内部控制工作的若干意见》（财监〔2015〕86 号），在财政系统内全面推进内部控制建设：一是深刻认识加强内部控制的重要意义；二是加强财政内部控制建设组织领导；三是推进财政内部控制制度体系建设；四是推进财政内部控制执行体系建设；五是加强财政内部控制信息化建设；六是加强财政内部控制宣传教育。

2016 年 4 月，教育部发布《直属高校经济活动内部控制指南（试行）》与《直属单位经济活动内部控制指南（试行）》，要求针对教育部直属高校和直属单位业务特点，有针对性地建立内部控制体系，明确要求和应用指引。

2017 年 2 月，财政部发布《行政事业单位内部控制报告管理制度（试行）》，明确要求：一是包括高校的所有行政事业单位；二是每年提交内部控制报告，总结汇报内部控制工作开展情况；三是内部控制报告监督检查。

2023 年 2 月，中共中央办公厅、国务院办公厅印发《关于进一步加强财会监督工作的意见》，以习近平同志为核心的党中央总揽全局、审时度势，做出健全党和国家监督体系的战略部署，将财会监督作为党和国家监督体系的重要组成部分，为新时代推进财会监督工作提供了根本遵循。到 2025 年的工作目标是要构建起财政部门主责监督、有关部门依责监督、各单位内部监督、相关中介机构执业监督、行业协会自律监督的财会监督体系；基本建立起各类监督主体横向协同，中央与地方纵向联动，财会监督与其他各类监督贯通协调的工作机制，从而形成制度体系。

2024 年 6 月，新修正的《中华人民共和国会计法》发布，要求各单位应当建立、健全本单位内部会计监督制度，并将其纳入本单位内部控制制度。单位内部会计监督制度应当符合下列要求：① 记账人员与经济业务事项和会计事项的审批人员、经办人员、财物保管人员的职责权限应当明确，并相互分离、相互制约；② 重大对外投资、资产处置、资金调度和其他重要经济业务事项的决策和执行的相互监督、相互制约程序应当明确；③ 财产清查的范围、期限和组织程序应当明确；④ 对会计资料定期进行内部审计的办法和程序应当明确；⑤ 国务院财政部门规定的其他要求。

2024 年 11 月，财政部、教育部制定了《关于进一步加强高等学校内部控制建设的指导意见》，本指导意见分为总体要求、主要任务和措施、保障措施三个部分。从持续优化高等学校内部控制环境、切实加强高等学校风险评估工作、着力完善高等学校重点业务及高风险领域的内部控制措施、全面提升高等学校内部控制的信息管理水平、强化高等学校内部控制评价与监督等5个方面、33个要点，强调内部控制建设的主要任务和措施。

2. 内部控制标准体系建设的必要性

一是内部控制标准体系建设是监管机构对行政事业单位的外在要求，是强制性的；

二是内部控制标准体系建设是行政事业单位自身防范风险的内在需求；

三是优化业务流程提高管理效率，有效应对内外部风险，促进完善内部控制体系的内在需求。

3. 内部控制标准体系建设的重要性

（1）内部控制标准体系建设的重要性首先体现在，它是全面从严治党要求的重要举措，是落实全面从严治党的有效抓手。

一是我们通过建立和实施内部控制，可以从系统性、全面性的角度对现有制度进行梳理，查弱项、堵漏洞、补短板，扎紧织密制度的“笼子”，真正做到用制度管事、管人、管风险。从根源上防止权力滥用和腐败，保障领导干部廉洁用权、履职尽责。

二是内部控制标准体系建设是推进党建和业务深度融合的重要载体。内部控制标准体系建设管的是业务、防的是风险、促的是廉政、体现的是政治，是勤政与廉政的有机结合点。通过内部控制标准体系建设，各级领导干部可以立足本职实际，进一步提升工作站位，以政治统帅业务，真正实现高质量党建引领高质量发展，防止业务与党建“两张皮”，形成相融相促的工作体制机制。

（2）内部控制标准体系建设的重要性其次体现在，它是规范管理、防范风险和预防腐败的重要手段。

一是有助于防范舞弊和腐败现象，促进廉政建设。高校通过系统客观的风险评估，有针对性地制定相关制度加以制约，并从严落实重要事项、重点环节、审批流程等，可以从根源上减少腐败。将内部控制规范融入日常工作，形成自觉和习惯，益于营造清风正气、廉洁自律的良好环境，给社会公众以信赖感。

二是有助于提高财务信息的真实性和可靠性。高校通过对财经活动全过程（预算、采购、合同、资产、收支、决算、绩效评价等）进行全面控制，可以进一步强化财务数据的可靠性，为管理层提供重要的决策信息，保障各项事业的稳步发展。

三是有助于提高国有资产安全性和使用效益。随着财务内部控制制度的不断完善，可以解决长期以来资产配置的随意性和盲目性，规范高等学校资产的配置标准和范围，有法可依、责任到人，账实一致、保障安全，进而优化资源配置，切实提高资产使用效益。

(3) 内部控制标准体系建设的重要性最后体现在，它是提升领导干部素质与能力的重要措施。

一是有助于提升高校领导干部管理和履职能力。高校通过完备的组织架构体系、岗位职责分工、完善的内部控制管理方式等，可使学校经济运行更加安全规范，同时责任到岗、有法可依、有章可循、规范指导，有利于明确工作内容边界，全面提升各个部门的工作效率，进而形成整体合力，将有助于提升公共履职效率和人才培养质量。

二是内部控制机制建设是坚持"严管善待"带好队伍的重要保障。高校通过深化内部控制机制建设，可以全面排查风险点，明确防控措施，促进领导干部知责明责、履职尽责；可以前移监督关口，加强风险识别，强化问题整改，避免"小风险"演变成"大问题"，最大限度地保护领导干部；可以探索打通与绩效管理的联系，引导干部进一步聚焦主业、加强管理、防控风险，激发领导干部干事创业的内生动力。

（二）高校内部控制标准体系建设的推手

全国范围的高校内部控制标准体系建设工作始于2012年财政部发布《行政事业单位内部控制规范（试行）》，在此之前只是个别地区或个别高校开展内部控制制度建设探索。

2012年至2015年这段时间，高校普遍重视不够，《行政事业单位内部控制规范（试行）》落地效果不佳。

2015年，财政部发布《关于全面推进行政事业单位内部控制建设的指导意见》，文件中提出了四项主要任务：健全内部控制体系，强化内部流程控制；加强内部权力制衡，规范内部权力运行；建立内部控制报告制度，促进内控信息公开;加强监督检查工作,加大考评问责力度。该文件明确了财政部门的组织领导和督导检查责任,以及单位负责人的内部领导和落实责任;同时明确了时间表,即2016年底前完成内部控制的建立和实施工作,2020年基本建成与国家治理体系和治理能力现代化相适应的内部控制体系。

2016年4月,教育部发布《直属高校经济活动内部控制指南(试行)》与《直属单位经济活动内部控制指南(试行)》,要求针对教育部直属高校和直属单位业务特点,有针对性地建立内部控制体系,明确要求和应用指引。

为贯彻落实《关于全面推进行政事业单位内部控制建设的指导意见》,2017年2月财政部发布《行政事业单位内部控制报告管理制度(试行)》,提出"以评促建""以报促建",切实推动包括高校在内的各类行政事业单位建设内部控制体系。

(三)高校内部控制标准体系建设的成效

《关于全面推进行政事业单位内部控制建设的指导意见》引起地方财政机关和各单位领导对内部控制建设工作的重视,并纷纷行动起来。高校内部控制标准体系建设取得明显成效,进入了"五化"新时代。

一是内部控制制度化,即以制度形式,健全经济活动的内部控制制度体系。

二是制度流程化,即以手册形式,完善经济活动的内部控制流程体系。

三是流程表单化,即改进优化表单设计,形成与内部控制需要相适应的表单体系。

四是表单信息化,即推进内部控制信息化建设,建立内部控制信息化体系。

五是改进持续化,即定期(每年)进行内部控制评价与报告,促进高校持续改进和优化内部控制体系。

(四)高校内部控制标准体系建设面临的问题

从高校整体情况看,主要存在单位层面和业务层面的内部控制标准体系建设问题,从治理结构、组织架构、人员安排、风险评估、管控模式、控制机制、控制程序、信息沟通、技术支持和制度建设等10个方面进行分析,高校至少存在以下六个方面的问题。

1. 内部控制认知问题

高校对内部控制的认知和重视程度总体上比不上企业,内部控制意识相对淡薄。其主要原因:一是高校领导干部(特别是"一把手")的专业背景;二是高校中心任务定位是教学科研;三是对内部控制的简单化理解(内部控制=预算控制、内部控制=经济活动控制、内部控制=财务控制)。财政部门和教育主管部门要加强对高校领导干部(特别是"一把手")和工作人员有关制约内部权力运行、强化内部控制方面的教育培训;建立健全信息的收集、加工、报告和传递流程,确保信息及时沟通,促进内部控制有效运行;主动宣讲制度,站在宣讲制度就是便于执行制度的高度,开展学院行、建立微信公众号,建立网格化队伍宣传落地制度,提高制度执行力。

2. 风险评估问题

内部控制应当是风险导向的,但高校普遍存在对风险评估在内部控制标准体系建设中的重要作用认识不到位和轻视风险评估的问题,表现在缺乏风险评估、报告与管理的政策、策略和制度,甚至一些高校在内部控制标准体系建设的过程中都没有开展风险评估工作。解决风险评估问题,一是建立健全高校风险管理组织体系,包括在高校层面设立由主要领导牵头的风险管理与内部控制委员会,明确高校风险的归口管理部门,明确各层级部门单位的风险管理和内部控制工作权力和责任等。单位应当建立经济活动风险定期评估机制,成立风险评估工作小组,对经济活动存在的风险进行全面、系统和客观评估。这种评估分单位层面和业务层面。二是研究制定高校风险评估与管理制度,明确风险评估、报告与管理的责任、范围、政策、策略与程序等。三是高校应当结合年度内部控制报告的编制,编制高校风险评估工作方案,对高校整体风险与业务风险、经济活动风险与非经济活动风险进行评估,对重要风险形成风险评估报告和高校风险库,持续地改进和完善高校风险评估工作。

3. 内部控制流程问题

内部控制之形是流程,高校内部控制流程普遍存在的问题是流程烦琐,许多业务的控制过度,师生反映相关流程不够智能、便民。这主要表现在三个方面:一是控制标准(签订合同的业务金额标准、招标采购标准、集体决策的标准等)偏低。二是审批权限配置不尽合理。高位审批、重复审批、多头审批,导致流程过于烦琐。三是集体行动事项偏多。集体决策、会议评审、共同行动,使流程更加复杂化。

解决内部控制流程问题,一是调整控制标准。放宽、提高过于严格、金额偏低的控制标准。比如把合同交易的标准从 0.5 万元提高到 3 万元，并将公开招标采购的金额标准从 3 万元提高到 5 万元等。二是调整审批权限。扩大授权审批的范围和标准；把财权与事权适当分离、相互制衡；调整和规范“三重一大”集体决策的范围和程序。

4. 制衡机制问题

内部控制之神是制衡。实践中，重形轻神、制衡机制不健全的现象较为普遍。一是内部缺乏对“一把手”的有效约束。大多数高校基本做到了“分岗设权、分级授权、分事行权”，但在高校内部仍缺乏对“掌权”的各层级“一把手”行权的有效约束和监督机制，以权谋私的现象时有发生。二是关键的不相容职务没能有效分离，存在领导对所归口管理业务“一竿子到底”的情况。三是在“一把手”掌权的情形下，以集体决策为主要形式的合作制衡难免会流于形式，实质上还是“一把手”说了算。

解决制衡机制问题，一是重构高校内部权力运行机制，强化对各层级“一把手”的权力约束；结合内部控制标准体系建设编制关键不相容职务清单，通过部门分设和岗位分设形成有效的内部牵制机制。对于分管领导，应通过财权与事权分离强化彼此约束；严格执行“三重一大”集体决策制度，增进决策效果，防控决策风险。二是单位应当建立健全内部监督制度，对内部控制建立与实施情况进行监督检查。监督方式为日常监督和专项监督。日常监督通过加强财务、审计、纪委过程监督实现。专项监督，即定期开展各项经济业务活动的专项检查和监督。采取不相容岗位相互分离控制、授权审批控制、归口管理控制、全面预算控制、会计系统控制、财产保护控制、单据控制、信息公开控制、绩效考评控制等 9 种控制方法，有效防范和化解风险。

5. 信息化建设问题

信息化是内部控制体系有效落地的重要工具。从实践情况看，内部控制信息化的进程和效果仍不尽如人意。这主要表现是：一些高校仍未开展内部控制信息化建设工作；已经开展内部控制信息化的高校中，部分高校是在组织架构不变、流程缺乏有效再造和优化的情况下开展的，且信息孤岛化现象普遍；已有内部控制信息化的高校，针对信息化有效运行的考评和管理不到位，信息化偷懒的现象较为普遍，影响了内部控制的实际效果。

解决信息化建设问题，一是在组织优化和流程再造的基础上，结合自身特点和需求，研究制定所在高校内部控制信息化建设工作方案，有效开发适合高校的内部控制信息化系统；二是研究建立内部控制信息化系统运行、维护和管理的制度体系，规范内部控制信息化系统运行，确保达到应有的运行效果。以此促进经济和业务活动的信息集成与共享，从而形成制度到流程、流程到表单、表单到信息化的蜕变，有利于固化内部控制标准化体系建设成果，让制度从“时间表”变成“计程表”，从“规划图”变成“施工图”，最终把美好蓝图变为生动现实的“实景图”。

6. 内部控制闭环管理问题

内部控制闭环管理至少包括内部控制建设方案、内部控制流程和制度制定、内部控制信息化系统开发、内部控制体系运行、内部控制体系建设和运行情况评价、内部控制持续改进等。从实践情况看，一些高校只是满足于编制内部控制手册和内部控制制度，以应对内部控制报告和检查；也有一些高校内部控制手册编好后多年不变，做不到与时俱进；更多高校缺少制度化的内部控制评价和内部控制改进机制。制度存在缺位、错位、重叠、部门不协同等矛盾现象，存在制度偏差。管理漏洞频现，服务措施不力，没有体现管理与服务的辩证关系。

解决内部控制闭环管理问题有两种方法。一是建立制度化的内部控制手册和内部控制制度的持续评估和修订优化机制，增进内部控制手册和制度的环境适应性和可执行性。二是研究建立内部控制手册和制度的执行力管理体系，即采取一系列制度执行的保障措施。例如建立内部控制培训学习、内部控制执行责任制、内部控制执行目标管理、内部控制执行亮灯管理、内部控制工作的督查督办、内部控制执行力检查与评价、内部控制执行考核与奖惩、内部控制执行责任追究或问责制、内部控制信息化、内部控制评价和审计等管理体系，以解决目前存在的内部控制标准体系“重建设轻落实、重设计轻运行、重制定轻执行”的问题。

第二节　高校内部控制整体框架的三个维度

COSO 提出的《内部控制——整体框架》是一个涉及三个维度的立方体模型，其中三个维度分别为目标维度、业务维度以及要素维度。

一、目标维度

目标维度明确内部控制所要实现的目标，即经营的效率和效果、财务报告的真实可靠、经营活动的合法合规。

二、业务维度

业务维度表明内部控制嵌入企业各个业务中，从公司层面到业务层面都会涉及相应的内部控制流程。

三、要素维度

要素维度则明确说明内部控制包括控制环境、风险评估、控制活动、信息与沟通、内部监督等五个要素。

下面对高校内部控制要素维度的五个要素逐一进行介绍。

（一）控制环境

控制环境一般包括发展规划、治理结构、人力资源、校园文化等。发展规划，即高校在制定中长期事业发展规划时应重视涉及经济活动的规划内容，采取措施，确保发展规划有效实施；治理结构，即明确内部各层级机构设置、职责权限、人员编制、工作程序等，形成各司其职、各负其责、相互制衡、相互协调的工作机制；人力资源，即高校应当重视经济活动及相关活动的人力资源建设，结合人力资源现状和需求，科学合理地制定人力资源总体规划和能力框架体系，合理配置人力资源；校园文化，即高校应当积极开展符合本校特色的校园文化建设，为内部控制建设营造良好的校园文化环境。

（二）风险评估

高校应当建立经济活动风险定期评估机制，成立风险评估工作小组，对经济活动存在的风险进行全面、系统和客观评估。

单位层面：内部控制工作组织情况、内部控制机制建设情况、内部管理制度完善情况、内部控制关键岗位工作人员管理情况、财务信息编报情况等。

业务层面：预决算管理、资金管理、资产管理、采购管理、工程项目管理、经济合同管理、所属法人单位管理等。

（三）控制活动

控制活动是指结合具体业务和事项，运用相应的控制政策和程序（或称控制措施）去实施控制。也就是在风险评估后，高校采取相应的控制措施将风险控制在可承受的范围之内。

（四）信息与沟通

高校应当及时、准确地收集和传递与经济活动内部控制相关的信息。建立沟通机制，即建立健全信息的收集、加工、报告和传递流程，确保信息及时沟通，促进内部控制有效运行；加强信息化建设，即加强经济活动信息化建设，促进经济和业务活动的信息集成与共享。

（五）内部监督

高校应当建立健全内部监督制度，对内部控制建立与实施情况进行监督检查。监督方式为日常监督和专项监督。

第三节　高校内部控制整体框架的主要内容

高校内部控制整体框架应根据高校内部控制定义、范畴、原则，结合高校的经济活动特征建立。其主要内容应包括高校内部控制目标，以及执行层面、单位层面及业务层面等控制要素。

（一）高校内部控制目标

1. 经济活动合法合规

高校的经济活动必须在国家法律法规允许的范围内进行，这是内部控制最基本的目标，也是有效行使高校职能的前提。高校无论是履行外部职能还是行使内部权利，都必须按照法律法规及相关政策制度，它们是最低的行为准则。违反这些法律法规会影响高校的发展、社会形象和公信力。高校应制定相关制度与流程来保证经济活动在法律法规允许的范围内进行。

2. 资产的安全和使用有效

资产是高校运行的物质基础和实力保障，安全、有效地使用资产能保障高校各项业务顺利开展。当前，资产存在配置不合理、损失浪费、使用效率低下等问题，加强对资产的日常管理和定期盘点能保证资产的安全性和有效性。

3. 财务信息真实完整

按照法律法规编制和提供真实有效的财务信息，能客观地反映高校经济活动的效率和效果，提升内部管理水平。通过科学编制并有效执行预算、进行科学的财务分析并运用分析结果能保证财务信息的真实完整。

4. 有效防范舞弊和预防腐败

高校通过运用内部控制原理和方法，把制衡理念嵌入内部管理中，进一步实现决策、执行、监督三者分离，建立事前、事中、事后的监督体制，实现"关口前移"，从源头上防范舞弊和预防腐败。

5. 提高资源配置和使用效益

通过提高资源配置和使用效益，高校可以更好地履行人才培养、科学研究、社会服务、文化传承创新和国际交流合作的重要职能，进一步提升公务服务的效率和效果，实现单位经济业务活动的总体目标和内部控制建设的最高目标。

（二）高校内部控制整体框架图

《行政事业单位内部控制规范（试行）》是在借鉴 COSO 提出的《内部控制——整体框架》的基础上，结合我国实际情况制定的。因此，内部控制框架中所包含的风险评估、控制方法、评价与监督等要素都应该嵌入单位层面内部控制和业务层面内部控制中。借鉴 COSO 提出的立方体框架，并结合《行政事业单位内部控制规范（试行）》中对单位层面和业务层面内部控制的要求，高校内部控制整体框架如图 1-1 所示。

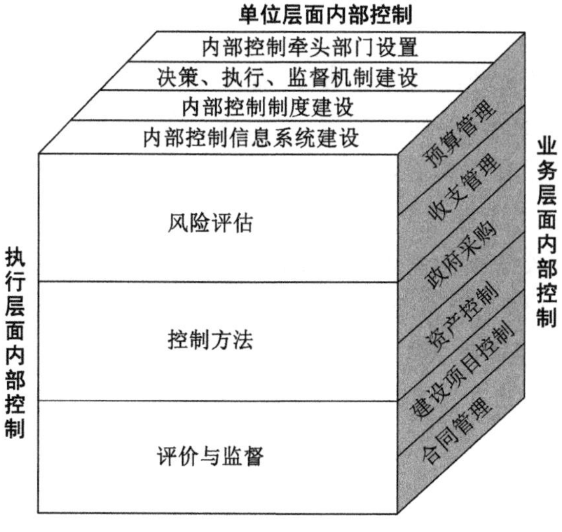

图 1-1　高校内部控制整体框架图

该内部控制框架是一个立方体模型，立方体的三个面分别是执行层面维度、单位层面维度和业务层面维度。

执行层面包含风险评估、控制方法、评价与监督。

单位层面包括内部控制牵头部门设置，决策、执行、监督机制建设，内部控制制度建设，内部控制信息系统建设等。

业务层面包括预算管理、收支管理、政府采购、资产控制、建设项目控制、合同管理等。

（三）高校内部控制框架执行层面

1. 风险评估

风险评估是指运用科学的方法识别经济业务活动中所存在的风险点，并从风险发生的可能性以及风险发生的严重程度两个方面对各个风险点进行分类，确定各个风险点的重要程度。

(1) 对单位层面进行风险评估时，需要注意以下几个方面：

一是检查高校是否确立内部控制职能部门，是否建立内部控制沟通联动机制。

二是检查高校的决策、执行与监督流程是否相互制衡，岗位责任机制是否健全；评估内部控制各项制度是否建立健全。

三是注意内部控制关键岗位人员的培训、评价、轮岗、竞聘机制是否健全。

(2) 对业务层面进行风险评估时，需要注意以下几个方面：

一是评估高校的预算管理情况：评价预算编制是否合理，预算编制过程中各部门是否进行有效沟通，是否存在预算超支等现象，单位决算编制是否真实、准确、完整。

二是评估高校的收支管理情况：是否对收入进行归口管理，各项收入是否按规定及时、足额上缴财政部门，是否按规定使用和保管印章、票据，各类支出活动是否真实合法，对于各项支出的审核活动是否科学有效。

三是对政府采购业务进行评估：评估高校是否按计划组织进行政府采购活动，政府采购及验收活动是否符合国家规定。

四是对资产管理业务进行评估：评估单位是否对资产进行归口管理，各个部门对于资产的保管和使用责任是否明确，是否定期进行资产盘点工作，是否按规定进行资产处置工作。

五是对建设项目管理业务进行评估：评估建设项目是否严格履行审核审批程序，是否按照概算进行投资，是否建立有效的招标控制机制，是否存在截留、挪用、挤占、套取建设项目资金的情况。

六是对合同管理业务进行评估：评估其是否对合同进行归口管理，是否明确应签订合同的经济活动范围和条件，是否建立合同纠纷协调机制。

（3）风险评估的程序。

风险评估的程序分为三个部分：

① 风险识别。风险识别是一种动态、连续的过程，高校的风险识别主要是针对高校目前存在的问题和不确定因素进行有条理地梳理和汇总，进而对高校现有的经济活动风险进行全面摸底和识别。

② 风险分析。高校的风险分析是在风险识别的基础上，对识别的风险进行重要性标识分析，并运用定量和定性方法进一步分析风险发生的可能性和对高校目标实现的影响程度，以便为制定风险应对策略、选择应对措施提供依据。

③ 风险应对。高校的风险应对是在风险分析的基础上，针对高校风险发生的可能性级别和对高校办学目标的影响程度等级，提出相应的风险解决方案，经过各级别、各层次的管理者分析论证与评价策略，从中选择最优方案并予以实施的过程。风险应对包括风险的规避、降低、分担、承受等四种策略。

2. 控制方法

内部控制方法是指为了将经济活动风险控制在可承受的范围之内，根据内部控制原理和风险评估结果，针对风险点选择的措施和程序。

控制方法、控制活动与风险评估的结果密切相关，在识别和评估单位存在的各项风险之后，需要运用不同的控制方法去规避和控制各项风险。由于高校在日常运营过程中都是按照各项规章制度开展工作的，所以控制方法都应该在各项经济业务制度中详细规定，通过制度的形式落实控制方法。因此，在高校内部控制标准体系建设及完善过程中，各项经济业务的制度建设成为重点。《行政事业单位内部控制规范（试行）》中指出，单位在进行内部控制建设与实施过程中一般所用到的控制方法有以下九种：

一是不相容岗位相互分离。高校应当通过内设机构或岗位分设的方法实现不相容岗位相互分离，明确划分职责权限，形成相互制衡、相互监督的工作机制。

二是授权审批控制。高校应当全面梳理各项经济活动的审批权限，明确、合理设置校内机构或岗位办理经济活动事项的审批权限、审批程序、审批依据和相应责任，编制经济活动权力清单，规范审批流程。高校内设机构或岗位应当在授权范围内行使职权并承担责任。

三是归口管理控制。高校应当按照权责对等、各司其职的原则，采取成立联合工作组、确定牵头部门或牵头人员等方式，对有关经济活动实行统一归口管理。

四是全面预算控制。高校应当实行全面预算管理制度，编制部门预算并分解落实到高校内部各部门。

按照一定的比例建立项目库，采取超预算安排资金等方法，对入库项目均授予同等权利，按照项目准备程度、推进进度和执行效果安排经费，对不能达到序时进度的项目，采取减少经费支持甚至停止支持的方法，改变过去有预算的项目执行不力甚至不能执行、可以执行的项目没有预算的状况，全力支持能够执行、执行速度快、效果好的项目。

五是会计系统控制。高校应当严格执行国家统一的高校会计制度，依法设置会计机构和配备会计从业人员，加强会计基础工作，明确会计凭证、会计账簿和财务报告的处理程序，保证会计资料真实完整。

六是资产保护控制。高校应当建立健全资产日常管理和定期清查机制，采取资产记录、实物保管、定期盘点、账实核对等措施，确保资产安全完整。高校应当严格限制未经授权的人员接触和处置资产。

七是单据控制。高校应当明确界定校内各项经济活动所涉及的单据，并严格要求相关工作人员按照相关规定填制、审核、归档、保管单据。

八是信息公开控制。高校应当建立健全经济活动相关信息内部公开制度，根据国家有关规定和单位的实际情况，确定信息内部公开的内容、范围、方式和程序。

九是绩效考评控制。高校应当建立和实施经济活动绩效考评制度，科学设置考核指标体系，对涉及经济活动的部门和岗位进行定期考核评价。

3. 评价与监督

单位通过建立内部监督制度，明确审计、监察等部门在内部监督机制中的职责和权限，并且按照内部监督规范流程定期对单位内部控制的建立及实施情况进行监督和评价。内部审计部门应定期或不定期按照财政部下发的高校内部控制评价指标，结合单位运营特点，对单位内部控制各项制度及流程进行检查，按照评级结果，出具内部控制自我评价报告，上交单位负责人。除了内部审计部门之外，各单位的上级主管部门也要对各下属单位的内部控制建设及实施情况进行监督检查，并提出整改意见。

（四）高校内部控制框架单位层面

1. 内部控制牵头部门设置

内部控制单位层面应考虑单位领导层对内部控制建设的重视程度、单位的组织架构、议事决策流程、人才培养和考评机制、单位文化等因素。单位应单独设置或明确内部控制标准体系建设牵头职能部门，负责组织协调单位整体的内部控制标准体系建设和实施工作。

2. 决策、执行、监督机制建设

高校应建立集体研究、专家论证与技术咨询相结合的决策机制，对于重大经济事项应由单位领导班子集体研究决定。

3. 内部控制制度建设

内部控制制度主要对高校内部控制架构、运行工作机制、关键岗位及人员等明细要素进行合理的设置构建，使经济活动的决策、执行、监督相互分离、相互制衡。高校在内部控制架构方面应重视架构的设计与各机构运行的效果。高校内部控制架构一般包括决策层（领导小组）、执行层（由各二级单位组建的工作小组）、监督层（审计部门及纪委机关）。运行工作机制方面，高校与一般行政事业单位不同的是，它以教学和科研活动为主要管理内容，既要设置适应常规性、重复性活动的教务归口管理部门，又要设置创新性较强、活动灵活多样的科研归口机构，还要设置与两者匹配的内部控制管理机构；充分发挥财务、资产、基建、采购、合同管理、纪委机关、审计等关键部门的作用。关键岗位及人员方面，高校应建立横向、纵向相互协调、相互制约的岗位运行机制，配备专业化管理人员。完善的制度体系可以保证高校人才培养根本任务的顺利完成。

4. 内部控制信息系统建设

信息的及时传递和有效沟通直接影响高校内部控制活动的效率和效果，所以高校应充分运用信息化手段，加强信息系统建设，通过信息系统加

强单位内部控制标准体系建设和实施，从而减少或消除内部控制实施过程中人为因素的影响。

高校信息系统既要满足校内学生、教工的经济业务活动，又要兼顾校外学生（函授、自考、在职）、专家、上级部门、银行、商家等经济活动相关者的数据需求，与其他教育领域的公共服务有本质上的区别。建立好信息系统，首先要对单位层面、业务层面的各项活动进行业务流程梳理；其次要确定好关键业务环节，将决策、执行、监督机制融入环节中；最后应细化各岗位职责及分工，将业务流程嵌入信息系统中，使各信息系统互联互通、信息共享，达到信息渠道顺畅、沟通更加协调的目的。

（五）高校内部控制框架业务层面

1. 预算管理

预算业务主要包括预算的编制、执行、分析和评价等流程，它是以预算业务管理流程为主线，关键岗位人员对经济业务活动进行资金管控的过程。

在预算业务方面进行内部控制时，首先设置科学的预算管理机构及关键岗位，确定好相应的审批权限和岗位职责，搭建有效的工作协调机制，保证财务部门与职能部门、学院沟通顺畅。其次进行流程梳理，高校预算业务应结合自身业务特点，在规定的时间内按照预算编制的内容、要求、程序执行“二上二下”流程。相关单位编制和审批部门预算与校内预算，其中在“一上”时高校的人事、教务、资产、专项归口等部门应与财务部门保持密切沟通，保证数据真实、可靠、符合逻辑。提前进行项目库储备，加强项目论证、评审等环节，提高项目预算编制的科学性、准确性和可靠性。在“二上”时应当加强申报单位、采购部门、财务部门之间沟通力度，保证采购预算与各收支额匹配，确保采购预算符合高校的年度目标和工作计划，以及高校实际经济活动需要。另外，要规范预算委员会及校长办公会等集体决策的审批程序，合理保证收支平衡。预算下达后，明确执行主体和相应责任，设置授权审批权限。预算执行前应有科学的收入与支出执行计划，使执行全过程可控，全面掌握预算执行的进度和成效，及时发现执行过程中出现的偏差和问题。本年末或第二年初编制决算报告及绩效自评，使考评结果与第二年预算挂钩。高校自身具有收入来源多样化、支出类型复杂化等特点，这决定了高校预算业务与其他行政事业单位不同，在专项资金管理上体现得尤为明显。按照专项资金的性质不同，高校对项目进行合理分类，并组织专家进行相关论证，报主管部门审批，实现预算与特定事项挂钩。建立“钱随事走”的预算管理体系，将事权与财权有效结合，实现项目支出绩效评价。

2. 收支管理

收支业务是指高校的收入和支出业务。其中，收入业务包括收费项目及标准的报批、收款、票据开立、收入登记、会计入账等环节；支出业务包括支出申请及审批、特殊事项借款、报销、款项支付、会计入账等环节。通过对流程中各环节的分析和评估，确定业务环节的风险等级，根据重要性采用不同的控制方法将风险控制在可接受水平。收支业务的内部控制方法主要体现不相容岗位相互分离，以此达到岗位相互牵制的目的。这两类业务的内部控制方法主要包括会计控制及单据控制、授权审批、归口管理等。

高校的收支业务与其他单位不同，它既要在国家财政统一制度下运行，又要遵循特有的制度规定进行业务管理。高校的收入是指高校开展教学、科研及其他活动依法取得的非偿还性资金，具体包括财政补助收入、事业收入、上级补助收入、附属单位上缴收入、经营收入和其他收入。由于高校收入大部分属于非税收入，按照重要性原则，高校应对收入尤其是非税收入进行重点管理。收入管理一般应包括收入计划、收入收缴、收入退付、收入核算、账户管理、票据管理等。

高校支出一般是指高校开展教学、科研及其他活动发生的资金耗费和损失，具体包括事业支出、经营支出、对附属单位补助支出、上缴上级支出和其他支出。高校支出以事业支出为主要内容，其业务活动一般包括教学活动、科研活动及其辅助活动和其他活动。开展业务活动时，上缴上级支出极少发生，对附属单位补助支出和其他支出发生的情形并不普遍，高校非独立核算的经营活动也并非高校主要活动。

对于收支管理业务控制，各项收支业务都应由财务部门进行归口管理，严禁设立账外账。对于涉及非税收入上缴的单位，应按照规定的项目和金额标准征收非税收入，开具财政票据，并及时足额地将非税收入上缴财政，不得截留或挪用。对于财政票据、发票等各类票据，应制定专门的领用、销毁流程，设置专门的票据管理人员，建立票据台账，为票据保管工作配备专门的保险柜等保管设备。单位应按照各项支出业务的类型，明确各项支出的审批、审核、核算、归档等流程，加强对支出的审批和审核控制。

3. 政府采购

政府采购是指高校使用财政资金采购集中目录内或目录外达到采购限

额标准以上的货物、工程和服务的行为。它具体包括采购计划和需求、采购执行、采购验收及货款支付环节。高校政府采购活动与大部分行政事业单位一样，遵循国家统一的政府采购法律、规章、制度等，不同的是与科研活动相关的政府采购相对灵活，有特殊的配套制度。

对于政府采购业务控制，单位应明确规定政府采购需求的制定与审批程序，以及合同签订、货物验收与保管的岗位职责。加强政府采购、预算管理、资产管理、内部审计等部门之间的协作机制，并对政府采购活动实施归口管理。

4. 资产控制

资产是指由高校过去发生的经济业务或事项形成的，预期能产生效益或收入的流入。高校的资产主要分为流动资产、固定资产、在建工程、无形资产和对外投资等。资产管理流程主要包括资产配置、使用、处置等环节，内部控制方法主要体现在资产保护控制方面。国有资产的有效管理是当前的研究热点，高校应根据管理体制建立由高校常委会、资产管理委员会、资产管理部门、使用部门、使用人分级的组织管理模式，并运行由资产部门归口统一管理，将具体资产管理责任落实到人的机制，实现高校资产有效管理。

对于单位的资产管理业务控制，应对资产进行分类管理，明确各类资产管理的岗位责任。建立健全货币资金岗位责任制，确保出纳与稽核、档案管理等岗位严格分离，严禁出纳一人保管收付款所用的全部印章。单位财务专用章和法人签章应由不同人员分别保管，并存放在相应的保险柜中。对于单位的库存现金应进行定期和不定期的盘点，出纳和会计定期核对银行账单与会计账单，编制银行存款余额调节表，对于未达账项查明原因，及时处理。对于单位的有形和无形资产应实行归口管理，对资产台账定期进行盘点和清查，明确资产的使用和保管责任人，制定资产调剂、租用、处置等程序。

5. 建设项目控制

基建工程项目按照资金来源，可以分为财政拨款资金项目、高校自筹资金项目、高校与社会合作资金项目、高校接受的捐资项目、银行贷款项目、高校参与投资达到一定比例的开发经营性项目以及高校负有管理责任的其他基本建设项目。基建工程项目流程主要包括项目立项、设计概预算、实施建设、完工验收、工程审计、工程结算等环节。高校应结合自身规划，在教学、科研、行政办公、师生生活等基础设施建设、维修及配套工程等方面，按照国家建设项目统一规定进行管理。

对于建设项目管理业务控制，应采取专门的议事决策机制；对于项目的可行性报告、概预算、竣工决算报告，需由单位内部相关人员或外部聘请专家进行审定，并出具审定意见。

6．合同管理

合同管理是指为实现一定经济目的，与平等的民事主体的法人、自然人之间订立明确相互权利与义务的协议。它包括合同订立、执行、后续管理阶段，每个阶段由专门部门归口管理，最后完成该业务。高校合同种类和数量多，各业务及部门都会涉及合同，为此高校应根据自身业务类型进行归类归口管理，实现合同合规化管理。

合同控制贯穿于高校日常经济业务管理的始终，包括资金管理、人事管理、采购管理、基建工程、后勤保障、捐赠管理等各方面业务，需要校内各部门共同参与、相互协调配合，从而降低风险。但合同管理的基本特征决定了这项业务并非高校自身所能掌握的范围，已逐渐成为一种受法律规范和调整社会关系的手段。高校合同控制不同于高校自身的资产、人事、采购、财务、基建、后勤等具体的管理工作，它涉及法律问题，应由高校设立统一的法律事务部门或法律顾问进行归口管理，并构建科学合理的业务部门分级负责。

对于合同管理业务控制，应明确合同签订的程序、范围和条件，涉及较高专业技术或法律关系复杂的合同应组织专业人员进行谈判。加强对合同履行情况的监督审查，对补充合同、合同变更、合同解除进行审查。归口管理部门需要对合同进行统计、分类并归档，记录合同签订、履行和变更等情况，对合同进行全过程管理。

（六）内部控制报告

财政部2017年发布的《行政事业单位内部控制报告管理制度（试行）》是在《行政事业单位内部控制规范（试行）》和全面推进高校内部控制工作要求的基础上制定的内部控制报告制度。高校内部控制报告是综合反映单位内部控制建设及实施工作的总结性报告，要求单位主要负责人对报告的真实性和完整性负责。高校内部控制报告结合《行政事业单位内部控制规范

（试行）》中对内部控制体系建设各个要素的要求，以及之前发布的高校内部控制基础性评价指标，从单位层面和业务层面对单位内部控制体系建设的完善程度及实施情况进行披露。

高校内部控制报告中沿用了高校内部控制基础性评价指标，并结合《行政事业单位内部控制规范（试行）》中对单位层面和业务层面内部控制的相关要求，从单位层面和业务层面制定了详细的评价指标。单位层面主要对内部控制启动情况、单位主要负责人承担内部控制建设的情况、单位权力运行的制约情况以及内部控制信息系统完善情况等进行评价；考察单位是否设立内部控制领导小组以及内部控制牵头部门，是否广泛开展内部控制宣传及培训工作，单位主要负责人是否对内部控制的建设及实施承担相应的责任，单位决策机制、执行机制和监督机制是否完善，以及内部控制信息系统是否完善。业务层面主要对预算管理业务、收支管理业务、政府采购业务、资产管理业务、建设项目管理业务、合同管理业务中的各项制度是否完善，各业务流程中不相容岗位是否严格分离，以及各业务流程中存在的风险点进行评价。

第二章　高校内部控制环境

高校内部控制是保障高校内部管理稳定和风险控制的必要手段，是现代管理中不可或缺的部分。高校是我国培养中国式现代化社会主义接班人的重要阵地，是大学生从校园逐渐过渡到社会的孵化园，在高校实施内部控制，能够在稳定和净化校园环境、保障和维护校园法治安全上起到重要的作用，从而为大学生营造一个安定、和谐的教育环境。

高校内部控制环境是指高校内部控制存在和发展的空间，是管理层对于内部控制及其重要性的态度、认识和措施。它设定了一所高校的内部控制基调，影响教职员工对内部控制的认识和态度，因此控制环境是实施内部控制的基础，直接影响、制约内部控制的建立和执行。高校内部控制环境主要包括发展规划、治理结构、运行机制、人力资源（关键岗位与人员）、社会责任、校园文化等方面。

高校内部控制环境建设应当全面考虑高校经济活动的决策、执行和监督全过程，关注重要经济活动及其可能产生的重大风险。

第一节　发展规划风险及其控制措施

发展规划是指高校结合自身定位，在对现实状况进行综合分析和对未来趋势进行科学预测的基础上，制定并实施的长远发展愿景与发展计划。

一、发展规划风险

（1）办学目标过高，急于求成，导致无法实现的战略失败。

（2）办学目标趋同，缺乏特色，浪费办学资源。

（3）盲目扩大规模，追求“大而全”，偏离高校品牌特色。

（4）发展战略因主观原因频繁变动，浪费资源，危及高校生存和可持续发展。

(5) 发展战略没有具体落实举措，沦为口号。

二、发展规划风险控制措施

(一) 明确机构

高校应当设立或指定相关机构负责发展规划的制定与落实工作，明确部门职责、议事规则和岗位要求。

(二) 科学编制

高校根据发展愿景制定发展规划。发展愿景的制定应在充分调查研究、科学分析预测和广泛征求意见的基础上进行。发展规划应当确定每个发展阶段的具体目标、工作任务和实施路径。高校应注重办学质量与办学水平，而不是办学规模。在人才培养方面，应集中精力培养具有创新能力的高素质精英人才。在科学研究方面，应努力创造具有国际先进水平的原创性科研成果。在特色战略方面，应弘扬办学传统，形成鲜明特色的办学理念；应根据自身条件，建设好优势学科、特色学科；应建立个性化的人才培养模式，打造精英人才的不同品牌。

(三) 合理审批

高校发展规划方案应作为“三重一大”事项进行审批。“三重一大”，即重大事项决策、重要干部任免、重大项目投资决策、大额资金使用。必须经集体讨论做出决定的制度(简称“三重一大”制度)，任何个人不得单独进行决策或者擅自改变集体决策意见。该制度最早源于 1996 年《中国共产党第十四届中央委员会第六次全体会议公报》。

案例分享

高校应出台《全委会议事规则》《常委会议事规则》《校长办公会议事规则》，并制定全委会议事清单、党委常委会议事清单、校长办公会议事清单。出台议事规则是规定动作，而出台议事清单是自选动作、特色工作，这样使得高校书记、校长职责分明，中层干部遇事有明确的汇报对象。出台议事规则是高校内部控制标准化建设一种理想的顶层设计，能够保证高校事业的有序有效开展。

例如，校长办公会研究决定投资200万元以下的基本建设项目和100万元以下的修缮项目，党委常委会研究决定投资200万元及以上重大基本建设项目、校园环境改造项目和100万元及以上的大额度修缮项目。

这些操作性很强的清单，让中层干部知道什么样的事情找谁汇报，找什么样的机构集体决策，保证了决策的有序性、透明性，提高了工作效率。

（四）细化分解

高校应当根据发展规划编制年度工作计划，同时完善发展规划贯彻落实的保障机制，确保发展规划有效实施。

高校党委发展战略制定后，校长办公会应着手将发展战略逐步细化。① 要根据战略规划，制订年度工作计划。② 要按照“上下结合、分级编制、逐级汇总”的原则编制全面预算，将发展目标落实到教学、科研、学生工作、师资队伍建设、后勤管理等可操作层面，确保发展战略能够真正有效地指导高校事业发展。③ 要进一步将年度预算细化为季度、月度预算，通过实施分期预算控制，促进年度预算目标的实现。所以要建立项目库，让项目等资金，而不是资金等项目，可以有效解决盲目决策和预算执行进度问题；同时实施资金蓄水池，按照预算将资金集中到蓄水池中，等项目实施的时候（招投标后），按照项目中标金额和资金使用进度拨付资金，有效提高资金使用效率和效果。④ 要重视发展战略的宣传培训工作，使得全体师生充分认清高校发展思路、战略目标和具体举措，自觉将发展战略与自身工作有机结合，促进发展战略的有效实施。⑤ 要通过建立发展战略实施的激励约束机制，将各责任单位年度预算目标完成情况纳入绩效考核体系，切实做到有奖有罚、奖惩分明，以促进发展战略的有效实施。

（五）执行监控

高校规划管理部门应当加强对规划实施情况的监控，定期收集和分析相关信息，对于明显偏离发展规划的情况应及时报告；确需对发展规划做出调整的，应当按照规定权限和程序进行。

第二节　治理结构风险及其控制措施

治理结构是指高校按照国家有关法律法规、高校章程，结合高校实际，明确内部各层级机构设置、职责权限、人员编制、工作程序和相关要求的制度安排，包括组织机构和岗位设置等。

一、治理结构风险

（1）治理结构不完善，缺乏科学决策、良性运行机制和有效执行，导致高校事业发展停滞或缓慢，难以实现发展目标。

（2）内部机构设计不科学，部门间、校级与二级单位间的权责分配不合理，导致高校机构重叠、职能交叉或缺失、推诿扯皮、运行效率低下。

二、治理结构风险控制措施

（一）完善组织架构

高校应当完善党委领导、校长治理、教授治学、纪检审计监督、教职工与学生民主管理、校务公开的高校治理结构。高校应将内部控制与组织机构设置有机联系起来，确保组织机构设置科学、机制运行顺畅、控制监督有力。

（二）明确机构、岗位职责

高校应明确各部门的职责，厘清各部门在组织层面和业务层面内部控制中的角色和分工，将权力与责任落实到各责任部门。高校应当通过编制“三定方案”、内部控制管理手册等文件，明确部门职责、具体岗位职责和工作要求，以及各个岗位的权限和相互制衡关系等。

高校在确定岗位职责和分工的过程中，应当体现不相容职务相互分离的要求。不相容职务通常包括：可行性研究与决策审批；决策审批与执行；执行与监督检查等。

（三）实现内部审计监督

内部审计部门应当结合内部审计监督，对内部控制的有效性进行监督检查。内部审计部门对监督检查中发现的内部控制缺陷，应当按照高校内部审计工作程序进行报告。定期梳理评估高校治理结构和内部机构设置，对监督检查中发现的内部控制重大缺陷，向内部控制委员会、党委会、校长办公会报告。

第三节　运行机制风险及其控制措施

运行机制是指包括决策机制、执行机制、协同机制等在内的保证高校内部控制目标实现的内部运行和制衡机制，其载体是内部控制制度。

一、运行机制风险

（1）决策机制设置不合理，重大事项未实行集体决策。

（2）协同机制缺失，导致高校部门或项目间沟通不畅，运转效率低下。

（3）执行机制贯彻不到位，导致高校决策执行不到位，影响高校正常工作运转。

（4）缺少制度分级管理和持续维护机制，造成制度重复、冲突、交叉、失效、缺失，导致高校制度文件中的内容在指导日常业务活动时的准确性不足，甚至给高校教职工的工作造成误导，降低制度的严肃性和权威性，继而造成制度执行力度不足。

二、运行机制风险控制措施

（一）落实决策机制

高校的重大经济决策、重要干部任免、重要项目安排和大额资金支付业务等，应当按照规定程序和权限实行集体决策审批或者联签制度。

（二）完善制度体系

高校应建立健全“以预算为主线、资金管控为核心”的业务流程协同机制，完善相关制度，积极发挥财务、采购、工程、资产、科研、合同管理等与经济活动相关部门或岗位的作用，保证内部控制在分权的基础上充分高效地运行。

（三）加强制度评估

高校应加强制度的论证和评估，在制度发布时应组织相关部门进行制度的评审和论证，确保不同部门的制度之间以及同一个部门的制度之间不存在冲突，进而更好地发挥制度的指导性作用；在制度运行过程中，应定期对制度的有效性和合理性进行评估，确保制度与实际执行一致。高校可设立专门机构或指定部门负责制度合法合规性审核，从全校角度确保制度之间不冲突并与实际执行保持一致。

单位的规章制度，对外受制约单位的各项法律法规、上位制度、各项管理体系及新的管理理念和发展趋势的影响；对内受发展规划、文化建设、管控模式和职能设置等因素的影响。

建立完善的制度体系，需要横向分类梳理业务链条，纵向分层规划制度层级。具体来说，横向上需要分析制度业务价值链条，梳理当前及预期的业务活动、管理职能及管理边界，按照业务及职能分类搭建业务流程框架，完整绘制高校业务流程全景视图。纵向通过“顶层设计—中层支撑—底层操作”的三层级视角设计制度体系层级，统一规划制度的详略程度及分层方式。基本制度属于顶层设计，即统领明确业务活动的管理目标与原则、组织职责、管理权限及工作机制；实施细则属于中层支撑，即在基本制度的原则框架下，固化各项经营管理活动的具体工作要求和程序；流程表单属于底层操作，即细化的标准操作流程及工具表单，用于指导业务实施。

高校通过基本制度、实施细则、流程表单与制度运行监督形成运行机制风险控制闭环，在监督和评估中不断地持续改进内部控制环境。

第四节　人力资源风险及其控制措施

人力资源是高校的第一资源。高校人力资源的管理、开发和利用，是高校建设与发展的核心内容之一，是落实人才强校战略的时代要求，直接关系到高校战略目标能否顺利实现。

一、人力资源风险

（1）人力资源数量和质量与高校发展不匹配，可能导致高校发展战略目标难以实现。

（2）人力资源退出机制不健全，可能导致法律诉讼或高校声誉受损。集中引进人才造成评职称、晋升职务遇到瓶颈，需要人才流动，但是若需要流动的人才还在服务期内，会造成法律诉讼或者社会舆情、投诉，导致高校声誉受损。

（3）有效激励机制缺失。高校管理模式中，重中高层管理人员，轻青年专业教师及普通管理人员的现象普遍存在，待遇被“平均化”，难以调动中坚力量的积极性。

（4）人才的竞争与约束机制缺失。高校缺乏有效的考核机制，高校员工收入通常是按职称、职务固定级别，其总体趋势是“只上不下”，不利于调动年轻教师主动工作的积极性。高校内部中层管理人员的任命存在论资排辈现象，不能实现有效竞争与约束。

二、人力资源风险控制措施

（一）人力资源规划

高校应当根据整体发展规划制定人力资源总体规划，实事求是分析人力资源现状和科学预测未来人才需求量，针对不同岗位制定岗位要求，着眼于全局，着眼于未来，制订年度人力资源需求计划。

（二）人力资源政策

高校应当制定和实施有利于高校可持续发展的人力资源政策。人力资源政策应当包括下列内容：员工的聘用、培训、辞退与辞职；员工的薪酬、考核、晋升与奖惩；关键岗位员工的强制休假制度和定期岗位轮换制度；掌握国家秘密或重要技术秘密的员工离岗的限制性规定。

（三）定期经验总结

高校应当定期评估年度人力资源计划执行情况，总结人力资源管理经验，分析存在的问题和不足，通过完善人力资源政策，不断优化高校的人力资源结构，完善人力资源管理机制。要做到“一院一策”“一人一议”，不断提高引进人才的质量。

三、人力资源风险控制政策考虑要素

（1）在“选”的方面：需要建立针对核心人才的任职资格标准体系，从知识、技能、素养和文化价值观等几个角度来筛选优秀的核心人才，以保证选择的人员与岗位所要求的能力相匹配。

（2）在“用”的方面：一是要遵循“不相容岗位相互分离”的原则；二是要遵守“任用回避”原则；三是要建立奖惩机制，充分发挥激励作用，并明确惩罚标准，规避违规风险。

(3) 在“留”的方面：需要设计合理的人员薪酬体系和晋升机制，调动员工积极性，提高员工的获得感，从而留住优秀的人才。

(4) 在“育”的方面：需要设计核心人才培养发展体系，强调继续教育和业务培训，不断更新教职工的知识和能力。

案例分享　强化工作作风建设，避免人力资源退出机制不健全

要进一步增强全校党员干部、教职员工服务师生、服务发展的责任意识，切实转变工作作风，全面提升工作效能，开展“对标找差转作风、凝心聚力促发展”作风建设行动。以服务教学、科研加强内涵建设为重点，以提高师生满意度推动高校发展为目标，坚决扫除各种形式主义、官僚主义的顽瘴痼疾，以永远在路上的决心锲而不舍抓好作风建设，努力构建务实、高效、和谐、奋进的育人环境，促进高校事业高质量发展。

提升师生满意度、规避法律诉讼或高校声誉受损的路径如下：

(1) 积极谋划主动作为。各部门(单位)要从高校发展的大局出发，积极应对履行职责时遇到的各种新情况、新问题，谋划工作要考虑周详，处置问题要果断坚决，落实工作要细致到位。要有危机意识、忧患意识，遇到问题时要主动靠前，积极化解可能出现的风险隐患。

(2) 明确工作职责流程。职能部门要进一步梳理明晰各部门(单位)职责分工。各部门(单位)要细化岗位职责、人员分工，做到各司其职、各负其责。建立健全首问负责制，对职责范围内的事项要立办快办，对不符合政策规定的事项要做好解释工作，对不属于自身职责范围的事项要主动做好联系和转办工作。

(3) 注重决策落细落实。各部门(单位)要深入基层一线开展调查研究，多听服务对象和师生员工的意见和建议，细化抓落实的思路举措，推动工作落地见效。重大事项没有经过调查研究的不决策，没有经过集体讨论的不决策，涉及师生重大切身利益的问题未征求师生意见的不决策，不断提升科学民主决策水平。

(4) 强化校内协同联动。树立全校一盘棋的思想，积极主动把本部门(单位)的工作融入高校发展大格局中，既要各司其职，又要积极主动地做好与其他部门(单位)的协调配合工作。在协同联动时，牵头部门单位要主动沟通、担当负责，配合部门(单位)也要把工作做到位，不推诿、不扯皮，真正

形成沟通顺畅、统筹协作的工作氛围。

(5) 严格遵守工作纪律。建立健全教职工网上请销假机制，严格执行教职工考勤制度和干部请销假制度，坚决杜绝报备式请假的现象。工作时间不得从事与工作无关的事项。严格执行重大事项请示报告制度，工作中遇到异常情况、突发问题要及时向上级报告，不能因循惯例、简单处置。

高校要指定管理服务部门、教学单位年度目标任务综合考核的牵头部门，分别负责对管理服务部门、教学单位作风建设的日常监测，不断提高学校美誉度。

第五节 社会责任风险及其控制措施

高校的社会属性决定了高校必须履行和承担相应的社会责任。高校的教育型组织特性、学术型组织特性、文化知识型组织特性等决定了高校应当履行和承担人才培养的社会责任、科学研究的社会责任、文化传承的社会责任，以及利用自身的教育、文化与科研技能等专长服务于社会的责任。

一、社会责任风险

(1) 人才培养质量不能满足社会需要。

(2) 在科学研究过程中，学术不端、学术腐败导致高校声誉受损，影响高校健康可持续发展。

(3) 高校在服务社会方面，片面追求社会服务带来的经济利益，放弃了高校本有的立场，使得高校背离应该承担的社会责任。

二、社会责任风险控制措施

(1) 高校应从培养高素质人才出发，树立科学的质量观，把促进人的全面发展、适应社会需要作为衡量教育质量的根本标准，不断提高高校自主办学、自我管理的能力，以及教育水平和高层次人才培养质量，以适应社会和时代的需要。

(2) 高校应加强师德师风建设、制度建设，并建立长效机制，形成良好的学术道德和学术风气，防止学术不端行为。

(3) 高校在服务社会的过程中应摆脱功利主义的影响，突出公共性特征，为社会公共利益提供服务。高校还应通过与社会的联系，提供促进社会进步的思想理念。

第六节　校园文化风险及其控制措施

校园文化是高校在长期办学实践的基础上，经过历史的积淀、自身的努力和外部环境的影响，逐步形成的一种独特的社会文化形态。校园文化是高校核心竞争力之所在，主要包括凝聚力、教育力、创造力和影响力，是高校赖以生存、发展、办学和承担重大社会责任的根本。高校需要以下四种校园文化：

① 求知、求实、求真、求新的文化。从事科学研究有一个三段式的思维方式：第一是提出“为什么”；第二是弄清“是什么”；第三是知道“怎么办”。

② 以人为本、以学生为本、以人才为本的文化。教育家的远见卓识，不能只是对既成的人才给予尊重与重用，更重要的是对暂时还没有成名的潜在人才给予大胆提携，敢于对人才进行“风险投资”。越是专才，越是偏才；越是天才，越是怪才；越是经天纬地的雄才，越是凡眼不识、世俗难容之才。

③ 学术自由、兼容并包、多元共生的文化。在政府运作中，把寻求最大的共识力量作为理性目标，认识越统一、步调越一致就越好，但在学术运行中，和而不同。多元统一，这是宇宙永恒的法则，是和谐的最高境界。

④ 服务社会、超越现实、面向未来的文化。高校提供长远战略的服务，我们不能要求高校像社区服务站那样，为大众提供随叫随到的即时服务。高校要服务社会、超越现实、面向未来，为创建未来的理想社会去准备理想的人才，设法去实现“凡是合理的就是现实的”这一命题。

一、校园文化风险

(1) 校园文化的庸俗化、功利化，导致其背离高校精神。

(2) 校园文化的趋同化，导致其缺少自身特色。

(3) 校园文化的简单化、片面化，导致文化建设不完善。

(4) 校园文化的孤立化、禁止化，导致其不能适应时代的变化而沦为落后的文化，从而阻碍高校的发展。

二、校园文化风险控制措施

(1) 校园文化建设应注重平等的多元意识、科学的批判精神、自由的个性发展、终极的人文关怀,以及非功利的价值追求,坚持高校的优良传统,避免“官本位”和“商业化”的负面影响。

(2) 校园文化建设应全面关注优秀的精神文化、科学的制度文化、特色的物质文化、人性的环境文化等方面的建设。

(3) 校园文化既要继承传统又要适应时代的变革,高校还应面向时代、面向国际、面向未来不断创新知识、创新文化。

(4) 高校领导干部应当在校园文化建设中发挥主导作用,高校员工应当全员参与、共同践行文化建设追求的目标。

案例分享二 意识形态警示教育案例

微信作为数字化时代的社交平台,是非常重要的意识形态阵地之一,已经融入人们的日常工作和生活中,也为广大党员干部开展工作提供了便利。微信只是沟通交流的载体,底线还在人心。其实微信本身并没有什么好坏,关键在于如何使用。用得好,就可以促进工作,可一旦超越了界限,就会成为违法乱纪的帮凶。综观近年来中共中央纪律检查委员会(简称中纪委)查处的案件,有的党员干部认为微信世界是虚拟的,不必受党员干部身份约束而变得肆无忌惮;有的党员干部认为自己在微信中是匿名的,所以任意宣泄个人情绪、表达个人观点;有的党员干部觉得在微信上收送红包,数额不大,没有什么问题,却没有意识到自己的行为已经触犯法律。

【案例启示】案例中违纪行为的根本原因在于违纪者没有时刻牢记自己是共产党员的第一身份,没有时刻绷紧纪律之弦。互联网时代,包括微信在内的诸多产品、工具都极大扩展了党员干部的言行边界。有人能做到网上、网下言行合一,有人则网上、网下“两张面孔”。从博客到微博,从QQ到微信,很多党员干部并没有被社交平台的更迭淘汰,却因为党性意识和纪律意识不强而“中招”。纪律不分线上、线下,网络不是法外之地,党员干部在公共空间就应该严守规矩,微信也不例外。党员干部的一言一行代表着党和政府的形象,每一名党员干部在使用微信及其他社交媒体时,都要经常拿纪律的尺子量量自己的行为是不是在纪律允许的范围内。

案例分享三 学术不端风险事件

2019 年初，影视明星翟天临高调地晒出北京大学光华管理学院博士后录取通知书。随后网友发现，能够公开检索到的翟天临的两篇论文，其中一篇涉嫌抄袭。这篇题为《谈电视剧〈白鹿原〉中“白孝文”的表演创作》的论文，全文只有 2 800 余字，有 1 646 字的内容与他人发表内容一样。除了上述涉嫌抄袭的论文之外，网友却找不到翟天临发表的其他期刊论文。按照北京电影学院的相关要求，如果读博期间没有在学术期刊发表过至少两篇学术论文，翟天临是不可能拿到博士学位的。而且，《谈电视剧〈白鹿原〉中“白孝文”的表演创作》一文 2 月 10 日已经被从知网上撤下。随后，北京大学、北京电影学院开展调查。

2 月 16 日，北京大学发布“关于招募翟天临为博士后的调查说明”，指出：经调查发现，在翟天临进站材料审核、面试和录用过程中，合作导师、面试小组和光华管理学院存在学术把关不严、实质性审核不足的问题；同时确认翟天临存在学术不端行为。学校同意光华管理学院 2 月 13 日对翟天临做出退站处理的意见，决定对该合作导师做出停止招募博士后的处理，对面试小组成员给予严肃批评，责成光华管理学院做出深刻检查。

2 月 19 日，北京电影学院正式发布“翟天临涉嫌学术造假”事件调查结果：认定翟天临在进行《谈电视剧〈白鹿原〉中“白孝文”的表演创作》论文创作时，使用了其他专家的观点，但并未进行注释说明，“存在较为突出的学术不规范、不严谨现象”，存在学术不端的状况；宣布撤销翟天临的博士学位，同时撤销其导师陈某的博导资格。

第三章　高校资金管理的内部控制

第一节　收入内部控制

党的二十大报告明确提出“实施科教兴国战略，强化现代化建设人才支撑”。从教育大国向教育强国转变，以新发展理念提升教育治理能力，加快教育内涵式发展，已成为教育发展目标和主要任务。随着我国政府对教育投入财政力度的加大，各类政策的出台促进了教育事业的发展，各类教育主体的收入来源呈现多元化趋势。然而在当下，一方面“过紧日子”是一项全国性的、全面性的、全方位的政治任务，教育不可能独善其身；另一方面教育需要高质量发展、内涵式发展。因此，加强收入的科学、规范、精细化管理，规范各类收入组织及分配行为，梳理各类高校收入事项范围与流程，找出收入业务过程中的风险点与影响因素，并据此制定相应的措施，建立一整套切实可行的收入内部控制标准规范体系，显得尤为重要。

一、收入内涵与内部控制政策要求

（一）收入内涵

2021 年 12 月 31 日财政部发布的《事业单位财务规则》（中华人民共和国财政部令第 108 号）规定，事业单位的收入是指事业单位为开展业务及其他活动依法取得的非偿还性资金。事业单位的收入是依法取得的，是通过多种渠道、多种方式取得的非偿还性资金，并且具有支配的自主性。因此，高校的收入是指开展教学科研以及其他活动依法所取得的非偿还性资金。高校收入具有目的性、多样性、合法性和非偿还性的属性。

关于收入分类，目前站在不同的角度分类也略有不同，我们按照财政部《事业单位财务规则》进行分类。

（1）财政补助收入，即高校从本级财政部门取得的各类财政拨款，包括财政生均拨款收入、财政专项拨款收入、政府性基金收入和国有资本经营收入。财政生均拨款收入，是指高校按照生均拨款制度获得的财政拨款经费。财政专项拨款收入，是指高校从同级财政部门获取的具有专门用途的拨款收入。政府性基金收入，是指高校通过当年财政安排从同级财政部门取得的政府性基金预算拨款收入，如高校获得的地方政府债券收入等。国有资本经营收入是指高校取得的由各级人民政府及其部门机构履行出资人职责的企业上缴的国有资本收益。

（2）事业收入，即高校开展专业业务活动及其辅助活动取得的收入。其中：按照国家有关规定应当上缴国库或者财政专户的资金，不计入事业收入；从财政专户核拨给事业单位的资金和经核准不上缴国库或者财政专户的资金，计入事业收入。

事业收入由教育事业收入和科研事业收入两部分组成。教育事业收入，是指学费收入、住宿费收入、培训费收入、成人教育收费的收入，以及其他教育事业收入。科研事业收入，是指横向科研事业收入、纵向科研事业收入，以及其他科研事业收入等。横向科研事业收入，是指高校通过向企事业单位提供技术服务、技术咨询、技术开发、技术转让等服务性质的项目从而取得的科研资金。纵向科研事业收入，是指高校通过承担国家或地方政府常设的计划项目或者专项项目，所取得的国家或地方财政的科研项目经费。

（3）上级补助收入，即高校从主管部门和上级单位取得的非财政补助收入。

（4）附属单位上缴收入，即高校附属独立核算单位按照有关规定上缴的收入。

（5）经营收入，即高校在专业业务活动及其辅助活动之外开展非独立核算经营活动取得的收入。

（6）其他收入，即上述规定范围以外的各项收入，包括投资收益、利息收入、捐赠收入、非本级财政补助收入、租金收入等。

《政府会计准则》中将收入分成两个部分：一是财务会计的收入；二是预算会计的收入。财务会计的收入是指报告期内导致政府会计主体净资产增加的，含有服务潜力或者是经济利益的经济资源的流入。确认应当同时满足以下条件：一是与收入相关的含有服务潜力或者经济利益的经济资源，很可能流入政府会计的主体；二是含有服务潜力或者是经济利益的经济资源流入会导致政府会计主体资产增加或者是负债减少；三是流入金额能够可靠地进行计量。只有同时满足了上述三个条件，方可确认财务收入。

财务会计收入核算的范围包括，财政的拨款收入、事业收入、上级补助收入、附属单位的上缴收入、非同级经营收入、财政拨款收入、投资收益、捐赠收入、利息收入、租金收入和其他收入。

预算会计收入的核算范围包括财政拨款、预算收入、事业预算收入、上级补助预算收入、附属单位上缴预算收入、经营预算收入、债务预算收入、非同级财政拨款预算收入、投资预算收益和其他预算收入。

两者最主要的区别是，财务会计核算的收入主要采用权责发生制，预算会计核算的收入则采用收付实现制。

（二）收入内部控制政策要求

收入内部控制分为收入内部控制的原则与收入内部控制的目标两个部分。高校收入呈现出多样性：体现在收入来源的多样性，来源于政府、企业、事业单位等；体现在收入主体的多样性，如学校、部门、教师和学生等；体现在收入类别的多样性，如财政拨款、非同级财政拨款和事业收入等；体现在收入管理的多样性，如对收入进行分类分项管理和差异化管理；体现在收入的核算上，实行平行记账，既采用收付实现制又采用权责发生制。加强各类收入的内部控制管理非常必要。

根据教育部办公厅 2016 年 4 月发布的《教育部直属高校经济活动内部控制指南（试行）》，高校内部控制建设应当遵循下列原则：全面性原则、重要性原则、制衡性原则和适应性原则。

1．全面性原则

内部控制应当贯穿高校经济活动的决策、执行和监督全过程，实现对经济活动的全面控制；全面涵盖高校所有收入及业务流程，如财政类、学生学费类、培训会议类、科研类、捐赠类和各类租金等业务流程。

2．重要性原则

在全面控制的基础上，内部控制应当关注高校重要经济活动和经济活动的重大风险。例如高校各类收费政策的调整、高校收入分配政策、高校收入预算等重大事项纳入“三重一大”事项，坚持集体决策。

3. 制衡性原则

内部控制应当在高校内部的部门管理、职责分工、业务流程等方面形成相互制约和相互监督。在全面控制的基础上，高校应重点关注构成主要收入的事项及其可能存在的重大风险，如收入岗位设置、审批权限、不相容职务、业务归口、项目库管理、各类与收入相关的制度设计等内部牵制机制。

4. 适应性原则

内部控制应当符合国家有关规定和单位的实际情况，并适应外部环境的变化、高校经济活动的调整和管理要求。内部控制流程具有可操作性，不是一成不变的，要符合高校实际情况并随着环境等变化不断修订。如发票管理中出现了电子发票问题；互联网金融管理、收入信息化管理等都需要及时修订内部控制流程。

(三) 收入内部控制目标

收入内部控制的目标主要是合法性、完整性和及时性。

1. 合法性

(1) 收费依据合法。高校各项收入的取得应符合国家有关法律、法规和政策规定，应当按国家相关文件的标准，依法办理相关收费项目及收费标准的审批，从而保障高校的每一项收费项目及收费标准都符合相关规定。具体的收入项目、范围与标准，应根据政府部门的文件、项目立项任务书、经济合同等确定。

(2) 票据使用合法。每一项收费都要使用规定的票据，严格禁止收费不开票或者使用不规范的票据等现象。

(3) 操作过程合法。必须严格执行收支两条线管理的目标，及时将收到的费用上缴财政专户，严格禁止擅自使用或者是挪用收费资金。

(4) 入账合法。如依据合同的收费项目的管理，高校不得"以收抵支"，严禁设立账外账，严禁以个人名义取得高校收入。

2. 完整性

完整性体现在三个方面：一是收费对象的完整性，即不会出现遗漏的情况，保障应收尽收；二是收费项目的完整性，即该收费的项目不能有所缺少；三是收费金额的完整性，即不会出现应收款计算错误等情况。

高校的各项收入都要纳入高校预算管理，收入款项必须全额进入高校规定的银行账户，实行统一管理、统一核算，做到全面、真实、准确。高校应当建立健全收入退付管理制度。将收取的款项退回交款单位或个人时，应当严格执行相应的审批程序。

高校应当加强各类非税收入管理。严格按照规定的收费项目和标准收费，按照规定开具财政票据。所收取的各类非税收入，应当及时、足额上缴国库或财政专户，做到收缴分离、票款一致，不得以任何形式截留、挪用或者私分。

3. 及时性

为确保应缴费用能够及时收缴到位，对于欠费应及时进行催缴。确保收款金额及时入库，并严格按照相关财政制度规定及时上缴财政账户。

高校各业务部门应当严格按照合同管理要求签订合同，并在签订涉及收入的合同协议后，及时将合同等有关材料提交财务部门作为取得收入及账务处理依据，确保各项收入应收尽收、及时入账。财务部门应当定期检查收入金额是否与合同约定相符；对应收未收项目应查明情况，明确责任主体，落实催收责任。

二、收入内部控制的关键风险点

（一）体制机制关键风险点

一是单位的收费领导小组是否建立，是否有收费管理办法或者相关制度，收费管理办法或者相关制度是否与时俱进。二是重支出轻收入的现象是否出现，是否按照高校中长期发展规划实现收入，是否对收入采用项目制管理方式等。三是机构或者岗位设置是否形成有效的授权制衡和决策机制，对于机制执行和监督等是否实现不相容岗位有效分离。四是各类收费的日常监督和定期检查是否正常开展。五是健全的问责机制是否建立，对收费管理主体的责任是否进行落实等。

（二）业财一体化的归口管理风险点

一是收费票据的业务是否实现了归口管理。财务部门是财政票据、非税票据、捐赠票据、电子发票等归口管理部门。二是收费项目是否实现了业务归口管理。高校各职能部门、二级学院等开展的收费项目实行业务归口，所有收费部门必须向财务部门申请立项审批，必须提供收费项目的依据、成本测算、实施方案等材料进行备案，财务实时进行收费的档案管理。三是业务部门的收入是否及时入账，是否有小金库，是否应收尽收，是否做到无死角、无遗漏。四是收费管理制度是否完善，是否有健全完善的教育收费政策体系、制度体系和监督体系。五是业财是否实现一体化的动态管理。例如高校学生学籍的异动，是否能及时查找学生历年的缴费信息及汇总信息，是否能及时将欠费的学生与其离校清算证明挂钩，及时追缴欠费。

（三）全生命周期管理的风险点

一是财务事前项目立项、项目管理和科目核算的风险点，是不是能够得到及时控制。例如是否及时反映学籍管理异动、科研预算的调整等。二是财务事中项目的管理。例如对退费、学生助学贷款、学费减免、学生补录等事项有没有及时地进行管控。三是财务事后项目的管理。例如学生毕业离校清算业务，各部门是否及时实现了数据共享并掌控相关的风险。四是权限的管理。例如项目的立项审批、执行分析检查、监督相应的风险点是否能够得到控制。五是发票的管理和会计核算等是否实行责任追究机制，是否实现了全生命周期风险点的控制等。

（四）会计基础管控视角的风险点

一是收费收入的岗位职责是否清晰。例如收费的立项与收费审核、收费岗与记账岗是否建立不相容的相互牵制的制度，各类票据如财政票据、非税票据、电子票据的管理是否存在混乱的问题。二是是否实现了收支两条线的管理，是否存在在往来中核算收支、错收错支、未按照规定及时上缴各类非税收入等问题。三是会计核算有没有建立标准体系，是否存在不同的人在相同的业务出现了不同会计分录的情况，项目管理的流程是否存在，是否严格按照权责发生制的原则来确认收入。四是财务报销的标准体系是否建立。五是合同管理与会计核算是否匹配，是否存在合同中应收未及时收的问题，以及会计未及时核算的问题。

（五）信息化视角的风险点

（1）收费系统信息化程度不高。国内多数高校仍处于利用收费软件和人工结合半自动收费管理阶段，例如现金收费、POS 机收费或银行批量代扣的方式，收费方式普遍没有建立起与内部控制信息化要求相适应的收费管理平台，存在内部控制缺失、数据孤岛、风控薄弱等问题。

（2）部门间信息孤岛现象严重。人事管理、学生管理、教务管理、住宿管理、国有资产管理、科研管理等软件平台相互独立,系统之间缺乏信息共享,信息孤岛现象严重。高校收费项目日益增多,收费项目涉及业务部门较多,收费工作需要各部门通力合作。

(3) 不相容岗位缺乏合理牵制。财务人手少,将收费工作完全交由一个工作人员全部完成,导致票据与款项不分离、收费人员和审核人员不分离,背离了内部控制制度相互牵制、相互监督的基本原则。

(4) 收费管理制度流程亟待完善。制定了收费管理办法,但没有根据实际情况及时修订,有很多收费项目及其标准、流程等没有纳入管理办法,而是散落执行。收费公示制度执行不到位,未实行归口管理。业务部门、收费部门、监督部门权责边界不清晰。

(5) 业财未实行一体化动态管理。例如学生收费系统与学生管理系统、学籍管理系统、选课系统等不关联,对部分恶意欠费学生不能形成有效牵制。学籍管理系统、学生管理系统的功能还停留在选课、成绩管理等方面,学生学籍异动、住宿异动、考试收费等工作,大多数还是采用线下人工审批后再录入系统的方法,很容易出现系统内信息更新不及时、不准确的情况。

(六) 票据管理的风险点

一是票据使用指定专人负责,不得擅自转让和销毁。二是票据是否及时入账,同时开具票据的内容真实、完整,印章、金额等要素齐全。三是是否建立票据审核制度,各类票据是否互相串用,是否自行扩大票据的使用范围。四是实行预开票据制度,是否存在管理的疏漏。教学科研实际工作中确实需要预开票的,相关个人提出申请并提供合同协议等有效资料,经审核后可以开具票据。五是收费票据使用是否得当,是否造成收费票据使用类型错误、填写不规范、丢失等风险。六是不相容岗位职务是否分离,是否导致收款不开票、多收少开等风险。七是收费票据管理流程是否严谨,包括保管、使用、上缴和缴销各个环节。八是监督机制是否健全,是否能够得到有效的监督。九是税务风险意识是否增强,包括是否存在虚开增值税发票的问题,是否存在税票商品和服务税收分类编码,或者是税率选择错误的问题,是否导致少缴、多缴或未缴税款等风险;另外,对于税收优惠政策不明确,导致多交税款等风险。

三、收入内部控制管理的路径和措施

收入内部控制管理的路径和措施,主要是要健全体制机制,实现业财一体化的收费归口管理，收入要实现全生命周期的管理，加强会计基础的控制，并且通过信息化平台来实现数智化的控制。

（一）健全体制机制

1. 建立健全制度体系

（1）各类收费坚持“谁审批、谁负责”的原则。

（2）各类高校要严格执行规定的收费范围、收费项目、收费标准和收费方式。

（3）成立高校收费收入领导小组，建立健全高校收费管理制度、高校收入管理制度。

2. 完善管理制度和流程设计

重点在规范收费流程，细化审批流、业务流、资金流，制定收费流程手册，对于收费流程做出必要说明，并配流程图，具体到岗，落实到人，明确收费相关业务部门的角色和责任。

3. 加大违规行为查处力度

（1）高校要加强对各类收费的日常监督和定期检查。

（2）建立健全问责机制。

4. 加强收入分类分项管理的顶层设计

在收入的框架管理中设置收入的类别，并且通过预算收入的框架来设置收入核算的框架。对于收入项目的管理，包含收入立项的申请、主管部门的审核、财务部门的审核和应收账款的管理。对于收入到款入账的管理，一是财政直接收款，要实行业务归口管理、网上缴费平台银行入账等，要及时对账；要加强对票据的申请、开具、查询和预约申请等进行顶层制度设计。二是对于上缴财政要及时准确应缴尽缴，对于财政返还要及时入账，生成收入凭证。三是对财政收入的分配要实现预算管理。四是对专项项目的分配要及时精准，从收入预算的编制、执行、调整和实际完成等方面进行全过程、多角度分析考核。

会计控制是收入管控非常重要的一个环节。会计核算与业务相融合，运用内部控制规范来加强会计基础工作，通过制定制度、实施措施和执行程序，切实将制衡性与流程化的内部控制原理落实到会计基础工作的财务决策、会计核算执行和会计报告监督的实务操作中。

（二）加强收入预算管控

（1）收入预算编制应围绕单位的工作任务去落实，并运用岗位分工、授权审批、会计核算等多种多样方法加以控制与调整，尽可能细化到各个部门的基层单位和具体项目，提高预算准确性。

（2）从收入预算的编制、执行、调整、实际完成等全过程、多角度进行分析考核。

（3）单位收入预算的编制应符合党和国家的有关政策、财务制度、工作任务及事业计划的要求；贯彻“量入为出、以收定支”的预算编制原则，分析比较预算收入数的完成进度，收入预算执行进度应与事业计划完成进度一致。

（三）加强收入数据分析管控

分析收入政策变化、收入来源变化、预算收入完成进度、各项收入占比情况等。例如与兄弟单位比对、与往年数据比对、增减幅度比对、各项收入发展趋势比对等。分析单位收入的实际执行情况。如收费是否符合有关规定，是否执行了国家的收费标准，是否完成了核定的收入计划，各项应交收入是否及时足额上缴，以发现超收或短收的主客观因素，分析结果及时上报校长办公会等决策机构，并将决策机构的考核结果与建议反馈至各部门。

（四）加强收入信息化管控

（1）引入支付宝、微信、网络银行等第三方网络支付平台，探索收费模式的多样化与操作的简便化，在资金安全的前提下方便学生缴费。

（2）完善电子发票系统，并使网络支付平台连接电子发票系统，在学生缴费成功后，可自主查询下载电子发票，使收费流程更加高效。

（3）强化网络安全意识，加强信息化系统网络维护力度，提升财务系统安全性。

四、收入信息化管理顶层设计

（一）符合收入内部控制管理的目标

（1）全面性原则——高校各类收费全部纳入财务内部控制管理，依据高校不同收费项目，规范收费管理，实现全覆盖。

（2）重要性原则——所有收费业务要实行归口、实现项目全生命周期管理。

(3) 制衡性原则——业财一体化管理,实现不相容职务内部牵制机制,将财务系统与教务系统端口对接,自动对接学籍异动,及时反映收退费信息并开具电子发票,自动生成会计凭证植入核算系统,实现收入系统与核算系统的无缝对接。

(4) 适应性原则——跟随数字货币推出步伐,各类收费应收尽收、及时入账,不断更新各类收费工具。

(二) 将收费制度、流程等内部控制植入信息系统

在满足收入内部控制目标的基础上,收费信息化管理顶层设计必须考虑将收费制度、流程等内部控制植入信息系统中,对现有收费流程进行优化再造,对现有收费系统进行升级,与高校内部相关业务系统实现数据共享,着力实现收费管理制度化、收费制度流程化、收费流程信息化,加快推进高校内部治理体系和治理能力现代化。

在系统设计中高校要完善收费管理制度和流程,规范设置收费管理岗位。重点规范收费流程,细化审批流、业务流、资金流,制定收费流程。具体到岗,落实到人,明确收费相关业务部门的角色和责任。根据不相容岗位相互分离的原则,设置系统维护岗位,负责基础信息录入及应收款设置;设置收费岗位,负责收费数据入账、对账;设置审核岗位,负责收款、收费数据复核;设置票据管理岗位,负责收费票据申领、保存、核销等相关工作。

(三) 实现收费与业务系统互联互通、信息共享

收费业务能够准确及时完成,关键基础信息数据能够及时更新、即时交互,特别是涉及入学、休学、复学、转学、退学、离校等学籍管理流程,住宿、退宿等住宿管理流程,学生资助管理流程,以及选课、考试管理流程等与收费相关的审批流程,应当全部在系统上进行网上审批,并与收费系统进行数据关联和交互。财务人员批量设置应收款项,收费系统根据采集到的收费相关基础信息自动关联应收款项,其他业务系统自动关联收费系统采集到的缴费信息,进行本系统业务控制,有效避免错收、漏收、少收现象发生。

(四) 实现平台化管理、智能化交互、动态化监管

平台化管理要方便高校财务人员通过财务系统便利地进行应收账款设置、缴费信息提取统计,保障预算收入的及时、准确,并有效追溯资金流向,

实现对收费资金动态的实时监管。同时，关注网络设备及数据安全，做好服务器等网络设备安全还要加强防火墙建设，强化数据容灾备份。

第二节　支出内部控制

2021年12月的中央经济工作会议上提出“实施减税降费政策，党政机关坚持过紧日子”；2022年中央财政预算报告要求，中央部门带头过紧日子，重点保障刚性支出、急需支出，从严控制一般性支出，强化“三公”经费预算管理，努力降低行政运行成本。2023年5月，中共中央办公厅、国务院办公厅印发《关于进一步加强财务监督工作的意见》，指出强化财经纪律刚性约束，加强对财经领域公权力行使的制约和监督，聚焦党政机关过紧日子。高校收支业务与资金流转密切相关，是高校运行中的核心业务之一，也是内部控制的管控重点。近年来，“阳光财政”“透明政府”等一系列新的理念逐渐为民众所认同，公民要求“知情权”的意愿越来越强烈，“三公”经费的公开已成为社会热点。无论是高校自身的要求，还是社会公众对教育事业经费支出的关注，高校都应该加强支出业务控制建设，通过支出内部控制，切实提高资金使用效率。

根据《中共中央 国务院关于全面实施预算绩效管理的意见》（中发〔2018〕34号）的精神，教育部出台了《教育部关于全面实施预算绩效管理的意见》（教财〔2019〕6号），明确要求各级教育部门及单位实施整体预算绩效管理、建立事前绩效评估机制、强化绩效目标管理、健全绩效指标和标准体系。

2019年12月财政部出台的《事业单位成本核算基本指引》（财会〔2019〕25号）进一步提出，单位应当设置与成本相关的绩效指标并加以准确核算，以便衡量单位整体和内部组织部门运行效率、核心业务实施效果、政策和项目资金使用效果。因此，在支出内部控制中如何实现同绩效管理、成本控制一体化是我们亟须解决的新问题。

2022年9月财政部出台的《事业单位成本核算具体指引——高等学校》（财会〔2022〕26号）指出，开展成本核算的高校应当建立健全成本核算领导机制和工作机制，明确成本核算相关部门的职责，制定成本核算工作方案及相关工作制度，充分利用现代信息技术，加强和完善成本数据的收集、记录、传递、汇总和整理等基础工作，保障成本核算工作正常有序开展。

一、支出内涵与内部控制政策要求

（一）支出内涵

支出是指高校开展业务及其他活动发生的资金耗费和损失。单位支出包括事业支出、经营支出、对附属单位补助支出、上缴上级支出和其他支出。

1. 事业支出

事项支出即高校开展专业业务活动及其辅助活动发生的基本支出和项目支出。

(1) 基本支出是指高校为保障其正常运转、完成日常工作任务所发生的支出，包括人员经费和公用经费。具体包括：① 工资福利支出（在职人员的工资、津贴、奖金、加班费、各类社会保险）；② 商品服务支出（日常的办公费、水电费、差旅费、工会费、福利费等）；③ 对家庭和个人的补助支出（离退休人员的离退休费、困难职工生活补助与抚恤金、高校的奖学金与助学金等）。

(2) 项目支出是指高校为完成其特定的工作任务和事业发展目标所发生的支出。包括基本建设费、有关事业发展专项计划项业务费，以及大型修缮、大型购置、大型会议等项目支出。

2. 经营支出

经营支出即高校在专业业务活动及其辅助活动之外开展非独立核算经营活动发生的支出。

3. 对附属单位补助支出

对附属单位补助支出即高校用财政补助收入之外的收入对附属单位补助发生的支出。

4. 上缴上级支出

上缴上级支出即高校按照财政部门和主管部门的规定上缴上级单位的支出。

5. 其他支出

其他支出即上述规定范围以外的各项支出，包括利息支出、捐赠支出等。

（二）支出内部控制政策要求

高校支出采用权责发生制，遵循支出的四个原则。

1. 全面性原则

全面性是指支出内部控制应当贯穿单位支出活动的决策、执行和监督全过程，实现对支出活动的全面控制。如系统梳理高校经费支出，科学设计支出事项结构。根据国家相关法律法规明确支出范围、标准和相关单据，保证高校经费支出合法合规，同时要根据国家统一的会计制度规定进行支出核算，并及时归档、妥善保管支出相关文件等，开展内部控制管理，提高资金管控效率和效果。

2. 重要性原则

重要性是指在全面控制的基础上，指出内部控制应当关注单位重要支出活动及其重大风险。如要严格执行预算，从严从简；要执行“三重一大”事项，降低公务活动成本；对专项资金实现专款专用、单独核算，确保专项资金达到特定目标等。这些都属于重要性内部控制内容。

3. 制衡性原则

制衡性是指内部控制应当在支出业务的部门管理、职责分工、业务流程等方面形成相互制约和相互监督。如高校应当建立健全支出内部控制制度，要合理设置支出业务相关岗位，关键岗位职责清晰，不相容岗位相互分离；要建立科学完善的支出管理流程。要支出事前审批恰当，支出审批合理，支出审核全面，资金支付及时，确保各项支出依据充分、真实合理。

4. 适应性原则

适应性是指内部控制应当符合国家有关规定和高校的实际情况，并随着外部环境的变化、高校经济活动的调整和管理要求的提高，不断修订和完善。如随着国家政策的变化要及时修订高校的制度；要定期对高校支出进行分析，及时发现异常情况；要及时规范各项业务活动，保障收支平衡，提高财政资金的使用效率和效果。

二、支出内部控制管理关键风险点

支出内部控制管理关键风险点主要表现在五个方面。

（一）支出业务未纳入预算或超过预算规定的范围、标准，可能导致经费滥用或无效使用

具体表现为：

（1）单位未建立健全支出业务内部管理制度，未按照国家相关法律法规

和有关政策文件要求并结合单位自身的实际情况制定支出业务细则，未建立单位的预算管理制度体系，导致单位日常经费支出管理无章可循、无据可依，管理混乱。

(2) 支出预算管理缺位，各项支出不合理，随意追加经费。蓄意多拨财政资金，以各种名义套取、骗取财政资金，挤占、挪用财政专项资金。

(3) 支出事项如差旅费、会议费超标准支出等，尤其是“三公”经费，数额巨大，不符合国家法律法规；支出范围及标准不符合相关政策与制度的要求；公费旅游、公车消费、公款吃喝等不良行为频发。

(4) 专项资金未做到专款专用，擅自改变资金用途，滞留、滞拨、挪用各种专项资金。未按批复的项目方案实行预算管理，导致无法完成目标任务。例如职业院校中“双高”建设项目、高校中的国家“双一流”项目，存在任务完不成造成项目资金被收回或减少后续拨款的风险；对于财政专项资金，存在单位项目立项、预算论证评审、决策等程序不合规等因素，导致项目重复立项、资金重复配置的风险。

(二) 支出授权审批制度不完善，重大项目和大额资金支出未履行集体决策程序，可能导致资金损失或浪费

具体表现为：

(1) 支出归口部门不清晰，支出业务相关岗位设置不合理、岗位职责不清晰。支出申请和内部审批、付款审批和付款执行、业务经办和会计核算等不相容岗位未有效分离。

(2) 支出审批流程不合理。缺乏事前审批，开展业务前，对涉及支出的事项没有根据工作计划、工作任务和单位领导的指示，并结合预算、成本管理、绩效管理指标进行事前审批。审批流程不清晰，资金支付审批权限不明晰，审批程序不规范，存在越权审批。

(3) “三重一大”事项未经过集体决策程序，大宗采购、工程建设等项目未遵循政府招标采购制度。

(三) 业务经办人未提供真实、合法票据，或提供的票据与实际业务不符，可能导致资金被套取或浪费

具体表现为：

(1) 经办人虚构支出，存在用“假发票”“假合同”等假材料套取财政资金等舞弊情形。对于一些日常公用经费，如公车改革补贴、误餐补贴等，将其

作为全员福利违规发放。

(2) 利用假资料伪造人员信息、套取人员经费,或违规超标发放一些集体福利。

(3) 虚列小型项目或虚开办公用品等发票列支资金,套取资金用于不合规开支,违背会计核算真实性原则。

(四) 财务报销审核不严格,支付控制不到位,可能导致资金损失或浪费,或者出现私设“小金库”的情形

具体表现为:

(1) 资金支付由一人全过程负责,缺乏审核岗或者审核不严格,造成资金错付、重复支付等。

(2) 资金违规支付,不走国库和公务卡,大额支付不通过银行转账等。

(3) 私设“小金库”情形:如将应记入单位账务的租金、资产处置收入、捐赠收入等转入下属单位、所属公司,另开账户、另设账簿或单独保管等形成“小金库”;通过虚列支出将资金转入下属单位、所属公司,另开账户、另设账簿或单独保管等形成“小金库”。

(五) 单位支出核算违反会计制度等规定

具体表现为:

(1) 记账不及时、不准确,没有妥善保管会计凭证,会计凭证毁损、散失、泄密或被不当使用。

(2) 应收或预付款长期挂账未清理,可能导致支出不真实、不完整。

三、支出的内部控制管理路径与举措

经费支出控制策略可以分为事前、事中、事后三个部分。其中事前控制策略主要包含建立健全管理制度、不相容岗位设置、科学编制经费预算;事中控制策略包括经费审批、经费审核、经费支付;事后控制策略包括会计核算、会计档案归集整理、报表数据分析、资金绩效评价等。

(一) 建立健全管理制度体系

各高校应该梳理各项业务支出,根据国家相关法律法规及有关政策文件要求,建立健全支出内部管理制度,并严格执行。实行国库集中支付的,应当严格按照财政国库管理制度有关规定执行。支出业务内部管理制度可细分为总的支出业务管理制度和各类支出业务的实施细则。如建立的支出

业务内部管理制度包括经费支出管理办法、审批权限管理办法、专项资金管理办法、接待费管理细则、会议费、培训费管理细则、差旅费管理细则、出国（境）费管理细则、技能竞赛管理细则等。

上述制度体系建设主要是为了明确规定各类支出的范围（包括但不仅限于）。如各类基本支出中的公用经费、人员经费支出范围，这些往往是财务人员虽然常见但是容易混淆的地方。管理制度体系相当于财务核算的标准体系。

（1）公用经费是指高校行政管理部门发生的具有共性特征的日常运行费用（不含人员费用），主要包括办公耗材、通信邮电、交通、差旅、维修维护、资料印刷、劳务咨询、租赁、公务接待、公务用车、公务出国出境、会议、固定资产累计折旧、无形资产累计摊销等费用。

① 差旅费：用于单位工作人员国内出差的交通费、住宿费、订票费、保险费、伙食补助费、公杂费及其他费用。

② 交通费：用于单位各类交通工具的燃油费、保险费、车船使用税、维修费、停车费、洗车费、过路过桥费（通行费）及其他与单位车辆直接相关的费用。

③ 会议费：用于单位按规定开支的会议场地租赁费、会议设备租赁费、参会人员伙食费、住宿费及其他与会议相关的费用。

④ 出国出境费：用于开支因公临时出国发生的国际旅费、国外城市间交通费、住宿费、伙食费、公杂费和其他费用。

⑤ 公务接待费：单位按规定开支的各类公务接待（含外宾接待）费用。公务接待对象及范围应严格控制在出席会议、考察调研、执行任务、学习交流、检查指导、请示汇报工作等公务活动的国家工作人员内。不得扩大接待范围，不准以各种名义变相安排公务接待。

（2）人员经费支出用于工资、津贴补贴、奖金、社会保障费、离退休费、抚恤金、生活补助、计划生育奖及其他对个人和家庭的补助支出等。

工资指按照国家规定的工资级别、标准向高校在编和非在编聘用制人员每月固定发放的工资部分和绩效工资。

绩效工资分为基础性绩效工资和奖励性绩效工资。奖励性绩效工资的发放标准一般由各高校根据实际情况制定，报当地人社部门批准后执行。

为促进高校学科发展、提升高校内涵而引进的人才实行年薪制，其工资薪金不计入绩效工资总额。

高校因工作需要聘请的外教的薪酬、外聘教师的兼课酬金,以及邀请非本校人员做学术报告、专题讲座、专业咨询、各类评审等支出,作劳务费处理。

(3) 项目经费是指为完成特定的工作任务,在基本支出之外发生的支出。包括基本建设、有关事业发展专项计划项目业务费,以及大型修缮、大型购置,以及大型会议、科学研究等项目支出。项目经费单独核算,严格支出与项目相关的经费,不得串用。

高校不仅要建立会计核算的标准体系,还要建立各类支出的经费报销标准,核算标准是针对财务人员记账的标准,报销标准是针对经费的报销标准。

各高校在制定各类标准之前,按照国家、地方的相关文件标准制定详细标准。具体包括:国内差旅费支出标准,日常开支标准,因公临时出国交通工具使用标准,因公临时出国住宿标准,公务交通补贴标准,会议规模标准,会议费、培训费综合定额标准。

(二) 设置合理的内部控制关键节点和审批流程

从流程思维导图(图 3-1)看,流程设计包括支出流程、业务归口控制流程和不相容岗位设置流程。支出流程分为报销流程、借款流程和支付流程;业务归口控制流程分为明确职责、归口管理和审批权限的流程;不相容岗位设置流程包括分事行权、分岗设权、分级授权和定期轮岗的流程。

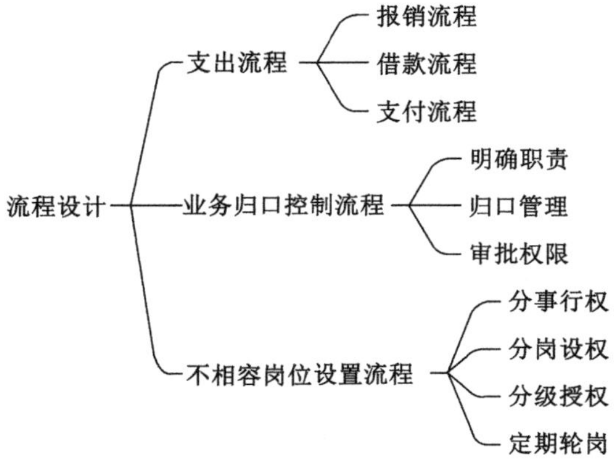

图 3-1 流程思维导图

1. 实行业务归口控制

(1) 审批权限。高校应当全面梳理各项经济活动的审批权限,明确、合理设置校内机构或岗位办理经济活动事项的审批权限、审批程序、审批依据和相应责任,编制经济活动权力清单,规范审批流程。项目支出时,要全面梳理各个环节可能存在的风险点,规范项目立项、项目建设、项目验收与项目绩效评价等环节的工作流程。

(2) 归口管理。高校内设机构或岗位应当在授权范围内行使职权并承担责任,按照权责对等、各司其职的原则,采取成立联合工作组、确定牵头部门或牵头人员等方式,对有关经济活动实行统一归口管理。

(3) 明确职责。按照不同类型项目的特点与建设要求,明确各类项目的归口管理部门及其管理范围和职责。建立健全项目资金决策、执行与监督相互分工、相互制衡的机制。

2. 实行不相容岗位设置

高校应当按照决策、执行和监督相互分离、相互制衡的要求,建立重大事项议事决策机制,根据分事行权、分岗设权、分级授权、定期轮岗的原则,构建内部权力制衡机制,健全内部控制制度,规范内部权力运行。

(1) 分事行权。对经济活动的决策、执行、监督,必须明确分工、相互分离、分别行权,防止职责混淆、权限交叉。

(2) 分岗设权。对涉及经济活动的相关岗位,必须依职定岗、分岗定权、权责明确,防止岗位职责不清、设权界限混乱。

(3) 分级授权。对校内各管理层级和工作岗位,必须依法依规分别授权,明确授权范围、授权对象、授权期限、授权与行权责任、一般授权与特殊授权界限,防止授权不当、越权办事。

(4) 定期轮岗。对重点领域的关键岗位,通过明确轮岗范围、轮岗条件、轮岗周期、交接流程、责任追溯等要求,建立干部交流和定期轮岗制度。不具备轮岗条件的高校,应当采取定期或不定期专项检查等方式加强监管。

(三) 科学编制经费预算

高校应当实行全面预算管理制度,编制部门预算并分解落实到高校内部各部门,预算要覆盖高校内部各层级单位,覆盖各项经济活动及经济活动的全过程。要明确校内各部门在预算管理中的职责权限,规范预算的编制、审定、下达和执行程序,强化经济活动的预算约束。严格预算审批制度,本单位内发生的其他项目费用和综合性费用在单位集中的资金中开支，做到“有预算不超支、无预算不列支”。在经费预算中体现成本控制思想。

（四）实行业务审批制

1. 前置财务审核

前置财务审核是指经办人提出申请，经过部门（项目）负责人，再到业务归口部门审核的过程。审核的要点是业务的真实性、业务办理流程的合规性（有无招投标、是否签订合同等），以及业务的完成情况（货物、工程的质量验收）等。业务审批人要对业务的归属做出判断，不能将经费随意串用。

2. 集体决策

单位应当建立健全各级单位支出的内部审批权限、程序、责任和相关控制措施。重大财务决策、重要项目资金安排和大额资金的使用，必须实施集体决策。

3. 审批权限

各级审批人应当在授权范围内审批，不得越权审批。根据需要可在财务负责人签字批准前设立业务负责人审签制度。当项目负责人为业务负责人或经办人时，实行复签制度。单位应当设立大额资金分级审批制度，根据支付金额大小分别由各级财务人员、总会计师（分管财务工作领导）、单位负责人审批确认。单位应当对超出规定标准的支出事项进行重点审查，确因业务开展需要必须发生的，应由经办人员书面说明原因并按规定办理审批手续。

4. 审批制度

（1）杜绝经费的串用。日常经费不够就挤占项目经费，项目经费用不完就安排日常支出采购，这些都属于经费的串用。

（2）杜绝一切伪造虚假发票等材料套取报销款的行为。经办人和项目负责人要为业务的真实性负责。

（3）杜绝违规超标发放一些集体福利；杜绝利用假资料伪造人员信息、套取人员经费；杜绝通过虚假合同、虚假票据、虚构事项、虚报人员等弄虚作假方式，转移、套取、报销资金用于人员发放等现象。严格按规定执行预算，杜绝人员经费超预算、超绩效工资总额发放。

（4）加强对项目实施全过程的监管，项目归口管理部门应当积极跟踪和推进项目实施,确保项目按时实现预定建设目标。在项目实施过程中,如发生项目变更、终止的,必须按照规定的程序报批,并根据批复进行相应的调整。重大项目的变更应当按照项目决策和预算管理的有关程序和要求重新履行审批手续。

(五)财务审核

《中华人民共和国会计法》明确规定:经审核符合要求的支出凭证,会计人员应及时办理报销和资金支付手续;对于真实、合法、合理但内容不够完整、计算有错误的凭证应退还给经办部门和人员,由其负责将有关凭证补充完整,更正错误后再办理正式报销或支付手续;对于不真实、不合法的原始凭证,会计人员有权拒绝受理,并及时向领导报告。单位应当明确界定校内各项经济活动所涉及的单据,并严格要求相关工作人员按照相关规定填制、审核。财务审核的要点如下。

1. 原始资料的真实性、完整性

报销凭证必须真实、合法、有效、完整,具备原始凭证名称、填制原始凭证的日期及编号、填制和接受原始凭证的单位或个人签章等要素。报销原始凭证须有经手人、证明人、科室负责人及分管领导的签字,注明用途和开支渠道。所有报销单据需附凭证附件作为依据。对要素不齐全的票据,财务人员有权不予受理。

2. 公务接待费用支出

接待要先明确开支范围,接待对象、事由及陪同人员,及对方来访联系函,严格按照党政机关国内公务接待或商务接待规定确定接待标准,凭财务票据、派出单位公函、公务接待事前审批单和公务接待清单等,报由分管领导审核,报单位负责人审批后执行。禁止在公务接待费列支应当由接待对象承担的差旅、会议、培训等费用;禁止以举办会议、培训为名列支、转移、隐匿接待费开支;禁止以任何方式转嫁或摊派费用;禁止在非税收入中坐支公务接待费;禁止借公务接待名义列支其他支出。

3. 差旅费用支出

职工因公出差前要填写党政机关国内公务差旅审批单,经主要领导审批后,作为借款和报销的依据。差旅费报销要严格按照《中央和国家机关差旅费管理办法》(财行〔2013〕531 号)执行,严禁使用旅行社发票作为报销凭证,严禁在差旅费中报销餐饮等费用。出差人员要严格按规定等级乘坐交通工具，在途期间的伙食补助按在途实际天数发放伙食补助和城市间交通费。单位工作人员到本市远城区执行公务活动（不含会议和培训）的，伙食补助费按每人每天 100 元，交通费按每人每天 80 元包干使用，住宿费在标准内凭票报销。

工作人员报销会议培训期间差旅费，要附举办单位的正式会议培训通知或主管领导同意召开会议、组织培训的批示；领取学习、培训等期间的城市间交通费、伙食补助费，要提供领导审批，并经财务部门审核后方可报销。

横向科研项目的差旅费补贴可以根据制度，按照“放管服”的原则，参照当地消费标准自行制定补贴标准，标准可略高于财政资金差旅费补贴支出标准。

4．办公费用

办公费用报销须提供资金支出申请单、政府采购单、国家正规的税务发票、盖有收款单位印章的明细清单附件。

5．宣传费、广告费

宣传费、广告费报销须提供资金支出申请单、国家正规的税务发票、合同或协议和明细清单等附件。

6．车辆维修费

车辆维修费报销须提供资金支出申请单、国家正规的税务发票、维修申请单、结算清单等附件。

7．劳务费

（1）不得违规超标准发放劳务费。在发放劳务费时要履行个人所得税代扣代缴义务。

（2）报销搬运力资费、临时聘请人员劳务费，须提供资金支出申请单、收据及身份证复印件。劳务费报销还应提供相关的课时及聘请人员的专业技术职称等信息。

（3）师资费在综合定额标准外单独核算，讲课费（税后）执行以下标准：副高级技术职称专业人员每学时最高不超过 500 元，正高级技术职称专业人员每学时最高不超过 1 000 元，院士、全国知名专家每学时一般不超过 1 500 元。讲课费按实际发生的学时计算，每半天最多按 4 学时计算。同时为多班次一并授课的，不重复计算讲课费。为单位举办面向本单位人员的各类培训班授课，不发放讲课费；为本单位举办的面向本系统人员及外单位人员的各类培训班授课,可以发放讲课费。省部级干部比照院士、全国知名专家,厅级干部比照正高级技术职称专业人员,处级及以下干部比照副高级技术职称专业人员。授课老师的城市间交通费用按照区级党政机关差旅费有关规定和标准执行,住宿费、伙食费按照上述标准执行,原则上由培训举办单位承担。

8. 人员经费

(1) 是否按预算执行。人员经费超预算、绩效工资超绩效工资总额发放。

(2) 是否违规超标发放一些集体福利。对于一些日常公用经费,比如公车改革补贴、误餐补贴等,将其作为全员福利违规发放;节假日违规、超标发放补贴。

(3) 是否利用虚假资料套取人员经费。例如通过伪造人员信息、虚假合同、虚假票据、虚构事项、虚报人员等弄虚作假方式,转移、套取、报销资金用于人员发放。

9. 项目经费

确保支出内容与项目内容的一致性,防止截留、挪用和无预算、超预算、超范围使用资金。确保在使用项目资金过程中,没有以任何方式列支应由个人负担的有关费用和利用项目资金支付各种罚款、捐款、赞助、投资及偿还债务等。

报销项目经费支出费用,涉及货物类支出的,须提供资金支出申请单、政府采购单、需公开招投标的招投标确认书、合同或协议、国家正规的税务发票、货物验收单、明细结算清单、发放明细表等附件;涉及服务类支出的,须提供资金支出申请单、政府采购单、需公开招投标的招投标确认书、合同或协议、国家正规的税务发票、明细结算清单等附件;涉及活动类支出的,须提供资金支出申请单、签订的合同或协议、国家正规的税务发票、活动签到表、物资发放表等。

(六) 经费支付的内部相互控制管理

1. 遵循不相容岗位相互分离制度

经费的支付须由两个以上的岗位完成。出纳完成支付申请,复核岗应对支付的金额、单位进行逐项核对后支付,避免出现一笔业务重复支付或错误支付的情况。单位的财务印鉴、支付U盾应按规定分别由两个岗位保管,支付U盾的密码定期更改，并注意网银电脑的网络安全，避免账户盗用造成的单位资金损失。

2. 遵守国库集中支付管理制度

原则上超过一定金额(可按当地实际消费水平设定，人民币1 000元或以上金额)不得使用现金支付，均需转账或使用公务卡刷卡方式进行结账。

3. 推行公务支出银行信用卡结算报销方式

单位职工受公务委托，通过银行信用卡进行公务支出消费，账单期内应按现行财务制度对公务支出消费凭证和银联小票进行审核后，交由出纳通过国库集中支付系统直接将报销费还入个人公务信用卡上。

4. 不允许大额支出拆分

不允许以开具发票的方式降低消费金额。不允许采取阶段性结账、延期结账等方式来规避相关规定，要一事一结。

5. 重视工程、设备采购付款的过程控制和跟踪管理

发现异常情况的，应当拒绝付款，避免出现资金损失。

(七) 会计核算与档案管理

1. 会计核算控制

单位应当严格执行国家统一的政府会计制度，依法设置会计机构和配备会计从业人员，由财会部门根据支出凭证及时、准确地登记账簿；与支出业务相关的合同等材料应当提交财会部门作为账务处理的依据。

2. 单据档案控制

单位应当明确界定校内各项经济活动所涉及的单据，并严格要求相关工作人员按照相关规定填制、审核、归档、保管单据。财会部门应将与支出业务相关的会计凭证、文字及其他资料按照《会计基础工作规范》的规定及时归档、妥善保管，严防毁损、散失、泄密或者不当使用。涉及合同协议或者内部文件的，业务部门应该向财会部门提交与支出业务相关的合同协议或内部文件等材料作为账务处理的依据。

(八) 财务报表与数据分析

高校应定期对单位的收支情况进行统计汇总，形成收支分析报告，并上报相关领导审批审议，以会议纪要的形式在本单位范围内发布；各业务部门根据本部门的支出指标执行情况，控制相关支出。

收支分析报告应注重支出执行情况与计划的对比及差异分析，通过差异分析及时发现财政资金支出的异常情况，分析其形成原因，采取有效措施规范各项业务活动，保障收支平衡，提高财政资金的使用效率和效果。

一般来说，收支分析报告应该包括本单位财政预算执行情况、本单位收支管理中存在的问题及原因分析、分析结论等。

高校财政预算执行情况主要包括：

（1）本单位上一季度的财政资金收入与财政资金支出总体情况，反映本单位财政收支平衡情况以及财政资金的使用效率。

（2）截止到上一季度末已执行的财政预算占当年财政总预算的比例，反映财政预算的执行进度。

（3）本单位财政支出执行明细，按支出事项类别进行统计，反映财政支出的去向。

（4）各业务部门支出情况，通过实际执行值与指标计划值对比，反映各责任业务部门对支出的控制情况。

（九）成本控制与绩效评价

目前，高校实行的政府会计制度为成本核算提供了理论，以权责发生制的财务会计数据为基础进行成本核算。高校要健全成本费用相关原始记录，充分利用现代信息技术，加强和完善成本数据的收集、记录、传递、汇总和整理等基础工作，为成本核算奠定必要的数据基础。

《事业单位成本核算具体指引——高等学校》指出，高校对实现其职能目标过程中实际发生的各种耗费按照确定的成本核算对象和成本项目进行归集、分配，计算确定各成本核算对象的总成本、单位成本等，并向有关信息使用者提供成本信息。

高校开展成本核算应当满足内部管理和外部管理的特定成本信息需求。高校的成本信息需求包括但不限于以下方面：

（1）为高校及其内部组织机构合理控制成本、优化成本结构、提升资金使用效益提供信息支撑。

（2）为有关部门、高校进行高等教育资源配置（如确定学费收取标准等）提供成本信息参考。

（3）为财政、教育等有关部门开展高校整体、政策、项目等绩效管理工作提供成本信息支撑，同时也为高校开展绩效自评提供依据。

第三节　债务内部控制

我国教育事业的发展离不开财政资金的大力支持，对于地方高等院校而言，当前正逐步实现外延扩张到内涵式发展的转型。以职业教育为例，2019 年国务院发布的《国家职业教育改革实施方案》(国发〔2019〕4 号)提出，经过 5 到 10 年左右时间，职业教育要基本完成由追求规模扩张向提高质量转变，而仅仅依靠财政拨款和学费收入难以满足高校发展的需要，地方高校还需通过举债的方式获取发展建设资金。

自 2018 年以来，国家要求公办高校不得以金融机构贷款等形式新增债务，并且要求在规定年限内对存量银行债务进行清理。自 2023 年 4 月 11 日起，国家已经全面叫停了 PPP(政府与社会资本合作)项目，通过地方政府与社会资本合作共同参与有一定收益的公益性基础设施投资和运营的模式也不再适用于高校基本建设资金的筹集。

一、高校债务管理方面的政策文件

对于高校债务管理方面的政策文件，以江苏省为例，2018 年江苏省政府办公厅发布了《关于印发省属事业单位债务管理暂行办法的通知》(苏政办发〔2018〕77 号)，该办法中明确事业单位举借债务是指在依法依规的前提下通过金融市场融资方式取得的债务，包括新借、展期和续贷，不含地方政府债券。该办法要求事业单位债务管理必须遵守举借债务合法合规、偿债来源能够覆盖所借债务、谁借(欠)债务谁负责偿还、从严从紧规范管控的原则。事业单位不得以任何方式向其他单位和个人借款或违规集资，不得以公益性资产抵(质)押举债融资，不得违法违规接受或提供任何形式的融资担保。事业单位举借债务必须实行严格审批制度，履行报批手续，同时规定了参照公务员制度管理的事业单位、全额拨款事业单位、义务教育、公立医院，以及没有偿还债务能力的或者债务风险评价指标超过业内规定预警值的事业单位不得举借债务。事业单位申请举借债务必须是因为自身公益性事业发展所急需的建设性项目。有稳定业务收入来源但按国家规定不得举借债务的事业单位，确因自身公益性项目建设需要，可按程序单独申请地方政府专项债券。

《关于运用全口径债务监管平台开展债务统计工作的通知》《关于开展省属高校和医院存量债务清理化解工作的通知》这两份文件对债务的统计报告和债务化解做了明确的规定：要求运用“地方全口径债务监测平台”开展债务统计报告工作；对高校和医院的存量债务全面清理，确保在10年以内将存量债务消化为“零”；每年化解债务数额不低于存量债务总额的10%；未认真执行化解方案的省属高校和医院，启动问责，取消地方政府专项债券申请资格，对于未完成年度化债计划的部分，将从其财政拨款或其专户中等额划转资金用于偿债。

《关于省属高校和医院申请地方政府专项债券有关事项的通知》、《财政部关于印发〈地方政府债券发行管理办法〉的通知》(财库〔2020〕43号)、《财政部关于印发〈地方政府专项债券项目资金绩效管理办法〉的通知》(财预〔2021〕61号)这三份文件对高校申请地方政府债券做了具体规定，文件提出专项债券由省财政厅在限额内发行，用于有一定收益的公益性建设项目，专项债券期限应当与项目期限相匹配，财政部门、项目主管部门和项目单位对专项债券支持项目开展绩效管理。

从狭义的文件角度来看，对高校债务的规范仅限于金融机构举债，本书对债务的内涵进行了拓展。

从经济意义来看，债务是债权人向债务人提供的由债务人承诺在未来一定期限内偿还的资金。从会计意义来看，负债是指由债务人过去的经济业务或者事项形成的，预期会导致经济资源流出的现时义务。看起来，两者既有区别又有联系，财政部2018年发布的《政府会计准则第8号——负债》对政府负债进行了统一规范，主要是为了提高政府负债信息质量，满足会计信息使用者的现实需要。因为长期以来，各有关部门对政府负债的范围并未形成统一认识，所提供的政府债务信息不尽一致，且现行各类政府债务报表中的政府债务并未全部经过确认、计量、记录等会计处理程序，所提供的政府债务数据不够准确，无法满足会计信息使用者对高质量政府负债信息的需求。可见，政府制定负债准则，是期望从会计角度全面核算并提供可靠的政府负债信息，有助于信息使用者全面了解政府的负债情况、债务风险和偿债压力，评价政府偿债能力，加强政府的债务风险管理。

因此，作为政府会计主体的高校来说，债务和负债是紧密联系在一起的，本书所讲的债务管理内部控制所规范的债务，除了通过融资活动借入的债务以外，还包括单位申请的地方政府债券，以及单位所承担的能以货币计量，需要以资产或劳务偿还的应付暂存款项、应缴款项、代管款项等其他债务。虽然对于高校而言，申请的政府债券在账面不反映为负债，但是高校仍需承担相应的还本付息责任，所以将政府债券管理也纳入债务管理内部控制的范畴。

根据《行政事业单位内部控制规范（试行）》的解释，内部控制是单位为实现控制目标，通过制定制度、实施措施和执行程序，对经济活动的风险进行防范和管控。单位的债务活动属于重要的经济业务活动，对债务管理的内部控制就是对单位上述债务活动风险进行防范和管控的行为。

根据单位债务的几个常见类型以及内部控制的不同要求，本书主要针对金融机构借款、地方政府专项债券、应缴款项、应付及暂存款项、代管款项等负债活动中的风险进行识别，并分析相应的控制措施。

二、负债类型

（一）金融机构借款

金融机构借款是指单位经批准向银行或其他金融机构等借入的各种款项。

（二）地方政府专项债券

地方政府专项债券是指地方政府为有一定收益的公益性项目而发行的，约定一定期限内以公益性项目对应的政府性基金或专项收入作为还本付息资金来源的政府债券。

（三）应缴款项

应缴款项是指单位取得的按照规定应当上缴财政的款项，包括罚没收入、行政事业性收费、政府性基金、国有资产处置和出租出借收入等。

（四）应付及暂存款项

应付及暂存款项是指高校在日常结算过程中，因未及时与其他单位或个人结清有关债务而形成的负债，包括各种应结算货款、应付劳务酬金、各类质保金、预收款、学生代办费用等。

（五）代管款项

代管款项是指高校接受委托代为管理的，所有权不属于高校的款项，包括党费、团费、各类专业协会(学会)会费,受教育部教育考试院委托代发的四、六级监考费等相关开支,以及接受其他单位委托管理的其他代管项目。

三、债务管理内部控制的基本原则

(一)重要性原则

在全面控制的基础上,债务管理内部控制应当关注单位重要举债行为及存在的重大风险。如专项债务收入应当用于公益性资本支出,不得用于经常性支出。

严禁将新增专项债券资金用于置换存量债务。新增专项债券资金依法不得用于经常性支出,严禁用于发放工资、单位运行经费以及支付债券利息等。专项债券资金不得用于回购已竣工或拖欠工程款的项目。

(二)制衡性原则

债务管理内部控制应当在单位内部的部门管理、职责分工、业务流程等方面形成相互制约和相互监督。如债券单位主要负责人对专项债券资金管理负有主要责任。对专项债券资金管理不善,违规使用专项债券资金,债券项目不能按期竣工,不能按期筹集并足额缴存专项债券发行费用和还本付息,对应专项收入等情形,相关政府部门将依法依规启动问责程序。

(三)全面性原则

债务管理内部控制应当贯穿单位债务活动的决策、执行和监督全过程,实现对债务活动的全面控制。

如《江苏省财政厅关于建立专项债券支出进度通报预警机制的通知》(苏财债〔2022〕9号)要求政府债务主管部门对加快专项债券资金使用进度,建立专项债券支出进度通报预警机制。

通报预警范围:用于项目建设的专项债券资金。

通报预警指标:各地、省本级各项目单位当年以及上年结转专项债券项目资金拨付进度和实际支出进度。

通报预警方法:对当年和上年结转专项债券资金实际支出进度最慢的3个设区市、3个县(市)、3个省本级项目单位实施预警。7月下旬,省财政厅将对所有当年和上年获批专项债券且尚未支出完毕的项目单位进行通报。

（四）适应性原则

债务管理内部控制应当符合国家有关规定和单位的实际情况，并随着外部环境的变化、单位经济活动的调整和管理要求的提高，不断修订和完善。如各相关高校要严格专项债券预算管理，要将债券收入、支出、还本、付息、发行费用等纳入部门预算管理，足额安排还本付息资金，按规定用途使用债券资金。

四、债务管理内部控制目标

高校内部控制的目标主要包括：合理保证单位经济活动合法合规、资产安全和使用有效、财务信息真实完整，有效防范舞弊和预防腐败，提高公共服务的效率和效果。对于债务管理内部控制来讲，具体的控制目标有以下几个方面：

（1）厉行节约，量力而行，不搞短期行为，防止脱离实际大搞建设形成债务风险，举债资金使用方向符合政策要求。

（2）融资项目和额度论证严格、科学，融资模式多元化，融资决策程序科学、民主。

（3）坚持效益第一，切实加强管理，整合现有资源，合理调度资金，并提高资金使用效益。

（4）债务核算与归档合理合规，如实反映待偿还债务情况，规避财务风险。

五、债务内部控制的主要风险和控制措施

在高校所有融资活动中，向银行等金融机构贷款是最传统也是最常见的筹资方式。2010 年之前，高校的主要债务来源是银行贷款，2010 年之后政府严禁高校未经上级主管部门批准新增债务。财政部、教育部为贯彻落实《国家中长期教育改革和发展规划纲要（2010—2020 年）》文件精神，切实减轻地方高校债务负担，化解财务风险，出台了《财政部教育部关于减轻地方高校债务负担化解高校债务风险的意见》（财教〔2010〕568 号），提出严格控制新增贷款，降低债务规模，建立高校建设项目规划、银行贷款审批制度

和高校债务情况动态监控机制，从严审批高校建设标准和建设项目，严格控制新增贷款的产生，防止出现“举新债，化旧债”现象。

（一）金融机构借款、贷款业务环节

虽然在当前的政策环境下，高校不允许用银行贷款方式举借债务，但高校仍存在大量存量贷款，面临展期和转贷等相关活动，需要开展贷款业务的内部控制，梳理其中存在的风险点，采取必要的防控措施。内部控制活动的开展离不开对业务活动工作流程的梳理，明确关键业务环节，从而可以梳理出各个重要环节可能存在的风险点。对于单位向金融机构借款、贷款业务，主要可以划分为三个关键业务环节：

（1）贷款需求的提出和审批。

（2）贷款项目的实施：包括借款合同的订立，贷款资金的使用，还本付息等贷款合同的履行，贷款项目变更，贷款延期或提前偿还等。

（3）贷款业务核算与清偿。

（二）高校转贷活动的主要风险点

1. 筹资决策不当

在贷款需求和审批环节中，高校不允许新增贷款，因此筹资决策不当主要体现在化债实施方案制定不当上，既要按照文件要求的时间和限额化解债务，又要充分论证年度资金需求，与本单位事业发展规划、中期财务规划衔接。化债实施方案如果没有经过充分的论证和评估，作为重大事项没有经过单位集体决策，将带来巨大的内部控制风险。

2. 没有严格执行贷款审批制度

贷款送审数据和材料不及时、不真实、不完整，将导致贷款额度不能被上级主管部门及财政部门审批通过的风险。倘若单位未按照政策要求经规定程序批复便向金融机构贷款，或者超出批复的贷款限额举借债务，属于违规举借债务，必然要承担严重的后果。

3. 未对贷款银行利率进行比对

单位转贷实施过程中，未针对单位资金需求合理确定借款类型（短期贷款/中长期贷款），未对贷款银行利率进行比对，也会导致单位经济利益受损。合同订立未经授权审批，债务管理未设置相应岗位，或者岗位职责不明确，未能定期核对和检查债务，没有及时还本付息，可能导致高校承担额外的付款义务。

此外，单位未合理安排年度化债预算资金和利息支出预算资金，造成资金缺口，将给单位带来违约风险、信用风险和违规风险。

转贷活动中，贷款归还及下放等活动没有及时账内核算，则可能形成账外债务，不能如实全面反映单位的负债情况和财务风险。

（三）高校贷款需求的提出和审批环节的风险防控

（1）单位应当建立健全与债务相关的决策机制。

（2）制定债务活动关键事项的分级授权审批制度。

（3）设置贷款业务的归口管理部门，明确相关岗位分工和主要职责，在权限设置范围内正确履职。

（4）化债实施方案、年度债务还本付息预算编制方案等需经充分论证、评估，并且作为重大事项经单位集体决策，如方案的重大变更等均需重新履行论证和决策程序。

（5）化债实施方案及变更申请等按规定程序报上级主管部门及财政部门审批。

（四）贷款项目实施环节的风险点防控

（1）根据相关法律法规采用恰当的采购方式确定转贷金融机构。

（2）按规定程序和授权审批制度签署借款合同，加强合同控制。

（3）加强债务资金使用的预算管理，专款专用，严格预算控制，严格按照审批用途使用贷款资金。

（4）按照筹资方案或合同约定的本金、利率、期限、汇率及币种，准确计算并支付本息。

（5）加强债务的对账和检查控制，定期与债权人核对债务余额。

（五）贷款核算和清偿管理环节风险点防控

（1）记录债务基本情况动态数据，妥善保管借款合同、收款凭证、还款凭证等资料，及时整理归档。

（2）及时入账，准确地进行贷款业务会计核算，正确反映债务账务信息。

（3）按照化债实施方案制订年度偿还本息计划，做出合理预算安排，加强债务偿还管理，做好中长期财政规划，在年度部门预算中合理安排还本付息预算资金。

（六）地方政府专项债券业务环节及其风险点

在不允许新增银行贷款的政策形势下，弥补高校特别是高校建设资金缺口的主要筹资手段是通过向上级政府部门和财政部门申请发行地方政府专项债券。以江苏省为例，根据省本级高校专项债券数据统计，2019 年江苏省发行高校专项债券 29.7 亿元；2020 年发行 14.6 亿元，同比减少 50.84％。这表明 2019 年为江苏省高校专项债券发行的开端，并且暂时达到了一个高峰，筹集资金都是用于高校新校区或者基础设施建设。然而 2020 年同比下降 50.84％，一方面是由于新冠肺炎疫情的影响，另一方面说明高校专项债券规模处在一个低位徘徊的状态，国内高校专项债券市场仍然处于起步阶段。从发行利率来看，票面利率区间为 3.2％～3.88％，远低于同期银行基准贷款利率 4.9％，有效地为高校融资节省了利息成本，缓解了资金压力。从发行期限来看，2019 年初步发行阶段主要采取短期债券的方式，到了 2020 年发行期限则延长至 15 年，说明地方政府专项债券短期和长期发行的结构比例在优化，并且逐步扩大长期债券的占比。目前，项目收益与融资平衡是地方政府专项债券衡量的重要标准。地方政府专项债券作为一种新的融资手段，对高校筹资渠道的拓展有着重大意义，极大地缓解了高校发展中的资金压力；同时，在专项债券的发行管理、专项债券资金的绩效管理、专项债券资金的使用等方面的风险控制值得关注。

高校在地方政府专项债券的管理过程中的几个关键业务环节包括：地方政府专项债券预算编制和需求确认；地方政府专项债券资金使用；地方政府专项债券本金提留及还本付息。

（1）在地方政府专项债券预算编制和需求确认这个关键环节，需要关注的主要风险点如下：

① 项目未开展事前绩效评估，不具备必要性、可行性和公益性，绩效目标不合理、不科学。

② 资金需求和项目实施方案未经充分论证、评估或未经集体决策，发行期限和额度不合理，项目收益平衡方案编制脱离实际，未合理预计专项债券发行周期内各项收入、支出情况，无法保障债券本息正常兑付。

（2）在地方政府专项债券得以发行后，对于地方政府专项债券资金使用环节，主要存在的风险点如下：

① 地方政府专项债券“重借轻管、只借不管”。

② 地方政府专项债券资金未实行“专户管理、专账核算”，未按指定用途用于公益性资本性支出，未用于方案中基建项目所发生的直接和间接费用支付。

③ 将地方政府专项债券资金违规调剂用于经常性支出、置换存量债务、回购已竣工或拖欠工程款的项目、支付债券发行费用及利息等。

④ 项目实施过程缺乏进度管控，项目推进进度与债券资金的安排脱节，债券资金存在不能在当年使用完毕而被收回的风险。

⑤ 地方政府专项债券资金绩效目标未能如期实现。

（3）高校的地方政府专项债券全都纳入政府性基金预算管理，在账面上不反映为高校负债，但需要承担还本付息的责任。在地方政府专项债券本金提留及还本付息这一关键环节，需要注意的风险点如下：

① 地方政府专项债券还本资金未按要求“分年提留、专门核算”，财务处理不合规。

② 未将地方政府专项债券项目的按年还本准备金和利息支出资金纳入高校年度部门预算，不能按期筹集资金付息、到期偿还本金。

（七）地方政府专项债券管理中的主要风险点管控

1. 地方政府专项债券预算编制和需求确认阶段风险管控

（1）地方政府专项债券项目资金绩效实行全生命周期管理。坚持“举债必问效、无效必问责”，遵循项目支出绩效管理的基本要求，科学编制地方政府专项债券项目绩效目标。

（2）资金需求和项目实施方案需经论证、风险评估以及事前绩效评估，注重融资收益平衡与偿债风险，并经单位集体决策批准，按规定程序上报。

2. 在地方政府专项债券资金使用环节风险管控

（1）设置地方政府专项债券资金的归口管理部门，明确项目实施方案编制、债券资金使用、债券利息支付等岗位分工和主要职责，在权限设置范围内正确履职。

（2）对地方政府专项债券资金实施预算管理、专账管理，确保地方政府专项债券资金用于项目申报方案中的指定用途。

（3）单位应当建立地方政府专项债券项目资金绩效跟踪监测机制，对地方政府专项债券资金预算执行进度和绩效目标实现情况进行“双监控”，建立支出进度预警机制，确保及时使用。

(4) 积极开展地方政府专项债券项目资金绩效自评价工作，建立地方政府专项债券项目全生命周期跟踪问效机制。

3. 在地方政府专项债券本金提留和还本付息环节风险管控

(1) 地方政府专项债券还本基金按照政策规定分年提留，计入应缴财政款，反映待偿还情况。

(2) 将地方政府专项债券收入、支出、利息、发行费用和本金提留资金纳入年度部门预算管理，确保足额按期还本付息。

(八) 地方政府专项债券绩效管理

根据财政部印发的《地方政府专项债券项目资金绩效管理办法》的要求，以地方政府专项债券支持项目为对象，通过事前绩效评估、绩效目标管理、绩效运行监控、绩效评价管理、评价结果应用等环节，推动提升地方政府专项债券资金配置效率和使用效益。地方政府专项债券项目资金绩效实行全生命周期管理，坚持“举债必问效、无效必问责”，遵循项目支出绩效管理的基本要求，注重融资收益平衡与偿债风险，并对专项债券资金预算执行进度和绩效目标实现情况进行“双监控”。地方政府专项债券绩效管理的具体内容如下。

1. 事前绩效评估

申请地方政府专项债券资金前，项目单位或项目主管部门要开展事前绩效评估。事前绩效评估主要判断项目申请地方政府专项债券资金支持的必要性和可行性，重点论证项目实施的必要性、公益性、收益性，项目资金来源和到位可行性，以及项目收入、成本、收益预测合理性等方面。

2. 绩效目标管理

绩效目标应当重点反映地方政府专项债券项目的产出数量、质量、时效、成本，还包括经济效益、社会效益、生态效益、可持续影响、服务对象满意度等绩效指标。项目单位在申请地方政府专项债券项目资金时，要同步设定绩效目标。绩效目标要尽可能细化、量化，能有效反映项目的预期产出、融资成本、偿债风险等。经地方财政部门审核后的绩效目标，原则上在执行中不予调整。

3. 绩效运行监控

地方政府专项债券资金使用过程中，项目主管部门和项目单位应当建立地方政府专项债券项目资金绩效跟踪监测机制，对地方政府专项债券资金预算执行进度和绩效目标实现情况进行动态“双监控”，查找资金使用和项目实施中的薄弱环节，及时纠正偏差。

4. 绩效评价管理

积极开展地方政府专项债券项目资金绩效自评价工作，建立地方政府专项债券项目全生命周期跟踪问效机制，同时配合地方财政部门组织的专项债券项目资金绩效评价，侧重项目决策、管理和产出等，运营期绩效评价侧重项目产出和效益等。

（九）应付及暂存款管理业务环节

除了银行贷款、地方政府专项债券等高校建设的主要资金筹措渠道以外，高校在对各类应付应缴及代管款项等其他负债类型的管理过程中也存在很多内部控制风险点。应付及暂存款管理的关键业务环节包括以下三个：

（1）款项收取。

（2）核算和日常管理。

（3）清退和归档。

（十）应付及暂存款管理主要风险点

在对各类应付账款、应付劳务酬金、各类质保金、预收款、学生代办费用的管理过程中，以下风险是需要重点关注的：

（1）未根据合同和协议收取保证金及押金，不能出具合法的收款凭证。

（2）对学生强制要求收取代办费用，代办费用收取未提前告知学生，未履行公示制度。

（3）各类代办费用账目不清，使用混乱。

（4）未设置专门人员对预收款及其他已收但暂时无法确认收款人的款项进行管理，未及时明确款项用途并办理相关入账手续。

（5）对于长期无人认领的款项无有效的管理措施，长期挂账，收入确认不及时。

（6）无故、长期拖欠各类应付货款和工程款，造成高校声誉受损。

（7）各类质保金的支付未根据规定或合同（协议）约定的质量保证时间期满支付，或者到期后未根据必要流程确认有无质量问题，未经规范的审批手续后给予支付。

(8) 未及时与学生进行代办费的清算,单位在代办费收付中盈利。

(十一) 应付及暂存款管理主要风险点管控

(1) 按照合同及相关协议约定的方式和金额收取保证金及押金。

(2) 学生代办费用的收取应当依据充分,遵循自愿原则、事先告知原则和不盈利原则。制定相应的制度规范代办费用等往来款项的管理。

(3) 对应付及暂存款分类型建立明细账管理,并按照单位和个人设置辅助账管理,代办费用按照分收费项设置明细管理。

(4) 设置专人专岗定期公布各类应付和暂存款项,定期与相关经办人员、归口部门及往来单位核对应付款项。

(5) 及时公布各类到款以便于认领和入账,推动核算系统与科研管理系统、资产出租出借系统的数据对接,积极向业务端延伸,主动开展款项分析,积极处理暂存未认领款项。

(6) 推动核算系统与合同系统、项目管理系统的数据对接和融合,及时让业务部门和项目负责人核对应付货款和工程款。

(7) 保证金、押金定期与业务部门核对,按合同等规定进行清退。

(8) 设立定期集中清查和清退制度,及时清退代办费,对长期无人认领的款项经公示和审批后转列至高校收入,同时在账簿中保留备查。

(十二) 应缴款项管理业务环节

不同于各类应付及暂存款,应缴款项作为单位依法取得并需上缴财政的资金,在管理流程上有所不同,高校的应缴款项主要是学费、住宿费等教育事业性收费,以及租金收入、国有资产处置收入等。应缴款项主要业务环节包括以下三个:

(1) 款项收取。

(2) 核算和日常管理。

(3) 上缴。

(十三) 应缴款项管理主要风险点

(1) 收费项目、收费标准未依据教育主管部门、物价部门的有关规定执行。

(2) 未经批准任意增加收费项目、提高收费标准,任意减免各项应收费用,退费未执行相应审批流程。

(3) 未严格执行收费公示制度,公示收费与实际收费不符。

(4) 未及时按规定提供正确的收费票据。

(5) 未将非税收入作为应缴款项进行账务处理,如财政性资金产生的利息收入、国有资产出租出借收入、国有资产转让收入等。

(6) 代收费、非税收入与其他收入界限不明晰,应缴款项账务核算不及时、不准确。

(7) 隐瞒、滞留、截留、挪用和坐支依法应上缴财政的款项。

(8) 未按照国库集中收缴的有关规定及时足额上缴。

(9) 未将不同类型的应缴款项分类分项缴入对应的国库或专户。

(十四) 应缴款项风险点管控

(1) 建立健全非税收入管理制度,包括收费审批制度和内部监督检查制度等。

(2) 严格按国家规定的收费项目、收费范围、收费标准进行合法收费,不凭借权力自行确立收费项目和收费标准,不滥收费、乱收费。

(3) 严格执行收费公示制度,通过公示牌(栏、墙)、网站、招生简章等形式,向社会公布收费政策、项目、标准、范围和依据等。

(4) 非税收入的收取应当使用合法合规票据,票据设置专人管理,规范收费票据的领取、使用、缴销和保管。

(5) 规范会计核算,严格区分应缴款项与其他收入和暂存款的界限,避免应缴款项在暂存款中挂账或者未经上缴直接作为单位收入处理。

(6) 单位在收到非税收入时,不得自行安排支出,应当严格作为应缴款项,按照程序规定上缴财政。

(7) 应缴款项不得挪用,更不得以任何借口在单位截留,所有应缴财政款都必须按规定及时、足额地上缴财政。

(8) 单位应区分不同类型的应缴财政款,按照非税收入目录分类上缴。

(9) 根据应缴款项对应的业务归口部门,通过系统进行统计核对,确保应收尽收。

(十五) 代管款项的业务环节

代管款项是指所有权不属于高校的款项,高校只是接受委托代为管理。目前,高校常见的代管款项主要有党费、团费、各类专业协会(学会)会费,以及受教育部教育考试院委托代发的英语四、六级监考费等。

代管款项主要业务环节包括三个：

（1）款项收取。

（2）清退。

（3）核算和归档。

（十六）代管款项管理主要风险点

在代管款项的管理过程中，最重要的是要搞清楚什么经费可以纳入代管款项进行管理。一旦不符合代管款项认定的资金以代管形式进行核算和管理，将使单位面临“隐匿收支”的风险，具体而言：

（1）无委托单位的委托书而擅自收取经费作为代管款项进行管理。

（2）代管款项的收取未经过规定程序及相关负责人的审批，接受与本单位事务无关的代管业务。

（3）将利用单位各类资源提供对外服务收入、科研经费收入、联合办班收入等创收收入作为代管款项核算，隐匿收支。

（4）代管经费与单位自有资金未分账核算，代管经费账目不清晰，结余金额不明确。

（5）代管款项的使用管理不严格，经费开支随意，开支事项不符合财经法律法规的规定。

（6）代管款项未建立定期核对和检查的机制。

（7）对代管款项清算不及时。

（十七）代管款项管理主要风险点管控

（1）接受其他单位委托管理的代管项目应由委托单位提供法人证书、收费许可、收费票据、委托财务管理的委托书。

（2）单位应严格管理接受委托代管款项的审批，不应接受与高校事务无关的代管款项业务。

（3）单位应对代管款项严格管理，坚持先收后支的原则，不得透支使用。

（4）单位对代管款项应按项目明细进行专账收支核算、专款专用。

（5）委托方应明确代管款项经费来源、开支审批权限及开支内容。财务部门严格执行财经规章制度，严格监督各项代管款项收支的合法性，不得从中开支与代管项目无关的费用。

（6）财务部门与委托方就代管款项收入金额、支出金额、结转结余金额等进行对账，如有问题要及时查明原因，按程序更正。

(7) 委托方提出书面清算申请后,财务部门应停止其代管款项的使用,清理往来,将余款转出。

思想是行动的先导,要牢固树立风险意识,加强对负债办学风险的认识,改变过去"等、靠、要"的办学思想。目前,高校正逐步从外延扩张向内涵式发展转变,在通过举借债务的方式弥补资金缺口的同时,要将风险管理融入日常管理过程中,加强对债务风险的防范。

第四章　高校资产管理的内部控制

根据《教育部直属高校经济活动内部控制指南（试行）》中对资产的定义，资产是指高校占有或者使用的能以货币计量的经济资源，包括各种财产、债权和其他权利。高校的资产主要包括流动资产、固定资产、在建工程、无形资产和对外投资等。在建工程中基建工程、修缮工程管理由《应用指南第9号——工程项目管理》规范，购置的需安装的设备管理由《应用指南第8号——采购管理》规范。资产管理不仅包括资产被偷被盗、非法占用，还包括提高资产使用效能等。

第一节　资产管理的总体要求

高校应当加强各项资产管理，全面梳理资产管理流程，及时发现资产管理中的薄弱环节，采取切实有效的措施加以改进，不断提高资产管理水平。合理设置资产管理岗位，确保关键岗位人员合理配置，切实做到资产业务不相容岗位相互分离、相互制约和相互监督。合理设置资产管理业务涉及的货币资金、固定资产、存货、无形资产和对外投资控制环节中相关部门和岗位，明确其各自的职责范围、审批权限、工作要求等，并严格落实岗位责任制。

一、资产管理控制目标

（1）实现资产分类管理、职责明晰。资产实现分类归口管理，资产的取得、使用、维护、清查、转让或转化全生命周期权责清晰，保障资产安全与完整，推动资产管理工作有序高效。

（2）保证货币资金安全与完整。正常开展资金管理活动，防范和控制资金风险，保证资金安全与完整，促进高校资金管理工作健康发展。

(3) 土地、著作权、知识产权明晰。土地、著作权、知识产权等无形资产权属清晰,避免潜在的法律纠纷或者合规性处罚。

(4) 校名校誉管理规范。保护高校品牌,维护高校声誉,产生持续、稳定的品牌效益。

(5) 促进知识产权转化。推进知识产权等无形资产的转化效率,提升科研机构转化的积极性,合理确定资产公允价值,保证高校利益。

(6) 准确核算资产价值。确保资产价值核算准确,合理摊销,保证高校财务报告的真实性、完整性。

二、资产管理风险总体框架

资产管理总体框架包括固定资产管理、无形资产管理、货币资金管理、对外投资管理。

(1) 固定资产管理的主要业务活动是固定资产配置、固定资产购置、固定资产使用、固定资产退出和资产管理信息化。

固定资产管理的业务主要风险是固定资产配置风险、固定资产购置风险、固定资产日常管理风险、固定资产报废处置风险和固定资产价值管理风险。

(2) 无形资产管理的主要业务活动是校名校誉管理、知识产权管理、土地权管理和专利管理。

无形资产管理的业务主要风险是无形资产转让评估风险和无形资产价值管理风险。

(3) 货币资金管理的主要业务活动是现金管理、银行账户与对账管理、货币资金收款管理、货币资金付款管理和资金头寸管理。

货币资金管理的业务主要风险是财务印鉴管理风险、现金及票据安全风险和银行账户管理风险。

(4) 对外投资管理的主要业务活动是投资论证与决策、投资项目监管、投资处置和投资责任追究。

对外投资管理的业务主要风险是投资报批报备风险、投资论证风险、投资监管风险、投资处置风险和投资账务处理风险。

三、资产管理风险控制策略整体思路

(一) 健全资产管理机构

健全资产管理机构,实现统一领导、归口管理、分级负责、责任到人的国有资产管理机制。

（二）加强制度建设

加强固定资产管理制度、无形资产管理制度、货币资金管理制度和投资管理制度等制度建设工作。

（三）更新管理理念

引入资产全生命周期的管理理念，全面清查资产使用情况，规范资产交接环节，细化资产清查盘点机制，加强报废资产处置的监督。

顶层设计和制度安排先行，以资本为纽带，积极向以管资本为主转变管理机制，通过职能部门机构整合，建立“事企分开、管办分离、监管有效”的校办企业管理体制。

（四）加强日常管理

积极开展资产清查工作，包括但不限于：

（1）开展高校和高校所办企业国有资产产权登记工作。

（2）开展出租出借清查工作。

（3）开展全校房产资源清查工作。

（4）开展高校及高校直接出资企业对外投资盘点工作。

加强对国有资产重点环节的规范管理，对事业资产使用、处置、清查与核实、评估与备案以及所办企业国有资产管理等重点工作环节进行细化和规范。

（五）加强资产监督管理

落实高校国有资产监管的主体责任。完善监管体系，明确监管职责权限，定期进行检查，及时发现国有资产管理过程中存在的突出问题、管理漏洞和薄弱环节，并督促加以改进。高校要牢固树立勤俭办学理念，强化高校资产管理的主体责任，建立健全国有资产监督管理责任制，提高内部控制水平，防止国有资产流失。

（六）搭建以“资产全生命周期管理”为主线的资产管理平台

资产全生命周期管理是以资产作为管理对象，从系统的整体目标出发，基于经济生命统筹考虑资产的投资规划、采购建设、管理使用和退出报废的全过程。生命周期就是开始于资产产生，从一个生命周期阶段跳到另一个生命周期阶段，直到终结。当资产从一个生命周期阶段跳到另一个生命周期阶段时，会留下足迹，创造价值，形成一条价值链。对资产生命周期的管理，即对足迹和价值链的管理。通过记录足迹，评估价值，完善和改进形成的价值链，从而搭建以“资产全生命周期管理”为主线的资产管理平台，实现资产的高效利用。

第二节 固定资产管理

高校应当加强固定资产购置预算编制与支出管理。资产管理部门应根据学校事业发展规划，会同其他相关部门对需购置资产的规格、数量等进行充分论证，按规定程序批准后纳入年度预算。贵重仪器及大型设备的购置还应组织专家进行充分论证。

一、固定资产管理主要风险点

（一）固定资产配置风险

在固定资产配置风险方面，主要是资产配置计划风险、资产配置论证风险和资产配置标准确定风险。

1. 资产配置计划风险

资产配置计划风险是指资产配置计划与高校发展规划不匹配，与高校资金计划相脱节，可能导致预算无法获得批准或者资产重复购置，不利于高校的长期发展。

2. 资产配置论证风险

资产配置论证风险是指仪器设备配置论证不充分，部门间未有效进行沟通，未对存在的风险和问题予以充分提示，导致决策失误。

3. 资产配置标准确定风险

资产配置标准确定风险是指缺乏资产配置标准，或资产配置标准不符合上级单位要求，影响资产计划编制，高校管理人员也无法快速对资产配置的合理性进行及时有效的审核。例如不按照江苏省出台的《江苏省省级行政事业单位部分通用资产配置预算标准（试行）》规定的配置标准采购产生的风险。

（二）固定资产购置风险

在固定资产购置风险方面，主要包括采购实施业务风险和采购验收业务风险两个方面。

1. 采购实施业务主要风险

采购实施的主要业务活动包括：采购申请审批、采购机构选择、采购需求制定、采购方式选择、采购合同签订、采购代理选择和采购需求论证。

采购实施业务主要风险包括：采购方式选择风险、专家评标风险、代理商选择风险；采购需求论证风险、合同签订风险、供应商串通风险；供应商选择风险、采购人员舞弊风险、供应商评价风险、采购价格风险。

2. 采购验收业务主要风险

采购验收的主要业务活动包括：采购验收工作、采购入库管理、采购支付活动和采购评价管理。

采购验收业务主要风险包括：采购验收风险、采购后评价风险、采购支付风险和采购入库风险。

（三）固定资产使用风险

在固定资产使用风险方面，主要包括固定资产清查风险、固定资产折旧风险、房屋产权管理风险、固定资产租赁风险、固定资产共享风险、固定资产理赔风险、固定资产调拨风险和固定资产维护风险等八个方面。

1. 固定资产清查风险

固定资产清查风险是指未定期进行资产清查工作，对资产状况不掌握、不了解，导致资产流失、资产价值贬损、使用效能低下、资产遗失、出现安全隐患或者资源浪费的情况未能及时发现和解决。

2. 固定资产折旧风险

固定资产折旧风险是指未按规定计提固定资产折旧，导致财务信息不真实、不完整。

3. 房屋产权管理风险

房屋产权管理风险是指房屋未及时办理权属证明，造成权属不清，高校权益无法得到有效保障。

4. 固定资产租赁风险

固定资产租赁风险是指对外租赁管理混乱，缺乏有效监督。租金收取不合理、不入账，未签订租赁合同或合同过期，租赁用途与合同约定不符，二级单位违规对外租赁，承租户违规转租，对高校声誉和经济收入造成影响。

5. 固定资产共享风险

固定资产共享风险是指大型贵重仪器设备未能实施开放共享，可能导致资产使用效率低下或资产重复购置。

6. 固定资产理赔风险

固定资产理赔风险是指因个人原因造成固定资产遗失或损坏的，未要求个人支付赔偿款，而是通过项目经费的渠道进行冲抵，不符合项目专款专用的要求。

7. 固定资产调拨风险

固定资产调拨风险是指资产调拨随意，导致资产管理混乱；未能有效地统筹安排和调拨，造成高校资源浪费。

8. 固定资产维护风险

固定资产维护风险是指资产日常维护和保养责任落实不到位，使用操作细则和损坏赔偿要求不明确，甚至用修理来替代日常保养，造成设备频繁损坏，缩短设备使用寿命。

二、固定资产管理流程与关键环节

固定资产全生命周期管理包括固定资产获取、固定资产日常管理和固定资产退出。固定资产获取包括固定资产采购流程、固定资产入库流程和固定资产入账流程。固定资产日常管理包括固定资产盘点流程、固定资产调拨流程、固定资产维修流程和固定资产丢失赔偿。固定资产退出包括固定资产报废流程和固定资产处置流程。

（一）固定资产采购流程关键环节和控制点

（1）固定资产采购是否有相应预算。

（2）固定资产采购是否有必要性，是否存在资产浪费的情况；若是大型仪器设备，是否经过专业论证。

（3）固定资产采购需求是否准确。

（二）固定资产入库流程关键环节和控制点

固定资产是否完成验收，是否办理入库手续，领用人是否按要求进行登记。

（三）固定资产入账流程关键环节和控制点

固定资产是否准确入账，财务账与资产账是否一致。

（四）固定资产盘点流程关键环节和控制点

（1）是否有效落实盘点工作。

（2）盘点结果是否按程序进行审批，盘亏盘盈是否按要求及时进行处理。

（五）固定资产调拨流程关键环节和控制点

（1）闲置资产信息是否进行公开，需求方和闲置资产方是否信息对称。

（2）资产调拨后，资产使用人信息是否及时变更。

（六）固定资产维修流程关键环节和控制点

（1）固定资产维修是否经过鉴定。

（2）维修供应商选择是否合理。

（七）固定资产丢失赔偿关键环节和控制点

（1）赔偿标准是否合理。

（2）丢失后是否按照要求进行赔偿。

（八）固定资产报废流程关键环节和控制点

待报废资产是否经过鉴定，是否达到报废条件。

（九）固定资产处置流程关键环节和控制点

（1）固定资产处置方式是否合理，是否经高校或上级部门审批。

（2）固定资产处置收入是否及时入账。

第三节　无形资产管理

高校应当加强对品牌、商标、专利、专有技术、土地使用权等无形资产的管理，分类制定无形资产管理办法，落实无形资产管理责任制，促进无形资产有效利用，充分发挥无形资产对提升高校核心竞争力的作用。全面梳理外购、自行研发以及其他方式取得的各类无形资产的权属关系，加强无形资产权益保护，防范侵权行为和法律风险。无形资产具有保密性质的，应当采取严格保密措施，严防泄露商业秘密。高校购入或者以支付土地出让金等方式取得的土地使用权,应当取得土地使用权有效证明文件。定期对专利、专有技术等无形资产及校名校誉的使用情况进行清查和规范,切实维护和提升高校的社会认可度。

一、无形资产管理主要风险点

无形资产管理主要风险点包括无形资产清查风险、知识产权转化风险、知识产权转让风险、专利管理风险、土地产权风险、高校品牌管理风险等六个方面。

（一）无形资产清查风险

无形资产清查风险是指缺乏无形资产的分类登记和清查控制,可能导致无形资产信息缺失或遗漏,降低无形资产管控效果。

（二）知识产权转化风险

知识产权转化风险是指缺乏知识产权管理的转化和激励机制,无法有效推动资产转化,或者降低员工的工作积极性。

（三）知识产权转让风险

知识产权转让风险是指知识产权许可与转让不规范,估价不合理,远低于市场公允价值,导致国有资产流失。

（四）专利管理风险

专利管理风险是指对自主知识产权保护投入不足,导致高校所属专利因不再投入专利维持费而提前失效。

（五）土地产权风险

土地产权风险是指高校土地未及时办理权属证明,造成高校权益无法得到有效保障。

（六）高校品牌管理风险

高校品牌管理风险是指使用高校品牌注资进行对外投资时,未合理评估品牌价值及使用范围,造成品牌价值被低估而影响收益,或者高校品牌被违规再投资而影响高校声誉。

二、无形资产管理流程与关键环节管控

（一）无形资产管理流程

无形资产管理流程（见图 4-1）包括无形资产合理配置、无形资产运用与日常管理、无形资产合理处置。

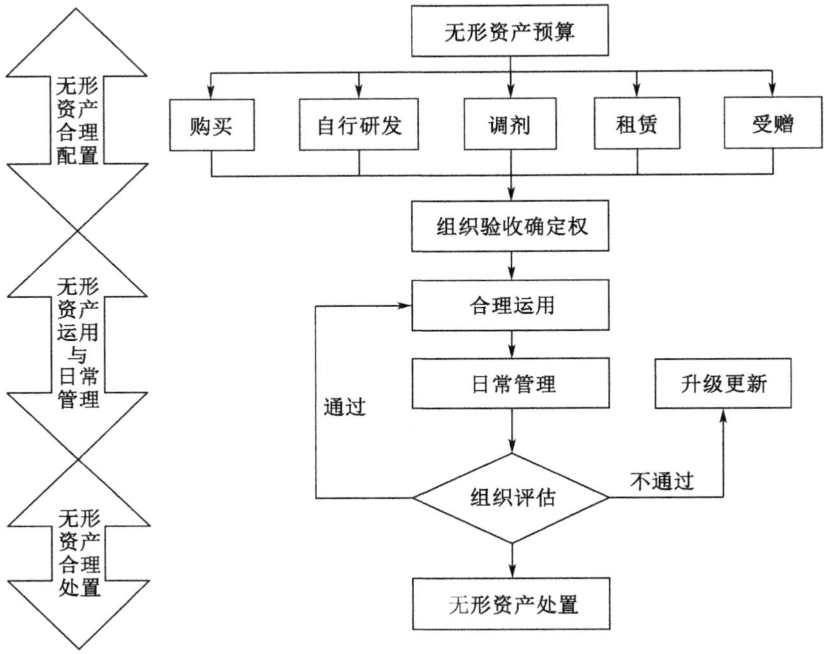

图 4-1 无形资产管理流程图

（二）无形资产管理关键环节管控

1. 无形资产配置关键环节控制措施

对于外购的无形资产，必须及时取得无形资产所有权的有效证明文件；对于自研的无形资产，应由相关部门填制无形资产移交使用验收，及时做好资产入账及会计核算。

2. 无形资产运用与日常管理关键环节控制措施

使用授权具体部门或人员负责无形资产的日常使用和保全管理，确保无形资产的安全和完整。

校名校誉：定期检查是否存在违规使用校名校誉的情况。

知识产权/专利：定期对知识产权/专利进行评估和有效性检查，明确专利退出程序；若发生专利授权或转让，应签订合同并按程序审核，按照评估价格进行授权和转让。

3. 无形资产处置关键环节控制措施

高校应严格按照处置程序进行无形资产处置，重大无形资产处置要委托具有资质的中介机构进行资产评估，建立专家论证和技术咨询相结合的议事决策机制，进行集体决策。

第四节　货币资金管理

一、货币资金管理总体要求

（一）库存管理

高校应当加强现金库存管理，超过库存限额的现金应及时存入银行。合理确定现金开支范围，不属于现金开支范围的业务应当通过银行办理转账结算。现金收入及时存入银行，不得坐收坐支。借出款项必须执行严格的授权批准程序，严禁擅自挪用、借出货币资金。定期和不定期地进行现金盘点，确保现金账面余额与实际库存相符；发现不符应查明原因，并及时做出处理。取得的货币资金收入必须及时入账，不得私设“小金库”，不得设置账外账，严禁收款不入账。

（二）票据管理

高校应当加强与取得货币资金相关的票据的管理，明确各种票据的购买、保管、领用、背书转让、注销等环节的职责权限和程序，并专设登记簿进行记录，防止空白票据的遗失和被盗用。

（三）银行账户管理

高校应当加强银行账户的管理，开立、变更或撤销银行账户要严格按照规定报批、备案。指定专人定期核对银行账户，每月至少核对一次。编制银行存款余额调节表，做到银行存款账面余额与银行对账单调节相符；如调节不符应查明原因，并及时处理。

（四）预留印鉴管理

高校应当加强银行预留印鉴的管理。财务专用章应由专人保管，个人名章必须由本人或其授权人员保管。严禁一人保管支付款项所需的全部印章。实行电子支付的高校必须确保系统安全，且建立健全支付权限管理制度，加强分级支付额度管理，银行网银盾和用于财务系统支付的专用密钥及密码必须由本人保管。

二、货币资金管理主要风险点

货币资金管理主要风险点包括货币资金管理岗位控制风险、银行账户管理风险、现金管理风险和票据管理风险等四个方面。

（一）货币资金管理岗位控制风险

（1）货币资金管理岗位设置不合理，未明确岗位职责和权限，不相容岗位未实现相互分离。

（2）货币资金授权审批不当，审批人对货币资金授权审批的方式、权限、程序和责任以及相关控制措施不明确，存在越权审批。

（3）财务专用章没有专人保管或仅由一人保管所有印章，导致印章使用监督失效。

（二）银行账户管理风险

（1）高校以及二级单位银行账户设置、开立、变更和撤销未经严格审批，可能存在“小金库”。

（2）银行对账执行不严格，未及时查明未达账项原因。

（三）现金管理风险

（1）出纳人员专业性不足，经常兼任不相容职务等。

（2）缺乏对库存现金的清查盘点，导致库存现金依旧存在账款不符，出现白条抵库、私借挪用公款等现象。

（四）票据管理风险

（1）票据领用时，权责划分和领用程序不规范，导致票据滥用。

（2）跳号开具票据，随意开具印章齐全的空白支票，会使票据使用不当，可能导致经济损失。

（3）有关票据的遗失、伪造、盗用，可能导致资产损失、法律诉讼等。

三、货币资金管理流程与关键环节

高校应当按照规定的程序办理货币资金支付业务。货币资金管理的流程与关键环节如下：

(1) 支付申请。单位有关部门或个人用款时，应当提前向审批人提交货币资金支付申请，注明款项的用途、金额、预算、支付方式等内容，并附有效经济合同或相关证明。

(2) 支付审批。审批人根据其职责、权限和相应程序对支付申请进行审批。属于"三重一大"事项的，还应实行集体决策和审批。

(3) 支付复核。复核人应当对批准后的货币资金支付申请进行复核，复核货币资金支付申请的批准范围、权限、程序是否正确，手续及相关单证是否齐备，金额计算是否准确，支付方式、支付单位是否妥当等。复核无误后，交由出纳人员办理支付手续。

(4) 办理支付。出纳人员应当根据复核无误的支付申请，按规定办理货币资金支付手续，及时登记现金和银行存款日记账。

第五节　对外投资管理

一、对外投资管理总体要求

(一) 加强对外投资立项与决策环节的控制

审慎选择对外投资项目，组织相关部门或人员对投资建议项目进行分析与论证，对投资项目进行可行性研究及评估，实行集体决策并书面记录。严禁任何个人擅自决定对外投资或者改变集体决策意见。

(二) 加强对外投资执行控制

制定对外投资实施方案，明确出资时间、金额、出资方式及责任人员等内容。对外投资实施方案及方案的变更，应当经学校最高决策机构审查批准，由其授权人员执行。按规定应当报主管部门审批或备案的，应当履行相应程序。

加强对外投资项目的追踪管理，及时、全面、准确地记录对外投资的价值变动和投资收益。同时加强对外投资收益的控制，对外投资获取的股利、股息以及其他收益，均应纳入学校财务核算，严禁设置账外账。

（三）加强对外投资处置控制

对外投资的收回、转让与核销，应经集体审议批准并按规定权限报批报备。对应收回的对外投资资产，要及时足额收回；转让对外投资应进行评估以合理确定转让价格，并报授权批准部门批准；核销对外投资，应取得因被投资单位破产等原因不能收回投资的法律文书和证明文件。对外投资按规定应当报教育部审批或备案的，应当履行相应程序；处置收入应当上缴国家的，应当及时上缴国库。

（四）加强对外投资监管

建立对外投资内部控制的监督检查制度，明确监督检查机构或人员的职责权限，定期或不定期地进行检查。对监督检查过程中发现的问题，应当及时报告，查明原因，采取措施加以纠正。

（五）建立对外投资责任追究制度

在对外投资中出现重大决策失误、未履行集体决策程序和不按规定执行对外投资业务的部门及人员，应对其追究相应的责任。

二、对外投资管理主要风险点

对外投资管理主要风险点包括对外投资论证、对外投资监管、对外投资账务处理、对外投资处置和对外投资责任追究等五个方面。

（一）对外投资论证风险

对外投资可行性分析流于形式，非货币性资产对外投资不按照规定进行评估及备案，投资项目往往取决于领导意见，甚至不经过集体决策。

（二）对外投资监管风险

对外投资项目监管缺失，投资未按照计划严格执行，提前或延迟投资、变更投资额、改变投资方式、中止投资未经严格审批，使国有资产存在流失风险。

（三）对外投资账务处理风险

财务账面反映的对外投资不真实。如高校院系以高校名义出资创办的企业，高校账务账面对此并无反映，形成账外资产。

（四）对外投资处置风险

对外投资处置不规范。投资处置方式不恰当，转让、清算和回收过程不规范，不按规定评估、审批、备案。处置收入不按规定上缴财政。

（五）对外投资责任追究风险

未建立相应的对外投资责任追究制度，或者责任追究不严格，出了问题互相推诿，导致高校对外投资重大决策失误频发。

三、对外投资管理流程与关键环节

（一）对外投资管理流程

对外投资管理流程如图 4-2 所示。

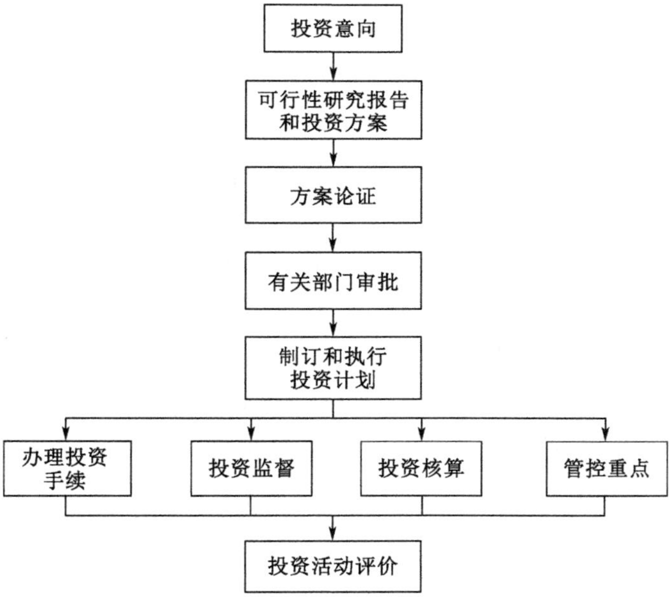

图 4-2　对外投资管理流程图

（二）对外投资关键环节管控

1. 提出投资意向关键环节控制措施

有关单位根据高校发展战略，并且综合考虑上位法要求，合理安排资金投放结构，提出对外投资初步意向。

2. 可行性研究关键环节控制措施

高校指定部门或委托第三方机构对拟投资事项进行可行性论证，编制对外投资可行性研究报告，并制定投资方案。

3. 方案论证关键环节控制措施

高校领导集体对投资项目的可行性研究报告和投资方案进行论证，决定投资项目是否应当立项。变更投资方案时，也应由领导班子集体讨论决定。

4. 有关部门审批关键环节控制措施

高校相关部门按照规定程序将投资方案报送上级主管部门进行审批或备案。

5. 制订和执行投资计划关键环节控制措施

投资方案审批通过后，编制详细的投资计划，落实不同阶段的资金投资数额、具体投资内容及回收情况等，投资计划按程序进行审批。

6. 投资活动监督检查关键环节控制措施

监督检查工作应贯穿投资活动的始终，高校应该指定机构或专门人员定期检查对外投资业务的管理情况，明确对外投资业务的管控重点。例如对于所属企业，应重点关注所属企业的资产管理情况、对高校人员工资返纳情况、资源使用费缴纳情况及利润上缴情况等。

7. 投资活动评价关键环节控制措施

对外投资活动完成后，单位要对投资业务，如投资对象选择的合理性、技术和经济论证的充分性、出资方式选择的正确性、投资资产价值评估的准确性，以及投资管理的及时性等进行总体评价，及时发现问题和缺陷，促进对外投资内部控制的完善。

案例分享一　固定资产采购论证不充分

某高校宣传部为了宣传党建，打算购置一块大型浮雕嵌入档案馆大厅墙壁。浮雕购置事项由宣传部发起，经高校校长办公会以及党委常委会审议通过后执行采购。购置该浮雕的费用为300万元，浮雕制作完成后运到高校档案馆，在安装的过程中需要高校工程部门的协助，但工程部门在现场安装时发现，由于该墙体为承重墙，而浮雕重量较大，若嵌入墙体则会产生安全问题，因此综合评估后，决定放弃安装。目前该浮雕仍闲置在高校，造成了极大的浪费。

【案例分析】该案例反映出在固定资产购置之前，各部门之间缺乏必要的沟通，造成购买回来的固定资产不具备安装条件，从而导致资产的闲置和浪费。在本案例中，若宣传部在购置浮雕之前与工程部门进行沟通，并组织专家论证，则不会出现浮雕闲置的结果。

案例分享二 固定资产损坏丢失补偿标准不合理

某高校在《固定资产管理办法》中明确了资产丢失损坏赔偿标准：已达使用年限的，按其原值1%进行补偿；未达使用年限的，按其原值3%进行补偿，购置两年以内损坏丢失的，按折旧后的净值进行补偿。

【案例分析】该赔偿标准划分不合理。以计算机设备为例(使用年限6年、不计残值)：2年内丢失，损坏赔偿金额至少为原值的66%；2～6年为原值的3%；6年以上为原值的1%。该标准划分易导致瞒报、缓报资产丢失损坏情况，影响正常业务开展。

案例分享三 房屋出租价格不合理或不具备出租条件

某高校由于历史遗留原因，很多房屋未办理产权证，为了不造成资源浪费，该高校决定对闲置的房屋进行出租，由承租人开展食品、百货等类型的经营业务。于是，该高校在2024年聘请第三方评估机构对拟出租出借的房屋进行评估，确定房屋租金指导价并作为高校房屋出租租金底价。其中有一处房产评估价格下限为32万元/年，但实际出租价格却为29万元/年。

【案例分析】以上案例一共存在两个问题：

第一个问题是将无产权的房屋出租，不合规。《事业单位国有资产管理暂行办法》(中华人民共和国财政部令第36号)规定："事业单位办理法人年检、改制、资产处置和利用国有资产对外投资、出租、出借、担保等事项时，应当出具《产权登记证》。"

第二个问题是实际出租价格低于评估下限，不利于资产评估程序充分发挥指导定价的作用。

第五章　高校采购管理的内部控制

根据《关于加强政府采购活动内部控制管理的指导意见》(财库〔2016〕99号),高校采购业务和行政事业单位政府采购业务控制的总目标一致:以“分事行权、分岗设权、分级授权”为主线,通过制定制度、健全机制、完善措施、规范流程,逐步形成依法合规、运转高效、风险可控、问责严格的政府采购内部运转和管控制度,做到约束机制健全、权力运行规范、风险控制有力、监督问责到位,实现对政府采购活动内部权力运行的有效制约。

第一节　采购管理控制的内容

一、采购管理的含义

采购管理是高校为了达成教学计划,从合适的供应商那里,在确保合适的品质下,于合适的时间,以合适的价格,购入合适数量的商品所采取的管理活动。即“5R”管理:合适的供应商、合适的品质、合适的时间、合适的价格、合适的数量。

采购管理包括制订采购计划及对采购活动进行组织、指挥、协调和控制。采购管理研究在采购物资或服务的过程中,统筹兼顾事前规划、事中执行和事后控制,以达到维持正常的产销活动、降低成本的目的。采购的事前规划包括设定目标、拟订计划、建立制度和组织、划分职责与权限、人员的选用、设计作业流程与表单等内容;采购的事中执行是为达到采购目标而采取的各种行动方案,包括供应商的评选、采购合同的签订、交货验收管理等内容;采购控制是指为达到企业要求而对采购进行评价、调控等,包括采购行为规范、拟定采购绩效评估指标、供应商考核与调整,以及内部、外部关系的协调等内容。

二、采购管理的主要工作

采购管理包括四个方面：与采购需求有关的内部管理，外部的市场和供应商管理，采购业务本身的管理和采购管理的基础工作。

高校采购计划的需求主要来自教学科研和管理部门。教学部门根据年度专业教学的计划，提出该年度的耗材、设备、维修改造等需求计划；科研部门根据研究需要提出开发需求计划；后勤保障等部门提出物资保障需求计划等。采购管理要对这些计划进行审查、汇总，并就采购的品种、规格、数量、质量、进货时间等，与各部门研究协商，综合平衡，编制出切实可行的采购计划。

采购管理要了解外部资源市场是买方市场、垄断市场，还是竞争市场，了解地区市场、国际市场，针对不同的市场采取不同的应对策略。因为良好的供应商群体是实现采购目标的基础，采购管理必须把供应商管理作为重点，包括供应商调查、供应商审核认证、供应商选择、供应商使用、供应商考核激励和控制。

采购管理系统是单位管理系统的一个重要的子系统，采购管理人员要对采购有关的日常事务（包括采购谈判、签订合同、安排催货、组织运输、验收入库、支付货款等）实施管理。

三、采购管理控制的主要内容

依据《教育部直属高校经济活动内部控制指南（试行）》的相关规定，结合实际，将高校政府采购业务控制目标分为以下几项。

（一）采购管理组织体系控制目标

（1）建立健全政府采购内部管理制度，明确政府采购业务管理机构和相关岗位的设置及其职责权限、政府采购业务的工作流程、与政府采购业务相关的审核责任和审批权限、与政府采购业务相关的检查责任等，确保政府采购管理工作有章可循、有据可依，使政府采购管理规范有序。

（2）高校应当设置专门的采购管理机构或明确归口管理部门，统一管理高校的财务活动，并建立采购管理、资产管理、财务、审计、纪检监察等部门或岗位相互协调、相互制约的机制。

（3）高校应当设置采购计划编制、采购预算审批、采购执行、合同审查、验收、付款、归档管理、采购监督等采购业务管理岗位,并明确采购业务管理中相关岗位的职责与权限。

(4) 高校应当确保采购计划制订与预算审批、招标文件准备与复核、合同签订与验收、预算审批与付款、验收与保管、采购执行与采购监督等不相容岗位相互分离。

(二) 采购预算与计划控制目标

(1) 高校应当建立健全采购申请审批制度,明确相应的请购和审批程序。

(2) 高校采购管理部门应当根据实际需求和相关标准,统筹安排采购计划,合理确定采购批次,提高采购业务效率,降低采购成本。对贵重资产的购置应当组织专家进行论证,不得超出实际需求标准配置。

(3) 高校财务部门应当加强对采购计划的预算审查,重点关注采购计划是否经归口管理部门确认,是否列入预算范围内等。

(三) 采购实施控制目标

(1) 高校采购管理部门应当依据法律法规,选择公开招标采购、邀请招标采购、竞争性谈判(磋商)采购、单一来源采购、询价采购等政府采购方式。对于变更政府采购方式的事项,应当加强内部审核,严格履行审批手续。

(2) 高校对大宗货物和服务采购应当采用公开招标方式。高校采购管理部门要从严对单一来源采购方式的审查,严格程序,将采购项目信息和供应商名称在媒体公示。

(3) 高校应当建立科学的供应商准入和评估制度,建立与完善供应商管理信息系统,对供应商提供物资或劳务的质量、价格、交货及时性、供货条件及其资信、经营状况等进行实时管理和综合评价,根据评价结果对供应商进行合理选择和动态调整。

(四) 采购验收控制目标

(1) 高校应该建立严格的采购验收制度。大型或复杂的采购项目,应当邀请国家认可的质量检测机构参加验收工作。

(2) 对于验收过程中发现的异常情况,验收机构应当查明原因并及时处理。对于不合格货物,相关部门依据检验结果办理退货、索赔等事宜。对延迟交货造成教学科研等损失的,采购项目管理部门要按照合同约定索赔。

（五）采购资金支付控制目标

（1）资金支付符合相关法律法规的规定，资金支付业务真实、合法。

（2）高校应当加强采购付款的管理，完善付款流程，严格审核采购预算、合同、相关单据凭证、审批程序等相关内容，特别是采购发票等票据的真实性、合法性和有效性，审核无误后按照合同规定付款。

（3）高校应当重视采购付款的过程控制和跟踪管理，涉及大额或长期的预付款项，应当定期进行追踪核查，及时办理核销手续。发现有疑问的预付款项，应当及时采取措施，尽快收回款项。发现其他异常情况，应当拒绝向供应商付款，避免出现资金损失。

（六）采购信息管理控制目标

（1）政府采购信息管理合法合规。按照规定公开政府采购信息，规范政府采购信息公开流程，选择合理的政府采购信息公布媒介和渠道，确保政府采购信息发布及时、完整、准确，实现政府采购信息的全流程公开透明，确保政府采购信息被公众及时知晓，接受公众监督。

（2）高校应当加强对采购业务的记录控制，制定高校采购业务档案管理制度，明确相关采购业务的归档范围和保管期限，确保采购过程的可追溯性。

（3）高校应当妥善保管采购文件，包括采购活动记录、采购预算、招标文件、投标文件、评标标准、评估报告、定标文件、合同文件、验收书、质疑答复、投诉处理决定及其他有关文件，不得伪造、隐匿或者销毁。

第二节　采购管理控制的主要流程与关键环节

一、采购管理控制的主要流程

采购管理控制的主要流程如图 5-1 所示。

（一）采购准备

（1）采购预算编报与下达。

（2）采购计划编制与审核。

（3）制订采购计划。

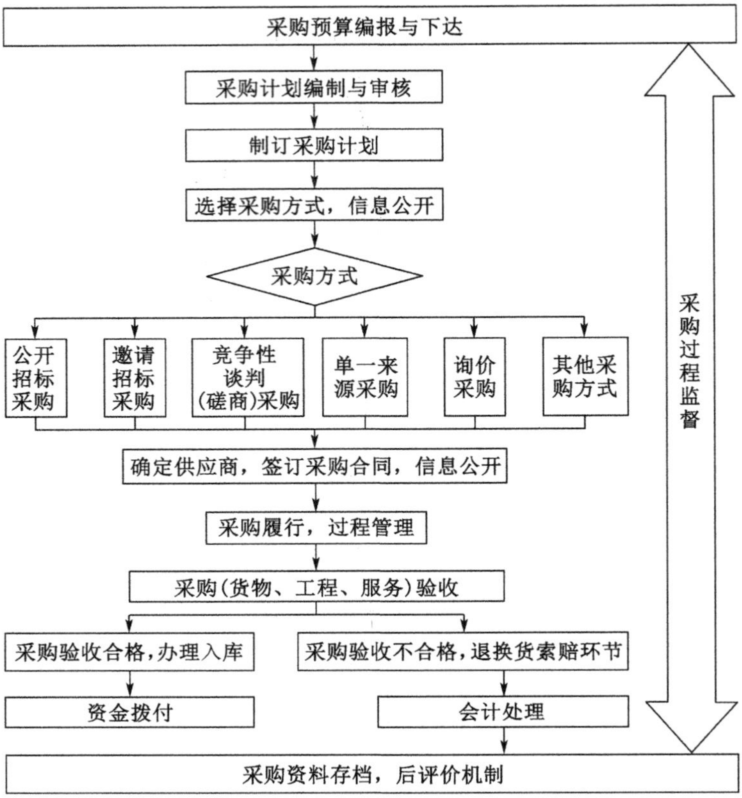

图 5-1 采购管理控制主要流程图

（二）采购实施

（1）确定采购方式。

（2）确定供应商，签订采购合同。

（3）执行采购，进行过程管理。

（三）采购验收

（1）验收合格后办理入库，支付资金；验收不合格则办理退换货。

（2）会计处理。

（3）采购资料存档。

（4）业务部门使用评价。

二、采购管理控制的关键环节

（一）采购预算与计划制订

采购预算与计划制订流程如图 5-2 所示。

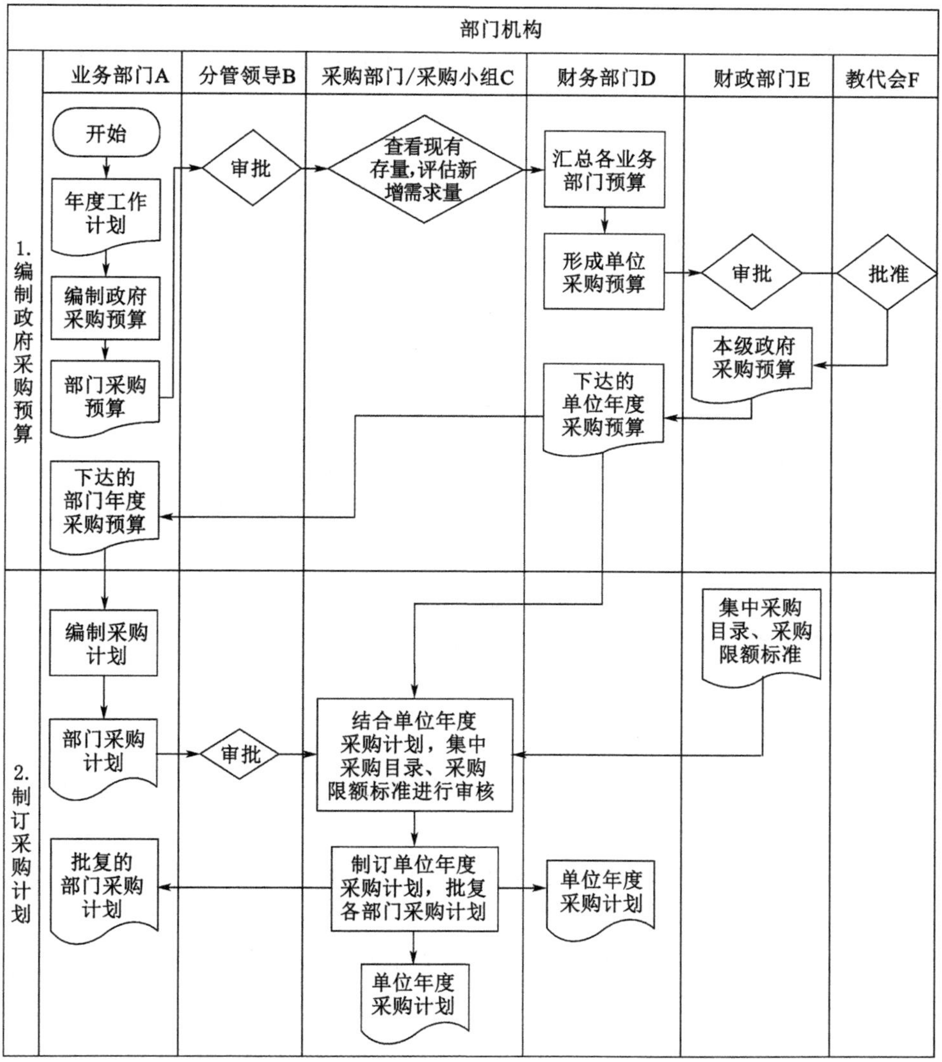

图 5-2　采购预算与计划制订流程图

A1:业务部门根据年度工作计划、存量和需求量编制政府采购预算,形成部门采购预算文件。

B1:分管领导审批。

C1:采购管理部门/采购小组评估现有存量、预测需求量,对业务部门提交的采购预算进行审核。

D1:财务部门汇总本单位的采购预算,再报至财政部门。

E1:财政部门对照集中采购目录和政府采购限额标准,逐一进行审核。

F1:教代会审批预算,预算编审中心对部门预算中的政府采购预算进行汇总,形成政府采购预算。

A2:业务部门根据下达的部门年度采购预算和年度工作计划,编制采购计划,形成部门采购计划。

B2:分管领导审批。

C2:结合单位年度采购计划、集中采购目录、采购限额标准进行审核,制订单位年度采购计划,批复各部门采购计划。

（二）采购执行业务

为确保政府采购流程符合国家相关法律和政策要求,保证政府采购公平、公开地实施,采购单位在政府采购过程中应规范采购招投标流程。由于政府采购需要根据采购标的等选择具体方式,不同采购方式的业务流程存在差异,因此需要按照所选采购方式要求的业务流程执行具体的采购任务。

具体的采购方式主要有公开招标采购、邀请招标采购、竞争性谈判(磋商)采购、单一来源采购、询价采购等。

（三）采购验收与资金支付

采购验收与资金支付流程如图 5-3 所示。

A1:业务部门根据采购小组的要求,派出指定的验收主要负责人。

C1:采购小组评估本次采购项目的特点,并根据对本单位的了解情况,指定业务部门的验收主要负责人。

D1:由采购业务部门人员、采购小组人员和专家组成 5 人以上的验收小组;根据采购合同编制验收实施方案;验收小组成员召开验收预备会,进行验收职责分工;验收小组成员实地验收,制作验收记录,汇总验收记录形成验收结论,出具验收报告。

F1:供应商根据采购合同提供相关物品,如需安装调试的,需完成相关

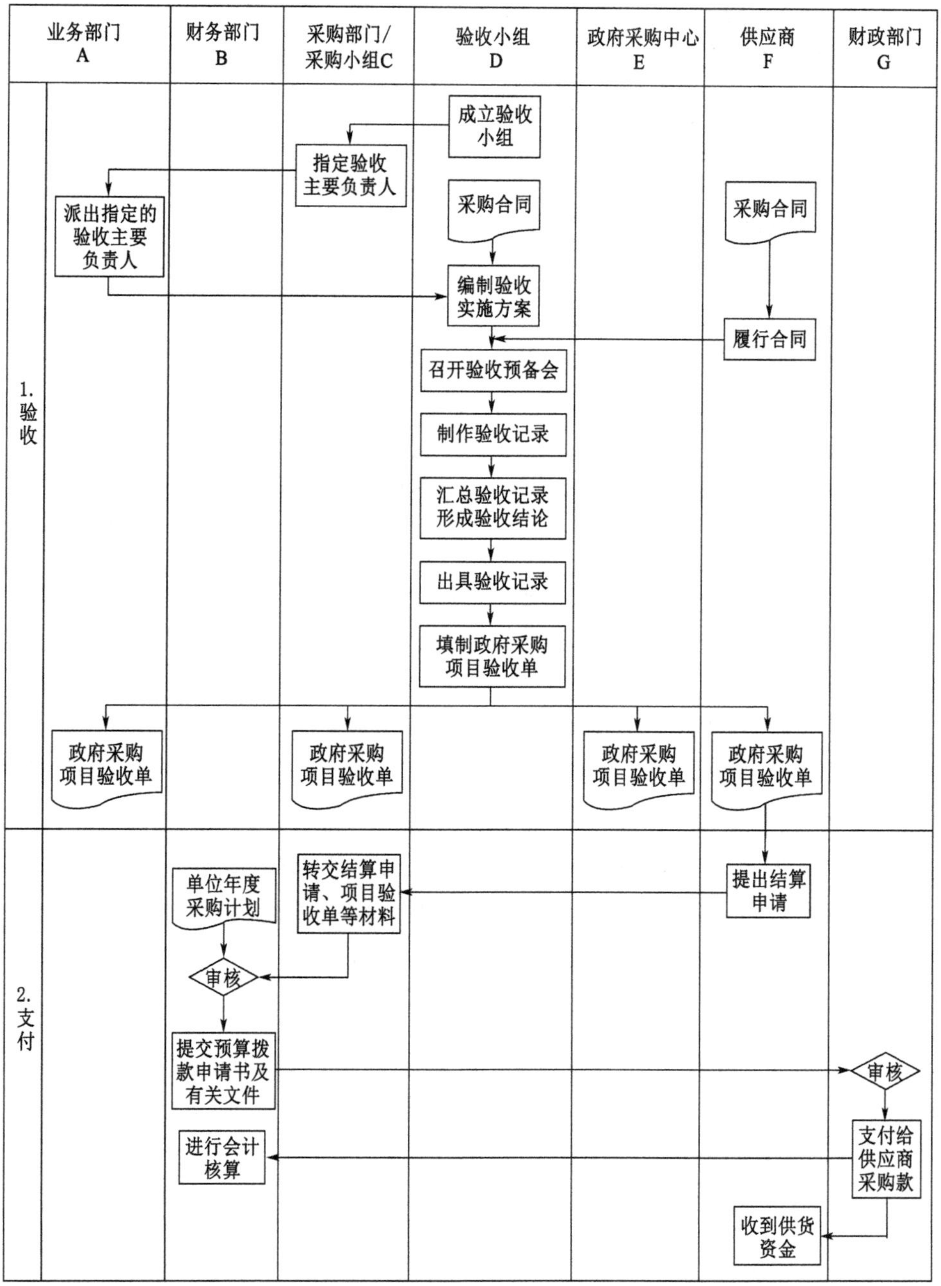

图 5-3　采购验收与资金支付流程图

安装调试工作。

B2:财务部门根据单位年度采购计划,对采购小组转交的结算申请和项目验收单等材料进行财务审核,审核后,向财政部门提交预算拨款申请书及有关文件;根据财政部门的付款凭单,进行相应的会计核算。

C2:采购小组接收供应商的结算申请,并把结算申请和项目验收单等材料转交给财务部门审核。

F2:供应商根据政府采购项目验收单向采购单位提出结算申请。

G2:财政部门审核采购单位财务部门报送的预算拨款申请书及相关文件,审核后,按照合同约定的金额和政府采购进度,直接付款给中标的供应商。

第三节 采购管理的主要风险点

一、采购管理组织体系主要风险点

(一) 机构内部政府采购规章制度和流程风险

高校未根据《中华人民共和国政府采购法》建立内部配套的政府采购规章制度和流程,可能造成采购业务不能严格执行相关法律法规,采购环节存在漏洞,导致政府采购流程不规范。

(二) 政府采购管理机构设置及管理机构职能风险

高校领导和工作人员对政府采购的作用认识不够深刻,容易忽视规范的政府采购对推动市场竞争、促进企业发展的作用。

(三) 政府采购岗位及人才设置风险

政府采购专业化人才稀缺,加之政府采购岗位设置的缺位或政府采购岗位职责分工不明确,均可能导致政府采购活动中产生的问题处理不及时、责任不清晰,最终影响采购效率和效果。

(四) 政府采购部门间协调机制风险

在政府采购工作协调机制不健全的情况下,部门间信息沟通不及时、协作紧密程度不高,会造成政府采购活动的执行出现需求与预算脱节、采购结果不理想、验收质量不高的可能性。

二、采购预算与计划主要风险点

（一）政府采购预算编制风险

不重视预算编制或者预算编制不精细，导致部门预算编制中存在属于采购范围的项目并未实施政府采购的现象；预算审核时，易发生重形式审核、轻内容审核，对采购需求的公允性、采购项目可行性论证审核的忽视，直接影响采购预算编制的合法性、合理性。

（二）政府采购计划编制风险

政府采购行为中不注重前期预算的重要性，超出预算范围，将资金尚未落实的政府采购进行计划编制，同一季度内对统一采购品目安排两次或者两次以上的采购计划，蓄意规避公开招标。

（三）政府采购计划审核风险

政府采购计划审核时，忽视采购项目的完整性、合理合法性、真实必要性、关联性，直接影响采购的合法性和有效性。例如出现采购项目漏报、采购“档次”不合理、截留和挪用财政资金、化整为零规避政府采购或公开招标等问题。

三、采购实施主要风险点

采购风险通常是指采购过程可能出现的一些意外情况，包括人为风险、经济风险和自然风险。例如采购预测不准导致物料难以满足生产要求或超出预算，供应商群体产能下降导致供应不及时，货物不符合订单要求，呆滞物料增加，采购人员工作失误或与供应商之间存在不诚实甚至违法行为。这些情况都会影响采购预期目标的实现。

（一）采购需求中的风险

明确的采购需求需要对采购标的市场进行详细的市场调查，以确保采购需求的科学性和合理性。因此，市场调查不够深入可能会使得采购需求内容缺乏完整性和明确性。例如未详细表述标的物理属性和性能要求，不明晰国家相关标准、行业标准，未表明验收标准等。

（二）采购申请中的风险

未经授权或超越授权审批的采购申请，可能导致采购物资不符合单位需求或者超预算采购，采购成本失控，影响单位正常业务活动的开展。

（三）采购组织形式的风险

政府采购组织形式选择时间可能存在未经批准私自采购的现象。

（四）采购代理机构的风险

选择代理机构时，未按照财政部门规定选择，而是自由选择执行采购；单位与代理机构串通，选用资质或业务范围不符合采购代理要求的采购代理机构，影响实际采购效率和效果。

（五）采购招标过程的风险

采购招标程序不规范，招标过程中涉及的公告文件（如资格预审公告、招标文件）内容不详细，未能详细说明招标信息，或者在制定技术规格要求时有针对性、倾向性，在技术规格中规定了某些特定的技术指标，从而排斥了一些潜在的投标人，造成招标范围缩小，缺乏竞争力。

四、采购验收主要风险点

（1）采购活动中，存在较为明显的重采购、轻合同履行的情况。采购人验收流于形式，没有按照采购项目验收标准进行验收。

（2）验收手续办理不合规，未及时入库，没有对证明文件进行必要、专业性的检查；采购验收书内容缺失，未及时备案存档。

（3）采购验收问题处理不当，有的供应商合同履行与投标承诺不一致，采购物资存在以次充好、降低标准等问题，采购人由于专业能力无法发现或为谋取私利默认了该行为，由此既可能导致账实不符、采购物资损失，也影响了政府采购的公开、公平和公正。

（4）对采购验收监管不力，采购单位故意推迟验收时间，和供应商串通谋取不正当利益。如要求供应商提供假发票、减少货物数量或者降低服务标准等。

五、采购资金支付主要风险点

（1）采购资金支付申请不合规，缺乏必要的审核，存在申请文件不全、发票作假等现象；在不满足支付条件的情况下进行支付，给高校造成资金损失；对于满足支付条件的，资金支付不及时或者延迟支付，抑或付款方式不恰当，给高校带来资金风险。

（2）缺乏有效的财务控制，会计记录未能全面、真实地反映单位采购过程中的资金流和实物流，会计账面数据与采购合同进度、库存记录不同，可能导致单位采购业务账实不符，高校经济利益受损。

六、采购信息管理主要风险点

（一）政府采购信息公布不规范

（1）仅公布部分采购项目信息，信息公布主体不明确，信息公告内容不真实，缺乏准确性和可靠性，存在虚假或误导性陈述。

（2）信息发布渠道不统一。未在政府指定的媒体上公开信息，或者在其他政府采购信息网而未在中国政府采购网上发布，导致发布渠道狭窄单一，不利于采购当事人获取信息。

（3）政府采购信息公开流程不规范。未在政府采购特定阶段公布相关信息，公布时间滞后，未能使信息公开达到应有目的。

（二）信息分类不规范

对采购信息缺乏分类统计，未完善采购支出管理报告制度，不能为领导决策提供足够的信息支撑。

（三）信息保管不妥当

政府采购文件未妥善记录和保管，资料存在遗失或泄露，文件未达到保管期限即私自销毁。

（四）机密信息监管不善

工作人员未经允许向无关或相关人员透露采购信息，导致涉及商业秘密的政府采购信息泄露，使供应商权益受损。

第四节　采购管理的控制策略

一、采购管理组织体系控制策略

（一）建立健全采购内部管理制度

《行政事业单位内部控制规范（试行）》第三十二条规定：“单位应当建立

健全政府采购预算与计划管理、政府采购活动管理、验收管理等政府采购内部管理制度。”高校应当在符合国家有关规定的基础上，通过梳理政府采购业务流程，建立健全政府采购内部管理制度。

政府采购内部管理制度应当主要明确政府采购业务管理机构和相关岗位的设置及其职责权限、政府采购业务的工作流程、与政府采购业务相关的审核责任和审批权限、与政府采购业务相关的检查责任等。

（二）合理设置采购管理机构

为规范和加强政府采购事务管理，高校应当设置专门的采购管理机构或明确归口管理部门，统一管理高校的采购业务。采购管理机构具体的职能应包括：

（1）拟定政府采购内部管理制度。

（2）审核汇总生成政府采购预算建议数、政府采购计划、政府采购申请。

（3）组织政府采购业务活动。

（4）组织实施政府采购验收。

（5）组织处理政府采购纠纷。

（6）妥善保管单位政府采购业务相关资料，并装订存档。

（7）定期对政府采购业务信息进行分类统计和分析，并在内部通报。

（三）合理设置采购业务岗位

高校根据单位的实际情况和《行政事业单位内部控制规范（试行）》等制度的要求，应当设置采购计划编制、采购预算审批、采购执行、合同审查、验收、付款、档案管理、采购监督等采购业务管理岗位，并明确采购业务管理中相关岗位的职责与权限。

高校应当在遵循多人参与原则和定期轮岗原则的基础上，确保采购计划制订与预算审批、招标文件准备与审核、合同签订与验收、预算审批与付款、验收与保管、采购执行与采购监督等不相容岗位相互分离。

此外，高校应注重采购专业队伍建设，设置采购岗位，配备专业采购人员，不断完善人才培训和考核机制，确保执行政府采购的采购人员及时全面掌握相关规定，依法依规开展政府采购业务。

（四）建立采购工作协调机制

高校应当建立采购过程中各相关部门（如预算编制、政府采购和资产管理等部门)的沟通协调机制,加强对采购过程的管理。单位可以成立包括单位负责人、各采购职能部门负责人在内的采购业务小组,定期就采购执行过程中遇到的问题进行讨论沟通,不断完善单位采购工作协调机制。

二、采购预算与计划控制策略

《行政事业单位内部控制规范(试行)》第三十四条规定:"单位应当加强对政府采购业务预算与计划的管理……根据本单位实际需求和相关标准编制政府采购预算,按照已批复的预算安排政府采购计划。"根据这一规定,高校应当加强对政府采购业务预算与计划的控制。

(一)明确规范政府采购预算编制与审核要求

单位按照"先预算,后计划,再采购"的工作流程,按规定编制政府采购预算。政府采购预算与部门预算编制程序基本一致,采用"两上两下"的程序。

政府采购预算编制与审核具体要求如下:

(1)高校采购管理部门应按照学校工程、货物和服务实际需求,经费预算标准和设备配置标准细化采购预算,列明采购项目或货物品目,并根据采购预算及实际采购需求编制采购计划。

(2)高校集中采购预算在年初与部门预算同步编制,要应编尽编,将属于集中采购范围的支出项目均编入集中采购预算,体现预算支出规模和方向。

(3)采购主管部门应对学校提交的集中采购预算进行审核,对属于集中采购范围的支出项目而未编制集中采购预算的,应责成其重新编制。

(4)高校应对采购预算进行科学、合理、高效的审核,重点关注采购项目是否完整;采购项目安排是否合理,需求是否公允,采购层次是否适当;采购项目内容是否真实必要,有无项目拆分、人为整合等问题。

(二)规范采购计划编制

采购计划作为采购预算的执行明细,一般将能否向一个供应商实施采购作为立项分项原则,如果能够向一个供应商购买的,不得拆项。业务部门应当在政府采购预算指标批准范围内,定期(如按季度)提交本部门的政府采购计划。

提交的采购计划应当符合下列要求:

（1）政府采购计划应当在财政部门批复的政府采购预算范围内，依据本部门的政府采购需求进行编制，完整反映政府采购预算的落实情况。

（2）政府采购项目数量和采购资金来源应当与财政部门批复的政府采购预算中的采购项目数量和采购资金来源相对应，不得编制资金尚未落实的政府采购计划。

（3）编制政府采购计划时，应当注重政府采购的规模效益，同一季度内对统一采购品目尽量不安排两次采购计划。

（4）业务部门不得将应当以公开招标方式采购的货物或服务化整为零，或以其他方式、理由规避公开招标采购。

（三）加强采购计划审核

业务部门提出政府采购计划后，政府采购部门作为归口管理部门应当对政府采购计划的合理性进行审核，主要包括：

（1）政府采购计划所列的采购事项是否已列入预算。

（2）是否与业务部门的工作计划和资产存量相适应。

（3）是否与资产配置标准相符。

（4）专业性设备是否附相关技术部门的审核意见。

此外，财会部门应当就政府采购计划是否在预算指标的额度之内进行审核。

三、采购实施控制策略

（一）合理确定采购需求

采购人应当对采购标的的市场技术或服务水平、供应价格等情况进行市场调查，根据调查情况科学、合理地确定采购需求，进行价格测算。采购人确定的采购需求应当符合国家相关法律法规和政府采购政策的规定。采购需求的内容应当完整、明确。

采购需求的内容主要包括：

（1）采购标的执行的国家相关标准、行业标准、地方标准或其他标准和规范。

（2）采购标的所要实现的功能或目标，以及需要落实的政府采购政策。

（3）采购标的需要满足的质量、安全、节能环保、技术规格、服务标准等性能要求。

(4) 采购标的的物理特性(如尺寸、颜色、标志等)要求。

(5) 采购标的的数量、采购项目交付或执行的时间和地点,以及售后服务要求。

(6) 采购标的的验收标准。

(7) 采购标的的其他技术、服务等要求。

(二) 规范申请审核程序

单位应当加强对政府采购申请的双重内部审核。

一方面,提出政府采购申请部门的负责人应该对采购需求进行复核,然后才能提交政府采购部门审核,审核的关注重点是:是否有相应的预算指标;是否适应当期的业务工作需要;是否符合当期的政府采购计划;政府采购申请文件内容是否完整等。

另一方面,政府采购部门在收到业务部门提交的政府采购申请后,应当对政府采购申请进行审核,审核的关注重点是:政府采购项目是否符合当期的政府采购计划;政府采购成本是否控制在政府采购预算指标额度之内;经办人员是否按要求履行了初步市场价格调查;政府采购需求参数是否接近市场公允参数,是否存在"排他性"的参数;政府采购定价是否接近国家有关标准;政府采购组织形式、政府采购方式的选取是否符合国家有关规定;其他需要审核的内容。

(三) 选择合理的政府采购组织形式

凡是纳入集中采购目录的政府采购项目,均应属于集中采购机构的强制性业务范围。其中,纳入集中采购目录属于通用的政府采购项目,应当委托集中采购机构代理采购;属于本部门、本系统有特殊要求的项目,应当实行部门集中采购;属于本单位有特殊要求的项目,经省级以上人民政府批准,可以自行采购。

(四) 合理选择政府采购代理机构

政府采购代理机构分为政府集中采购机构和政府采购代理中介机构,二者在法律规定的范围内接受采购人的委托,执行政府采购业务。

纳入集中采购目录的政府采购项目,采购人必须委托集中采购机构代理采购;未纳入集中采购目录的政府采购目录,可以自行采购,也可以委托集中采购机构在委托的范围内代理采购。

应当注意的是，采购单位无论是委托集中采购机构还是采购代理机构办理采购事宜，均需与采购代理机构签订委托代理协议，依法确定委托代理的事项，约定双方的权利义务，明确采购项目、采购数量、采购金额、采购时限和采购方式。委托采购代理机构采购部门集中采购目录和分散采购项目中属于国家、省、市重点项目或采购金额较大项目的，应当采取公开招标的方式确定采购代理机构。

（五）合理选择采购方式

高校应当根据各个采购方式的使用条件和相关法律法规，合理选择采购方式，以规范政府采购程序。

四、采购验收控制策略

（一）制定明确的采购验收标准，加大验收力度

采购人或者采购代理机构应当克服“重采购，轻验收”的思想，通过学校培训与宣传认真组织采购验收。高校验收应按照政府采购合同规定的技术、服务、安全标准组织对供应商履约情况进行验收。高校应当根据采购项目特性明确具体的验收主体，提出具体的验收内容、验收标准、时限等要求，对于重大采购项目应当成立验收小组，可以由高校代表、政府采购代理机构和相关领域的技术专家组成。但是，直接参与该项政府采购组织实施活动的工作人员不得作为验收工作的主要负责人。

（二）严格办理采购验收手续，规范出具采购验收书

验收小组按照职责分工，对照政府采购合同中验收有关事项和标准、供应商发货单等文件，核对每项验收事项，并按照验收方案对所采购货物、服务或者工程的品种、规格、数量、质量、技术要求及其他内容及时组织验收。

对验收合格的货物，应当及时办理入库手续，入库凭单应提交财务部门作为会计处理的依据。验收完成后，验收小组应当出具书面验收书。验收书是申请支付政府采购资金的必要文件，应当包括每一项技术、服务、安全标准的履约情况。参与验收工作的人员应于验收工作完成后在验收书上签署验收意见，验收单位应当加盖公章，以落实验收责任。采购代理机构人员参加验收的，在验收书上签署意见，并加盖采购代理机构公章；其他相关人员参加验收的，在验收书上签署意见。

（三）妥善处理验收中发现的异常情况，及时解决相关问题

对于验收过程中发现的异常情况，验收机构或人员应当立即向学校有权管理的部门报告，相关部门应当查明原因并根据具体情况予以及时处理。如采购的物资有瑕疵或供货数量不足，验收时应当面提出，要求供应商按照合同约定补足、更换或退货，并承担由此发生的一切损失和费用；对于给单位造成损失的，应按合同约定追究违约责任，并上报政府采购监督管理部门处理；如存在假冒、伪劣、走私产品或商业贿赂等违法情形的，应立即移交质监、公安等行政执法部门依法查处。

（四）加强采购验收的监督力度，确保采购验收规范有序

政府采购监管部门应当对政府采购项目的采购活动进行检查，对政府采购项目的履约验收过程进行监管，采购人应当如实反映情况，提供相关材料。监管部门不仅对结果进行验收，还需要对验收过程进行共同记录实施监督，及时发现验收中的问题并要求限期改正。采购单位应当按规定做好采购项目的验收工作，据实做好会计处理，确保国有资产安全完整，防止国有资产流失。对于采购验收中发现的谋取不正当利益的违法违规行为，采购主管部门应当依法追究其相关法律责任。

五、采购资金支付控制策略

（一）严格办理采购支付手续，规范采购资金支付相关要求

高校财务部门应从严核实，按照合同约定及时支付采购资金。对于没有达到付款标准的支付申请，一律不予支付货款。一般首次申请支付的，应提供资金支付申请表、发票、合同、中标通知书等；尾款申请支付的，需要提供合同复印件和验收单原件等。采购单位财务部门应重点审核采购合同、验收单、发票等文件的真实性、合法性和有效性，判断采购款项是否达到支付条件。其中，验收书是申请支付政府采购项目资金的必备文件。

（二）规范采购会计核算要求，加强会计系统控制

高校应当加强对采购业务全流程的财务控制，包括采购、验收、资金支付环节。详细记录每一个环节的采购业务活动，包括供应商基本资料、采购申请、采购合同、采购验收书、物资入库凭单、退换货等情况，确保账面会计资料和采购履约情况、物资入库记录核对一致。

六、采购信息管理控制策略

（一）按规定公开政府采购信息，及时发布政府采购信息公告

1. 明确政府采购项目公开信息范围和主体

（1）严格执行政府采购信息发布制度。采购人或者其委托的采购代理机构应当切实做好采购项目公告、采购文件、采购项目预算金额、采购结果、采购合同等采购项目信息公开工作，实现政府采购项目的全过程信息公开。

（2）严格监管处罚信息。处罚信息包括财政部门做出的投诉、监督检查等处理决定。财政部门负责对集中采购机构的考核结果，以及违法失信行为记录等信息的公开工作。

（3）推进协议供货和定点采购等信息公开。集中采购机构应当切实推进协议供货和定点采购信息公开。自 2017 年 9 月 1 日开始，除按照规定在中国政府采购网及地方分网公开入围采购阶段的相关信息外，还应当公开具体成交记录，包括采购人和成交供应商的名称、成交金额，以及成交标的的名称、规格型号、数量、单价等。电子卖场、电子商城、网上超市等的具体成交记录，也应当予以公开。

高校应选择合理的采购信息公布媒介和渠道。中国政府采购网是财政部依法指定的、向世界贸易组织秘书处备案的唯一全国性政府采购信息发布网络媒体，中国政府采购网地方分网是其有机组成部分。中央预算单位的政府采购信息应当在中国政府采购网中央主网发布，地方预算单位的政府采购信息应当在地方分网发布。地方分网应当按照《财政部关于做好政府采购信息公开工作的通知》（财库〔2015〕135 号）中的规定向中央主网推送信息。

（4）加强采购信息公开内部控制管理。采购人和集中采购机构应当将政府采购信息公开作为本部门、本单位政务信息公开工作的重要内容，列入主动公开基本目录，嵌入内部控制管理环节，确保政府采购信息发布及时、完整、准确。

（二）定期统计分析采购业务信息，并在内部进行通报

高校采购部门还应当定期对政府采购业务信息进行分类统计，与资产管理部门和财务部门定期核对信息，并在单位内部通报采购预算的执行情况和采购业务的开展情况等，及时解决采购业务中的问题，同时实现采购业

务信息在单位内部公开透明。

（三）妥善保管采购文件，规范采购业务记录的要求

高校对采购项目每项采购活动的采购文件应当妥善保存，不得伪造、变造、隐匿或者销毁，采购文件可以采用电子档案的方式保存。采购文件的保存期限为从采购结束之日起至少15年。

采购文件包括采购活动记录、采购预算、招标文件、投标文件、评标标准、评估报告、定标文件、合同文件、验收书、质疑答复、投诉处理决定及其他有关文件、资料。

采购活动记录至少应当包括：采购项目类别、名称；采购项目预算、资金构成和合同价格；采购方式，采用公开招标以外的采购方式的，应当载明原因；邀请和选择供应商的条件及原因；评标标准及确定中标人的原因；废标的原因；采用招标以外采购方式的相应记载。

（四）规范采购信息的安全保密管理

高校应当加强对涉密采购项目安全保密的管理。在采购内部管理制度中，高校应明确规定涉密采购项目的信息管理职责，要求工作人员未经允许不得向无关人员透露采购信息。

此外，采购的信息原则上都要求及时向社会公布，但是当其中有关信息涉及供应商的商业秘密时，如特定的管理技术、专利、成本费用等，不应当公开，以保护供应商的合法权益。

第五节　招标业务管理

一、控制目标

高校采购管理部门应当根据法律法规，合理选择公开招标采购、邀请招标采购、竞争性谈判（磋商）采购、单一来源采购和询价采购等方式，对于变更政府采购方式的项目，应当加强内部审核，严格履行审批手续。对于大宗货物和服务的采购，应当采用公开招标的方式，同时还要加强单一来源采购方式的审查，严格程序，公开披露采购项目和供应商的名称。

招标、投标是在市场经济条件下进行工程建设、货物买卖、财产出租、中介服务等经济活动的一种竞争形式和交易方式，是引入竞争机制订立合同

(契约)的一种法律形式。招投标管理是招标人对工程建设、货物买卖、劳务承担等交易业务,事先公布选择采购的条件和要求,招引他人承接,若干或众多投标人做出愿意参加业务承接竞争的意思表示,招标人按照规定的程序和办法择优选定中标人的活动。

二、公开招标

(一)基本概念

公开招标采购是指采购人或者代理机构依法以招标公告的方式邀请非特定的供应商参加投标的采购方式。公开招标采购是政府采购的主要方式。

(二)适用情形

《中华人民共和国政府采购法》中明确指出,公开招标采购应作为政府采购的主要方式。不得将应当以公开招标方式采购的货物或者服务化整为零,或者以其他任何方式规避公开招标采购。采购人采购公开招标数额标准以上的货物或者服务,符合其他采购方式适用条件或者由需要执行政府采购政策等特殊情况的,经设区的市级以上人民政府财政部门批准,可以依法采用公开招标以外的采购方式。

(三)主要流程

公开招标业务流程如图5-4所示。

(四)关键环节

A1:业务部门根据年度采购计划,提出采购申请;编制采购标书文件,提交采购主管部门/采购小组。

B1:采购小组根据单位年度采购计划审批部门的采购申请,委托采购代理机构进行公开招标;转发、审查和确认标书。

C1:采购代理机构接受委托并编制招标文件;根据采购单位确认的表述,发布招标公告、公布采购预算和发布招标文件。

D1:供应商根据发布的采购信息,从采购代理机构处购买招标文件。

C2:采购代理机构接收各供应商的投标文件,并密封保存。

D2:供应商根据招标文件编制投标文件并投标。

C3:宣布开标及注意事项,当众拆封投标文件并唱标,询问每个参与的

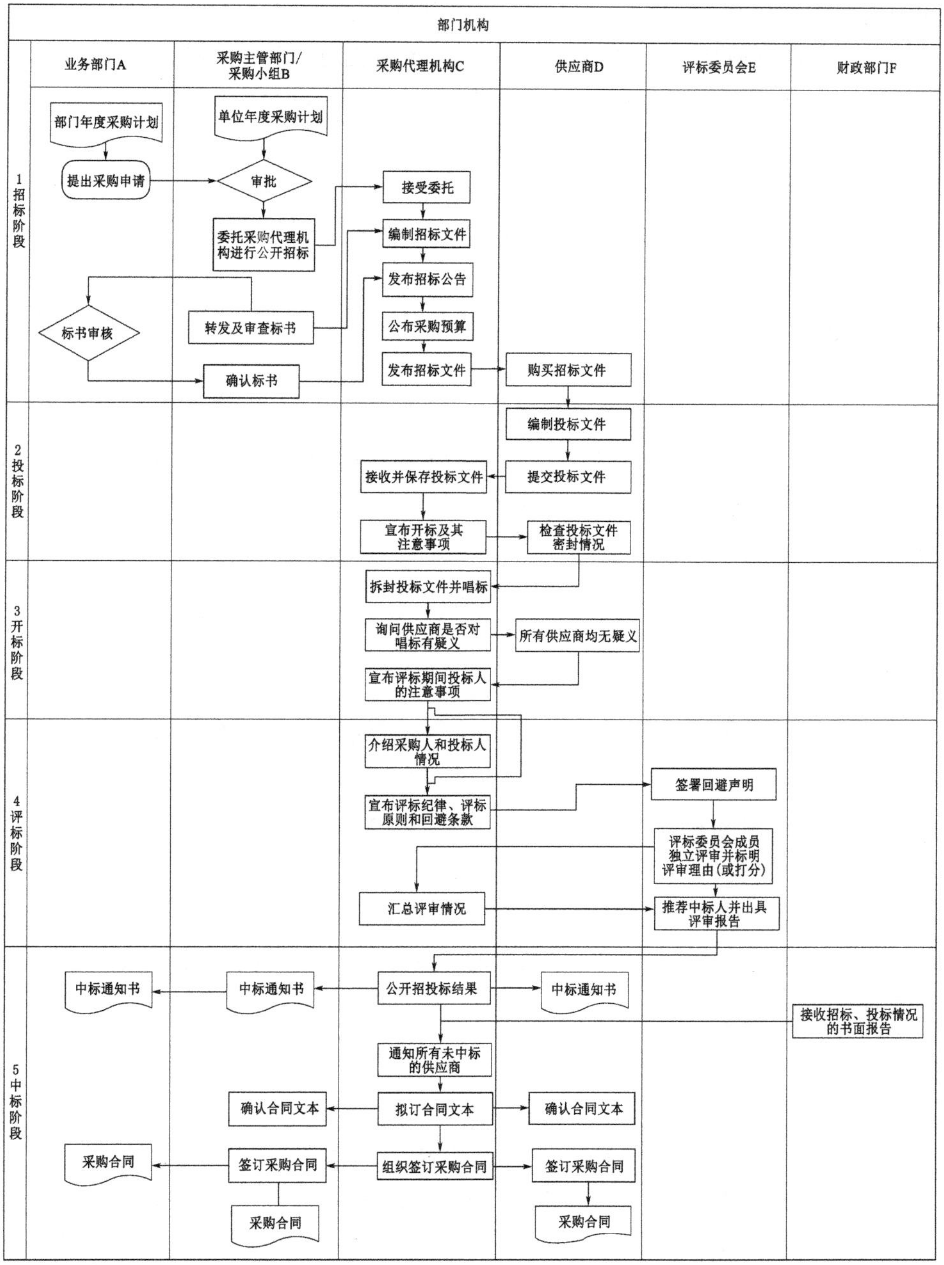

图 5-4　公开招标业务流程图

供应商对唱标是否有疑义，宣布评标期间投标人的注意事项。

D3：检查所有供应商的投标文件是否密封良好，并签字确认。

C4：介绍采购人和投标人情况，当场宣布评标纪律、评标原则和回避条款；把各位评审人员的评审结果进行汇总。

E4：每个评审人员必须签署回避声明及相关责任，评标委员会成员独立评审并标明评审理由，交给采购代理机构；根据每位评审人员的评审结果，推荐中标人并出具评审报告。

B5：确认采购代理机构拟定的合同文本，根据中标通知书与供应商签订采购合同。

C5：根据评审委员会的评审报告，公布评审结果，并将结果告知采购单位、中标供应商和未中标供应商；向财政部门提交招标、投标情况的书面报告；起草合同文本并将其交至采购单位和中标供应商；组织采购单位和中标供应商签订合同。

三、邀请招标

（一）基本概念

邀请招标采购是公开招标方式的一种特殊形式，其特殊性体现在招标对象，即供应商的选择方面，采购人或者采购代理机构依法从符合相应资格条件的供应商中随机选择三家以上供应商，并以投标邀请书的方式邀请其参加投标，具体包括以下三点：

（1）仅以投标邀请书的方式在有限范围内邀请供应商。

（2）竞争性不强，只有接受邀请的投标人才能参与，且投标人数量达到三家或三家以上。

（3）招标时间较短。

（二）适用情形

采用邀请招标方式采购的货物或者服务应当符合下列情形之一：

（1）具有特殊性，只能从有限范围的供应商处采购的。

（2）采用公开招标方式的费用占政府采购项目总价值的比例过大的。

（三）业务流程与关键环节

邀请招标业务流程和关键环节与公开招标采购方式基本一致。

四、竞争性谈判(磋商)采购

(一) 基本概念

竞争性谈判(磋商)采购是指谈判小组与符合资格条件的供应商就采购货物、工程和服务事宜进行谈判,供应商按照谈判文件的要求提交相应文件和最后报价,采购人从谈判小组提出的成交候选人中确定成交供应商的采购方式。

(二) 适用情形

采用邀请竞争性谈判(磋商)采购的货物或者服务应当符合下列情形之一:

(1) 招标后没有供应商投标,或者没有合格标的,或者重新招标未能成立的;

(2) 技术复杂或者性质特殊,不能确定详细规格或者具体要求的;

(3) 采用招标所需时间不能满足用户紧急需要的;

(4) 不能事先计算出价格总额的。

(三) 业务流程

竞争性谈判(磋商)采购业务流程如图 5-5 所示。

(四) 关键环节

A1:业务部门根据部门年度采购计划,提出采用竞争性谈判(磋商)方式的采购申请,提交采购主管部门/采购小组。

B1:采购小组根据单位年度采购计划审批业务部门的采购申请,确定采用竞争性谈判(磋商)采购方式。

A2:业务部门根据采购申请的批复,编制谈判所需的各项文件;利用自己对行业供应商的了解,选择合适的供应商。

B2:采购小组公示谈判文件,根据业务部门选择的供应商,邀请供应商参与竞争性谈判。

C2:供应商接到邀请应确定是否参加,如果参加要制作竞标文件,并提交至采购单位。

D2:从专家库中随机抽取专家和采购单位代表成立谈判小组。

B3:采购小组开启竞标文件;谈判开始前,介绍采购项目和供应商的情

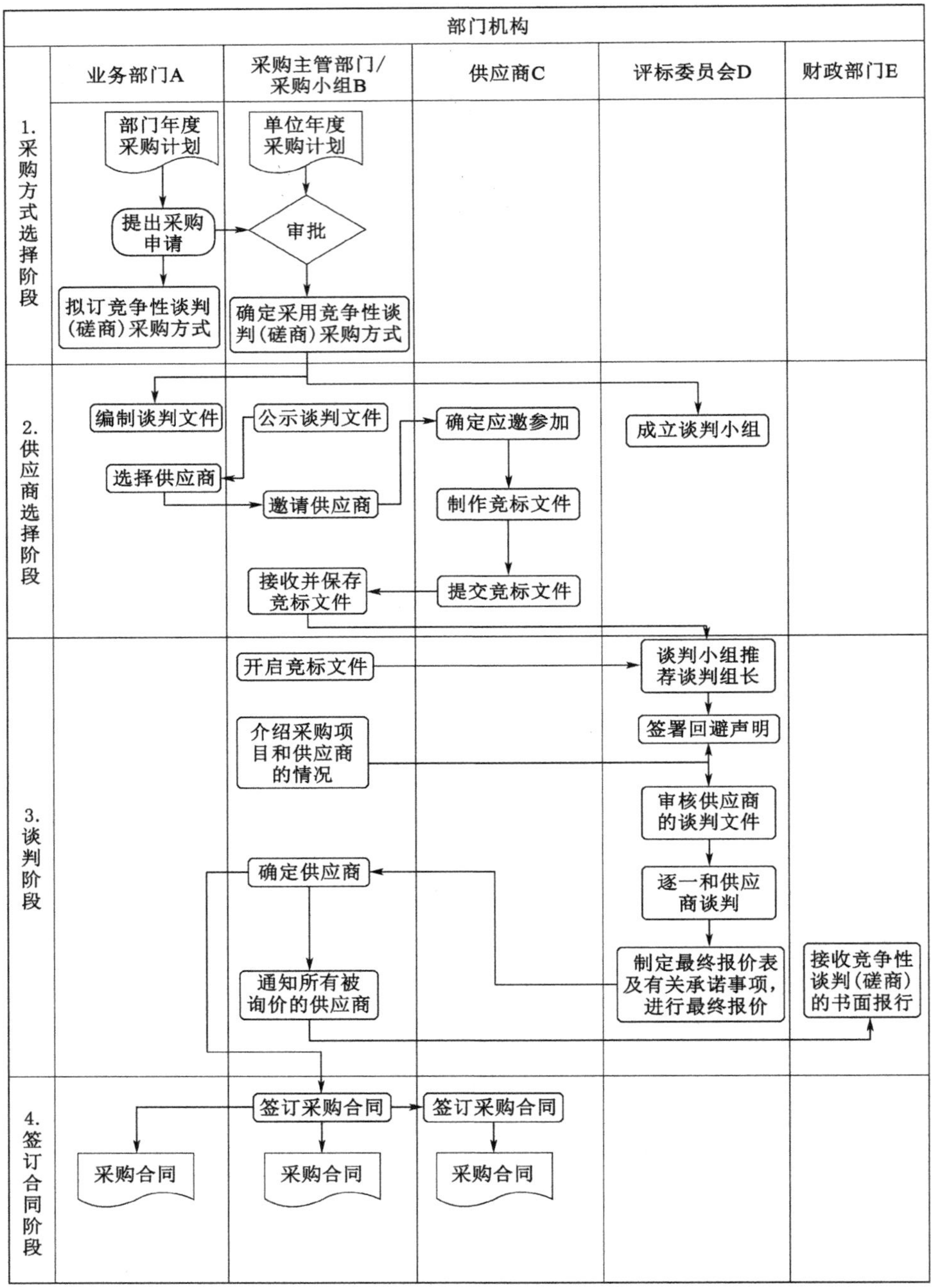

图 5-5　竞争性谈判(磋商)采购业务流程图

况；根据谈判小组出具的报告，确定供应商，通知所有被询价的未成交的供应商，并向财政部门提交竞争性谈判情况的书面报告。

D3：谈判小组内部推荐一名小组成员担任谈判组长，并签署回避声明，对供应商的谈判文件进行审核，随后逐一和供应商谈判，然后制定最终报价表及有关承诺事项；根据各家供应商的最终报价，推荐供应商，出具评审报告。

B4：采购部门/采购小组与确定的供应商签订采购合同，并把合同文件交与业务部门。

五、单一来源采购

（一）基本概念

单一来源采购是指采购人从某一特定供应商处采购货物、工程和服务的采购方式。

（二）适用情形

采用单一来源采购的货物或者服务应当符合下列情形之一：

（1）只能从唯一供应商处采购的；

（2）发生了不可预见的紧急情况下不能从其他供应商处采购的；

（3）必须保证原有采购项目一致性或者服务配套的要求，需要继续从原供应商处添购，且添购资金总额不超过原合同采购金额10%的。

（三）业务流程

单一来源采购业务流程如图5-6所示。

（四）关键环节

A1：业务部门根据部门年度采购计划，提出采用单一来源采购方式的采购申请，提交至采购主管部门/采购小组。

B1：采购小组根据单位年度采购计划审批业务部门的采购申请，初步确定采用单一来源的采购方式，并要求作为唯一来源的供应商提供采购所需的文件。

A2：业务部门根据对整个行业的掌握情况，对供应商的资质、声誉做出验证的审查；利用自己掌握的专业知识充分评估采购方案中的风险，并提交至采购小组。

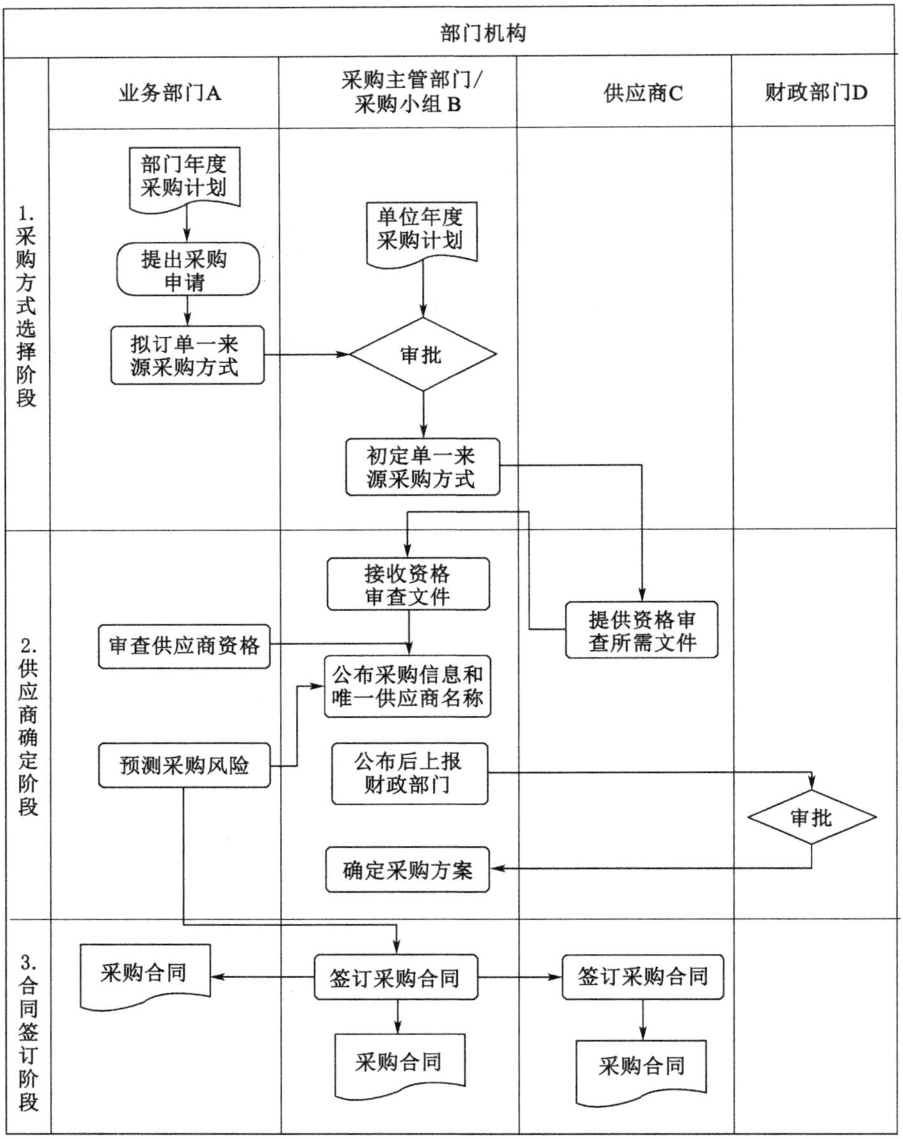

图 5-6　单一来源采购业务流程图

B2：接收单一来源供应商提供的资格审查文件，转交业务部门进行审核；根据业务部门审查的资格，公布采购信息和唯一供应商名称，并在财政部指定的网站上公布 5 个工作日后上报财政部门；根据财政部门的审批意见，确定采购方案。

C2：按照采购单位的要求，提供资格审查所需的各项文件，确定有关联系人，以备随时响应。

D2：财政部门根据单一来源申请的条件，对采购单位提交的材料进行审批。

B3：采购小组与确定的供应商签订采购合同，并把文件交与业务部门。

六、询价采购

（一）基本概念

询价采购是指询价小组向符合资格条件的供应商发出采购货物询价通知书，要求供应商一次报出不得更改的价格，采购人从询价小组提出的成交候选人中确定成交供应商的采购方式。

（二）适用情形

采购货物规格、标准统一，现货货源充足且价格变化幅度小的政府采购项目，可以采用该方式进行采购。

七、框架协议采购

框架协议采购是指集中采购机构或者主管预算单位对技术、服务等标准明确、统一，需要多次重复采购的货物和服务，通过公开征集程序，确定第一阶段入围供应商并订立框架协议，采购人或者服务对象按照框架协议约定规则，在入围供应商范围内确定第二阶段成交供应商并订立采购合同的采购方式。

第六章 高校工程项目的内部控制

高校教学科研活动离不开教学楼、科研实验楼、学生宿舍、学生食堂、体育场馆以及校内道路、供水供电供气设备设施等，而这些房屋设施等都要通过工程建设或工程维修得以形成和维护。该部分资产是学校的重要支出之一，也是学校资产管理和财务管理的重要交会点，如何确保该部分支出的合法合规、安全有效是高校内部控制建设的重要内容之一。

第一节 工程项目管理概况

一、工程项目基本概念

高校工程项目就是高校自行或委托其他单位所进行的建筑物和构筑物的新建、改建、扩建及相关的维修、拆除、修缮、安装等基本建设、大型修缮以及基础设施建设和改造工程。

高校工程项目包括基建工程项目和修缮工程项目。基建工程项目又分为新建、改建和扩建工程项目，如新建教学楼、改建学生活动中心等；修缮工程项目又分为大中型修缮工程项目和小修工程项目，如教学楼加固修缮、校园道路维修工程等。工程项目按照实施方式可分为自行施工和委托施工。自行施工就是高校负责工程项目建造的全过程或主要施工内容，如高校后勤维修队伍开展的维修工程项目施工。

高校工程项目是保障和维持高校学生生活、学习和教师教学科研活动得以有效开展的基础，学生学习、生活以及教师教学科研活动的开展等离不开学生宿舍、食堂、教室、实验室、办公室以及水电气暖正常供应等，而这些需通过工程项目建设和维修得以实现保障。

高校工程项目建设体现了高校发展，具有投入大、环节多、涉及面广、质量监管难、建设周期长等特点，相应的风险点也比较多，如设计环节的高估冒算、“豆腐渣”工程、投资失控、经济腐败等。因此，加强工程项目内部控制标准体系建设就非常必要和重要。

二、工程项目投资成本

根据《基本建设项目建设成本管理规定》(财建〔2016〕504 号)及《政府会计准则制度》有关“在建工程”科目核算设置规定，工程项目投资成本主要包括建筑安装工程投资支出、设备投资支出、待摊投资支出、其他投资支出、待核销基建投资支出和待转出投资支出等方面。

(1) 建筑安装工程投资支出是指建设内容发生的建筑工程和安装工程的实际成本，其中不包括被安装设备本身的价值，以及按照合同规定支付给施工单位的预付备料款和预付工程款。

(2) 设备投资支出是指建设内容发生的各种设备的实际成本，包括需要安装设备、不需要安装设备和为生产准备的不够固定资产标准的工具、器具的实际成本。如新建教学楼配套的教室电子屏系统设备等。

(3) 待摊投资支出是指建设内容发生的，应当分摊计入相关资产价值的各项费用和税金支出。主要包括：

① 勘察费、设计费、研究试验费、可行性研究费及项目其他前期费用；

② 土地征用及迁移补偿费；

③ 项目建设管理费、代建管理费、临时设施费、监理费、招标投标费、社会中介机构审查费及其他管理性质的费用；

④ 项目建设期间发生的各类借款利息、债券利息、贷款评估费、国外借款手续费及承诺费、汇兑损益、债券发行费用及其他债务利息支出或融资费用；

⑤ 其他待摊投资性质支出。

(4) 其他投资支出是指构成建设项目实际支出的房屋购置支出，办公生活用家具、器具购置支出，软件研发和不能计入设备投资的软件购置等支出，单位为进行可行性研究而购置的固定资产，以及取得土地使用权支付的土地出让金。

(5) 待核销基建投资支出是指项目建设单位发生的江河清障、航道清淤、飞播造林、补助群众造林、水土保持、城市绿化、取消项目的可行性研究费以及项目整体报废等不能形成资产部分的基建投资支出。

(6) 待转出投资支出是指项目建设单位为建设项目配套而建成的、产权不归属本单位的专用设施的实际成本。如高校校园外电力线路建设投入等。

三、工程项目会计核算

根据《政府会计准则制度》有关财务会计和预算会计"平行记账"核算规定,工程项目建设投资支出一般通过"在建工程"科目核算,并根据工程项目投资成本构成内容,"在建工程"下设"建安投资""设备投资""待摊投资""其他投资""待核销基建投资""待转出投资"等明细科目。相应预算会计对应核算科目为"事业支出"或"经营支出"等科目。除此之外,部分维修改造项目投资支出可直接通过"费用"科目核算,对于一些跨年结算的维修改造项目也可以通过"在建工程"科目进行归集核算,结算完成后一次性或分年转入"费用"科目核销。

如何识别哪些工程项目需要通过"在建工程"科目核算,哪些工程项目可直接通过"费用"科目核算,主要是从工程项目价款支付结算周期、结算复杂程度和是否形成固定资产等方面来判断。

(1) 需要通过竣工结算审计且价款支付结算周期长或可形成固定资产等工程项目一般建议通过"在建工程"科目核算,可全面反映工程项目全过程管理。

首次付款时:

借:在建工程——基建工程或维修工程(××项目)——建安投资

××元

贷:银行存款 ××元

同时,

借:事业支出——教育事业支出或后勤保障支出 ××元

贷:资金结存 ××元

(2) 不形成固定资产且一次性办理结算支付的可直接通过"费用"科目核算。

结算付款时:

借:业务活动费用——教育费用 ××元

　　单位管理费用——后勤费用　××元

　　贷:银行存款　××元

同时,

借:事业支出——教育事业支出或后勤保障支出　××元

　　贷:资金结存　××元

(3) 实施总分项目核算。按照工程项目各子项目施工特点,分别设置工程项目 001#、A 施工项目 002#、B 施工项目 003# 进行单独项目核算。一般建议一个合同一个项目核算,以实现精准化核算和投资总额控制。

四、工程项目业务流程

高校工程项目通常涉及校园建设总体规划或维修规划编报、项目前期立项建议书编报、项目可行性研究报告编报、项目立项决策审批、工程设计与概预算编报审批、工程招标与采购、工程施工与变更、工程价款支付结算、工程竣工验收、工程竣工结算与决算、竣工资产移交与档案移交等环节,一般划分为工程项目立项阶段、工程项目设计阶段、工程项目招标阶段、工程项目建设阶段、工程项目竣工验收阶段和工程项目评价阶段等。工程项目业务阶段划分简图见图 6-1。

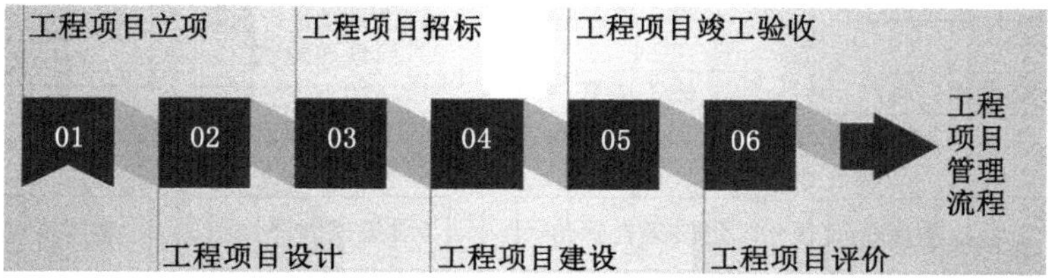

图 6-1　工程项目业务阶段划分简图

工程项目建设管理工作包含过程管理、投资管理、质量管理、进度管理。其中,投资管理涉及估算、概算、预算、核算、结算和决算控制管理。管理部门涉及校内决策部门、规划部门、基建(后勤)部门、财务部门、资产管理部门、档案管理部门和使用部门等;校外施工单位、教育主管部门、发改部门等。实施代建管理的工程项目还涉及代建单位。不同阶段的具体流程和业务内容不同,具体见图 6-2。

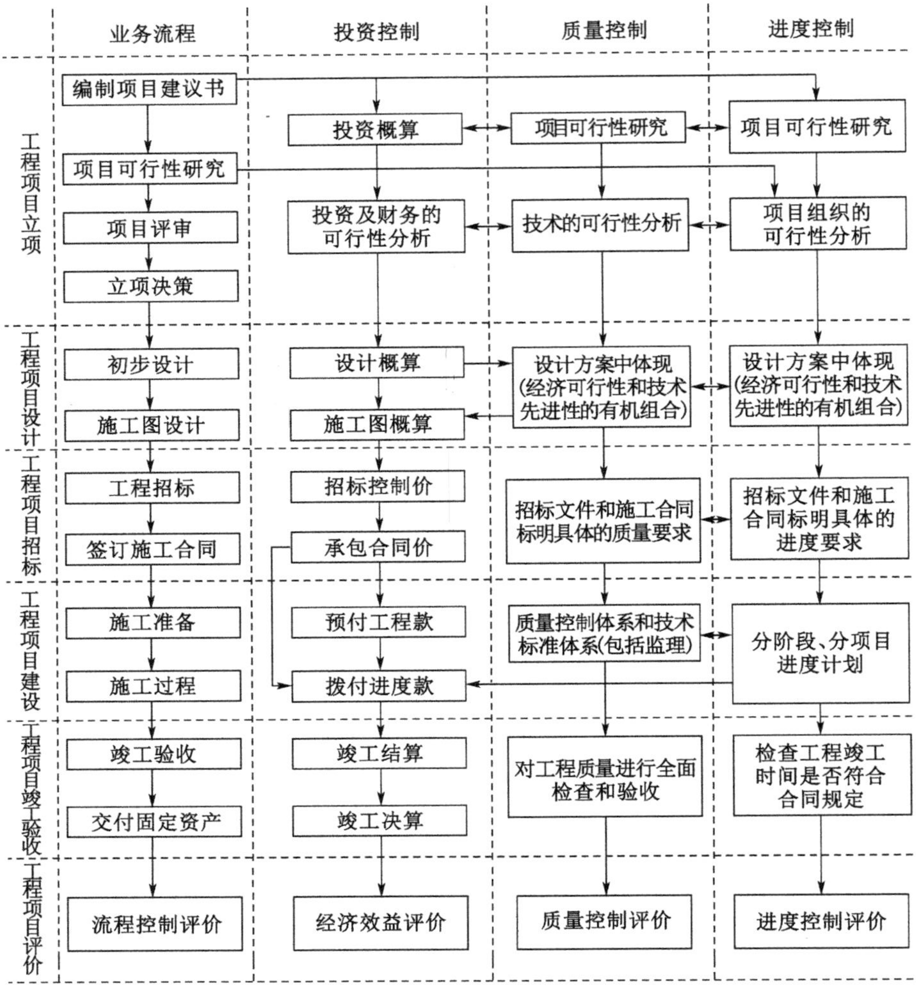

图 6-2　工程项目业务流程详图

（一）工程项目立项阶段

该阶段业务流程主要包括校园建设规划或维修规划编制与审批（五年规划或三年维修规划）、项目建议书编制与审批、项目可行性研究报告编制与审批、项目评审、项目立项决策报批等。该阶段决定了工程项目能否实施等关键决策问题。

其中，财务工作涉及项目投资估算、概算决策业务，包括高校专项财务规划、三年财政规划编报，工程项目投资估算，以及项目建设资金筹集方案论证等。

（二）工程项目设计阶段

该阶段业务流程包括项目初步设计方案及概算的编审、施工图设计方案与施工预算的编审等，细化确定工程项目建设规模、标准、功能分布与设计，以及总投资预算和年度投资预算等。该阶段事关工程项目如何建、建成什么样、具体需要多少投入等问题决策，直接关系到项目建设最终投资和投资效果，要确保建设内容不能少，不能在设计阶段漏项目导致后期投入增加。

其中，财务工作涉及投资概预算决策，包括设计概算、施工图概算、工程项目总投资预算和年度投资预算，以及资金筹集与预算安排等管理工作。

（三）工程项目招标阶段

该阶段业务流程主要包括工程项目前期的方案设计招标、施工图设计招标、工程勘察设计招标、工程监理招标，重点是施工单位招标、工程物资采购招标以及相应合同签订等业务。该阶段具体包括标书起草与审核，发标、开标、评标与定标，合同签订等管理工作。该阶段事关施工单位选择、工程物资采购等，事关工程项目能否建成、能否建好的基础工作等。

其中，财务涉及参与招标控制价确定和合同审核控制等，包括项目建设总投资预算控制和子项目投资预算管理、合同价款支付条款签订与审核，以及各项投入资金的筹集与支付结算、核算等管理工作。

（四）工程项目建设阶段

该阶段业务流程主要包括工程施工管理、工程物资采购与使用管理、施工过程监理管理、工程变更管理、工程签证管理和工程进度款支付结算、工程物资款项支付等方面。该阶段的重点工作是工程进度管理、质量管理、工程变更管理及变更签证管理。

其中，财务工作涉及工程预付款、工程进度款和工程物资采购款等支付审批、会计核算、项目投资预算管理等工作，包括年度资金筹集与调度、年度预算执行管理等。

（五）工程项目竣工验收阶段

该阶段业务流程主要包括单项工程竣工验收、竣工造价审计、竣工结算、资产移交、单项工程竣工结算、工程项目总体竣工决算、暂估交付、档案移交等。

其中,财务工作涉及竣工结算与决算、资产暂估交付工作等,重点和难点是与施工单位就已竣工施工项目价款的最终结算工作。

(六)工程项目评价阶段

该阶段主要对流程控制、经济效益、质量控制、进度控制等方面进行评价。

案例分享　家庭装修工程业务流程

下面我们以家庭装修为例,简单介绍装修工程业务流程。

首先,家庭装修要区分是新装还是修缮,是局部装修还是功能调整装修等。

其次,家庭装修投入包括:水电改造、墙面涂料、厨卫安装等;家具配置、电器配置;前期调研、设计等。

最后,家庭装修同样要经过装修决策阶段、装修调研设计阶段、装修队伍和材料供应选择阶段、装修进场施工阶段、装修调整与变更阶段、装修验收交付与结算决算阶段。每个阶段又涉及不同的事项,需要家庭成员间的商量并做出决策。其中,建设管理、进度管理、质量管理和投资管理非常重要。如投资管理涉及装修预算、装修资金来源、装修调研与设计等前期费用支付、装修施工工程款支付、家具设备采购款支付等。

第二节　工程项目内部控制风险与目标

《行政事业单位内部控制规范(试行)》指出,单位内部控制是指单位为实现控制目标,通过制定制度、实施措施和执行程序,对经济活动的风险进行防范和管控。为此,分析工程项目业务活动风险,明确工程项目业务控制目标是精准实施内部控制举措的基础。

一、工程项目内部控制总体框架

高校工程项目内部控制就是对高校工程项目建造、安装等业务活动风险的控制,是高校业务层面内部控制的重要组成。高校工程项目内部控制按照工程项目业务流程划分为:① 工程项目立项过程控制;② 工程项目设计与概预算编报过程控制；③ 工程项目招投标与采购过程控制；④ 工程项目施工过程控制；⑤ 工程项目竣工交付过程控制等。工程项目内部控制总体框架如图 6-3 所示。可以说，工程项目内部控制与工程项目业务流程相辅相成、密切相关。

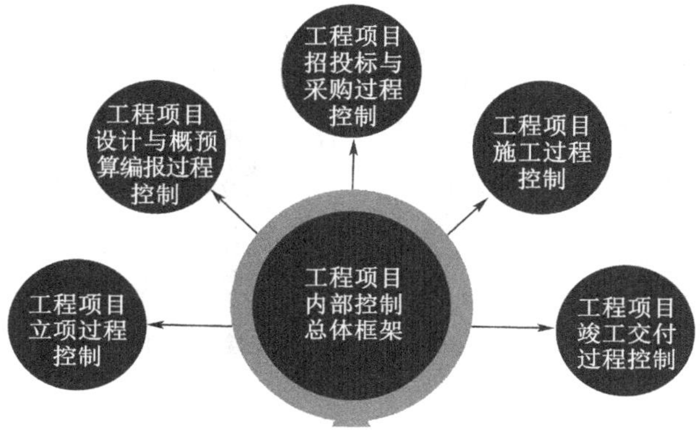

图 6-3　工程项目内部控制总体框架图

二、工程项目内部控制风险点

综合《行政事业单位内部控制规范（试行）》《教育部直属高校经济活动内部控制指南》有关工程项目内部控制风险，高校工程项目内部控制风险按照工程项目业务流程和活动阶段划分为：① 工程项目立项风险；② 工程项目设计与概预算风险；③ 工程项目招标风险；④ 工程项目施工与资金结算风险；⑤ 工程项目竣工结算决算风险；⑥ 工程项目竣工移交风险等。工程项目内部控制风险点分布见图 6-4。

（一）工程项目立项风险点

（1）校园总体建设规划编审风险。高校缺乏规划导致工程项目立项缺乏统筹性和长远性；规划编审论证不充分、不专业导致校园规划与校园建设政策、法律法规要求不相符；校园建设规划和高校发展规划脱节，不能满足高校未来发展需要；校园建设规划和工程项目立项脱节，造成投资失误等。

（2）项目建议书编审风险。项目建议书编报人员的专业性不足导致其不能胜任工作；项目建议书科学性不足、与政策不相符、内容不完整等导致

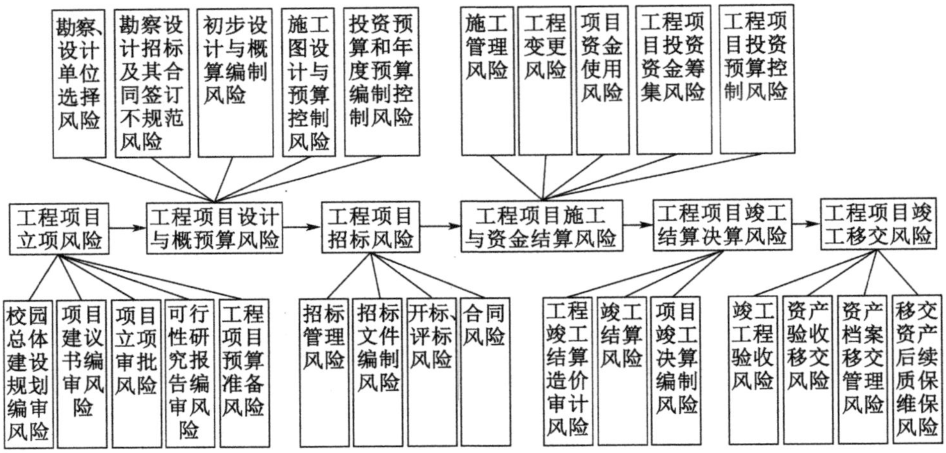

图 6-4　工程项目内部控制风险点分布图

无法立项,或立项不科学;相关建设内容考虑不全导致项目概预算测算不完整;项目建议书评审流程不完整、流于形式导致决策失误,造成项目失败,给单位造成损失;等等。

(3) 项目可行性研究报告编审风险。项目可行性研究报告编审人员专业性不足,编写不规范、内容不完整导致无法满足立项报批、无法报批、无法获批立项;流于形式、报告质量低下等导致决策不当。

(4) 项目立项审批风险。项目立项审批阶段报审材料不齐全、论证不科学流于形式、准备不及时等导致无法及时通过相应审批造成的工程延误等。

(5) 工程项目预算准备风险。包括投资估算概算测算及投资预算编制、资金筹集工作,测算的完整性、可行性缺乏带来的实施风险或未来资金无法支持项目建设风险。

(二) 工程项目设计和概预算风险点

工程项目设计和概预算编审是工程项目管理的龙头,直接影响工程项目质量、功能、造价等,该阶段风险主要包括:

(1) 初步设计与概算编制风险。设计单位未达到相关资质要求、初步设计未进行多方案论证选择、初步设计内容出现较大疏漏、设计方案不合理等问题,导致设计编制不合理、预算编制不完整、投资失控以及投入使用成本过高或不适等。

(2) 施工图设计与预算控制风险。施工图设计不完整、设计缺陷等导致工程施工、工程造价失控等;施工图设计与概预算审核不严格导致工程项目建设投资失控风险,造成工程质量或工程变更较多,造成重大经济损失等。

(3) 投资预算和年度预算编制控制风险。资金筹集不到位导致项目停滞风险或资金利息损失风险。

(三) 工程项目招标风险点

(1) 招标管理风险。高校未按规定方式和程序招投标带来廉政风险、未来施工管理失控风险,以及投资增加风险等。

(2) 招标文件编制风险。招标文件编制不准确、不完整导致招标质量不高、招投标失败等,直接影响后续价款结算控制。

(3) 开标、评标风险。投标单位不足导致流标;投标人串标、围标导致价格失控;投标单位资质不高导致施工风险等;评标程序不规范、评标过程流于形式、评标专家组审查不严格导致中标单位资质不高等,影响未来施工质量和增加投资风险。

(4) 合同风险。未按规定程序签订合同、合同签订内容不完整、未按规定审查审批合同导致合同签订条款与原投标存在差异,导致责任不清、无法追责等风险。

(四) 工程项目施工与资金结算风险点

(1) 施工管理风险。施工单位不能按进度施工导致不能按期竣工投入使用的风险;施工单位现场管理不到位导致安全事故等风险;施工监督不到位导致质量问题;未按施工图进行施工导致施工变更和质量失控风险等。

(2) 工程变更风险。工程变更内容不合理、决策程序不规范导致施工成本增加风险、廉政风险等;工程施工变更签证不规范、审核审批不严格等导致廉政风险、质量风险以及投资增加风险等。

(3) 项目资金使用风险。工程款支付程序、手续不完整、不严格导致超进度、超额度支付工程款风险;未按合同约定进度支付工程款导致超进度支付风险等。

(4) 工程项目投资资金筹集风险。筹集资金不到位导致不能按时支付工程款出现停工风险。

(5) 工程项目投资预算控制风险。存在年度投资支出超过年度预算、投资预算超过投资概算等风险。

（五）工程项目竣工决算风险点

(1) 工程竣工结算造价审计风险。工程造价审计资料不完整、不规范、不及时导致应核减未能核减的风险。

(2) 竣工结算风险。竣工工程项目结算审查时不认真、不规范、不全面，导致高估冒算未能被发现；应扣减未扣减导致多支付工程款风险等。

(3) 项目竣工决算编制风险。决算编制不全面、不及时造成不能全面反映工程项目投入和效果。

（六）工程项目竣工移交控制风险点

(1) 竣工工程验收风险。验收程序和标准不规范导致该验未验、验收标准和程序不符合规定及未能发现质量问题等。

(2) 资产验收移交风险。资产移交不及时导致管理交接失控，造成资产损失风险和未来使用管理风险。

(3) 资产档案移交管理风险。工程项目竣工图纸、设备安装使用资料的档案归档与移交不及时、不完整导致后续维修失误风险。

(4) 移交资产后续质保维保风险。竣工交付后的质保维保缺乏交接和后续验收导致维保失控或廉政风险、资产使用风险。

风险识别与确认是内部控制标准体系建设的关键基础性工作，其不仅与业务环节及管理内容识别密切联系，更关系到后面的内部控制制度建设。

三、工程项目内部控制目标

综合工程项目业务流程、具体控制风险点等因素，需要合理设定工程项目内部控制目标，以便更科学、更有效设计与实施相应控制举措。

关于工程项目内部控制目标：

一是从横向看，根据《行政事业单位内部控制规范（试行）》有关内部控制目标，工程项目内部控制目标可分为：① 合规目标，即确保工程项目相关管理工作符合国家政策、相关法规规定，如该报批的报批、该招标的要招标等；② 资产目标，即确保工程项目相关投资资金、工程物资、竣工交付资产等安全、完整，使用有效；③ 报告目标，即确保工程项目会计核算符合《政府会计准则制度》，会计信息真实完整；④ 预防目标，即确保工程项目建设过程中不发生舞弊和腐败；⑤ 运营目标，即确保工程项目建设效率和效果满足建设需要。

二是从纵向看，按照工程项目管理流程或主要环节，工程项目内部控制目标可分为：① 工程项目规划和立项控制目标；② 工程项目设计与概预算控制目标；③ 工程项目招投标与采购控制目标；④ 工程项目施工与价款结算控制目标；⑤ 工程项目竣工结算决算控制目标；⑥ 工程项目竣工移交控制目标等。

二者共同构成工程项目内部控制目标框架体系，只是各环节控制目标侧重点不同。工程项目内部控制目标框架见图 6-5。

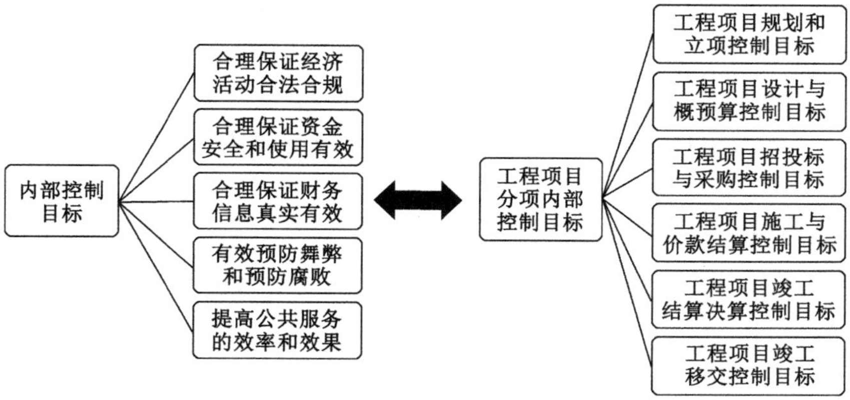

图 6-5　工程项目内部控制目标框架图

（一）工程项目规划和立项控制目标

（1）校园建设规划包括基本建设和维修改造规划，要确保校园规划符合高校未来发展实际需要、高校房产及基础设施设备维修保养与更新需要，有效发挥指导与控制作用。

（2）确保工程项目立项符合校园整体规划和事业发展规划，符合高校发展实际需要。

（3）确保项目立项决策经过集体决策，决策论证充分科学。

（4）确保项目立项符合国家政策规定。

（二）工程项目设计与概预算控制目标

（1）确保项目设计勘察单位选择符合招投标管理规定。

（2）确保所选择设计勘察单位拥有相应的资格条件。

（3）确保各项设计文件经过规范的审查论证，确保设计质量符合要求。

(4) 确保项目立项概预算编制符合投资决策和高校财力实际,确保投资概预算科学合理。

(5) 确保工程项目建设能及时得到校内外部门批复,相关手续办理齐全,保证能按时开工。

(三) 工程项目招投标与采购控制目标

(1) 确保招标、投标、开标和评标符合招投标管理规定,严防招投标过程中舞弊与腐败发生。

(2) 确保招投标文件起草和审核符合国家和高校规定;标书完整准确,符合严格保密规定。

(3) 确保招标、评标专家资质符合规范要求。

(4) 确保招投标、评标及合同签订符合规范要求,合同签订与招投标一致。

(四) 工程项目施工与价款结算控制目标

(1) 确保施工过程中高校、施工单位、监理单位等施工管理职责明确,项目实施顺利。

(2) 确保施工过程管控举措到位,确保施工按期、按质、按量完成。

(3) 确保施工变更符合决策要求,严格变更决策审批。

(4) 确保施工变更手续完备,变更合法合理和真实完整,严格变更过程中的不相容岗位相互分离管理。

(5) 确保工程预付款支付符合合同规定。

(6) 确保工程进度款支付审批手续规范完整,符合合同约定的进度款支付节点和工程量审核管控规定。

(7) 确保工程款支付手续完备、资料真实完整,严格执行分管基建和财务校领导"双签"制度。

(8) 确保工程项目会计核算规范、真实完整。

(五) 工程项目竣工结算决算控制目标

(1) 确保工程项目竣工结算造价审计及时完整,工程造价资料真实完整,手续完备。

(2) 确保工程项目竣工结算工作规范,及时完成竣工结算工作,确保不超付工程款等。

(3) 确保竣工决算编制及时合理、真实完整,保证竣工决算的真实性、完整性,确保项目投资真实完整。

(4) 确保竣工决算审计及时完整、合法合规。

(5) 确保工程项目会计核算与预算管理真实完整。

（六）工程项目竣工移交控制目标

(1) 确保移交手续和档案材料完整准确。

(2) 确保移交资产验收手续完整。

(3) 确保移交资产办理资产登记手续和入账手续。

(4) 确保工程项目档案归档安全完整。

(5) 确保移交后、质保期内质保工作符合规定。

以上是高校工程项目控制目标的归纳,实际工作中,不同高校不同工程项目以及不同控制举措下,对控制目标的着重点可能不同,相应的内部控制举措存在差异。

案例分享　家庭装修风险及其控制目标

继续以家庭装修为例。梳理清楚家庭装修需要经过和完成的事项以后,就需要深入分析装修过程中可能面临的风险以及希望达到的控制目标,可以说业务事项的梳理非常重要,只有搞清楚工程项目涉及哪些环节、哪些事项、哪些部门和人员,才能及时识别可能存在的风险点。

首先,我们结合装修过程了解可能面临或出现的风险。一是家庭思想统一的风险,包括预备装修风格和投入估算等方面能否达成一致性的风险。二是装修设计公司选择、装修设计和装修概算预算确定方面的风险,包括装修风格不能达成一致产生的家庭矛盾风险,家具设备配备考虑不全导致后续入住要再改造或生活不方便风险,概算预算超出当初预期所带来的影响家庭生活的风险等。三是装修公司选择、家具电器选择与采购风险,包括没有选择到理想装修公司导致装修质量、进度滞后等风险,家具电器选择失误导致价高质次等风险。四是装修过程的质量控制和进度控制风险。五是工程款支付控制风险,包括超额支付、超进度支付导致对装修公司控制减弱等风险。六是竣工验收不到位导致的后续使用风险等。

其次,识别相关风险后,就需要确定控制目标,按照抓大放小的原则,确定各阶段、各事项需要达到的控制目标。如针对装修设计公司选择不合适带来的设计不合理风险，需要明确选择合适的、口碑好的、价位适中的装修设计公司。如防止超进度或超额支付装修款，就需要确定按进度、按质量支付装修款。

了解了装修事项，认识了可能的风险点和控制目标，下一步就是开展内部控制建设工作，明确制度建设和控制举措。

第三节　工程项目内部控制建设

一、工程项目内部控制建设架构

根据《行政事业单位内部控制规范(试行)》有关内部控制的概念，高校工程项目内部控制是指高校为实现工程项目业务控制目标，通过制定相应管理制度、实施相应措施和执行程序，对工程项目的风险进行防范和管控。

工程项目内部控制包含制度制定、措施实施和程序执行，也就是制度、措施和程序是内部控制标准体系建设成果的体现。加强工程项目内部控制标准体系建设就是加强制度建设、完善控制措施、优化并严格执行控制程序。

二、工程项目内部控制制度体系

内部控制制度不是独立于现行管理制度，而是对照《行政事业单位内部控制规范(试行)》的要求对工程项目管理制度体系、流程体系和控制措施进行梳理，通过风险识别与评估，将内部控制活动和控制举措融入管理制度中，融入办事流程和岗位职责、决策制度中，进一步修订完善制度、措施和流程。

工程项目内部控制制度包括基础管理制度和业务管理制度两部分。

(1) 高校工程项目内部控制基础管理制度主要包括高校“三重一大”决策制度、高校预算管理制度、高校校园规划管理制度、高校部门和岗位职责管理制度等。

目前，高校工程项目相关部门及岗位主要包括高校校内决策机构(党委常委会或校长办公会)、规划部门、基建部门、后勤部门、财务部门、审计部门、资产部门、招投标管理部门、档案管理部门、使用单位以及校外设计单位、施工单位、监理单位、招投标代理机构等。

工程项目决策机制包括最高决策机制、专家决策机制、公共参与决策机制以及集体决策机制等。

工程项目审核审批机制包括校内审核和外部审核、第三方审核、技术审核、概预算审核、招标审核、合同审签、主管审批等。

（2）高校工程项目内部控制业务管理制度主要包括高校基本建设管理办法、高校工程项目调整管理办法、高校维修改造管理办法、高校工程项目财务管理办法、工程竣工结算审计管理办法、工程项目竣工结算和决算管理办法、工程项目档案管理办法、工程项目竣工验收管理办法、工程项目施工变更管理办法等。

高校在制度建设过程中，一是要梳理国家有关政策制度要求，包括建设标准、建设审批手续等要求，确保制度要符合和满足国家政策及相关制度管理要求；二是要梳理高校有关管理制度，包括决策、执行和监督相关管理制度和部门岗位职责制度等，确保制度符合高校管理实际。

三、工程项目内部控制要点

为全面了解内部控制举措或策略，高校从工程项目管理流程入手，以工程项目控制风险和控制目标为依据，以不相容岗位相互分离、内部授权审批控制、归口管理、预算控制、会计控制、单据控制和信息公开等内部控制方法运用为抓手，按具体流程讲解工程项目内部控制措施，包括策略、方法等。

（一）工程项目规划与立项阶段控制要点

工程项目规划和立项阶段的控制活动主要包括：

（1）校园建设和维修规划编制控制，包括高校发展规划控制、高校工程项目建设规划（包括大中修项目规划）控制、高校工程项目投资预算编制（三年财政规划）控制、审议决策控制等。

（2）项目建议书的编审控制，包括高校审核审定控制。

（3）可行性研究报告编审控制。

（4）工程项目立项批复控制。

相应的控制措施主要包括：委托第三方编制，专家评估会审，听取教职工意见，高校成立基本建设委员会和维修改造委员会专题研究与审核，项目公示，高校决策议事机构决策，规划部门审批等。

（二）工程项目设计阶段控制要点

工程项目设计阶段的控制活动主要包括：

（1）项目单位确定勘察设计单位控制，包括招投标确定相应单位控制、选择具有资质的单位进行勘察设计工作控制。

（2）各勘察、设计文件的会审控制，包括工程勘察设计控制、方案设计控制、初步设计控制、技术设计控制、施工图设计控制等。

（3）各勘察设计文件的审批控制。相应设计文件应通过教育、发改等主管单位审查。

相应的控制措施包括：

（1）招标控制，如通过招标确定勘察设计单位。

（2）合同控制，如签订勘察设计合同。

（3）审核控制，如不同人员和部门的会审控制，相关部门和人员共同会审。

（4）审批控制，如校内审批和教育、发改等主管单位审批。

（5）预算控制，如勘察设计要在估算和概算范畴内进行方案调整，确保投资在规定的概预算范围内。

（三）工程项目概预算阶段控制要点

工程项目概预算阶段的控制活动主要包括：

（1）概预算的编制控制，包括设计概算控制、施工图预算编制控制，严格按照项目投资成本和定额编制。

（2）项目投资预算和年度预算编制，需纳入年度部门预算编制，包括投资资金筹集控制。

相应的控制措施主要包括：

（1）会审控制，如重点审核编制依据是否准确、项目内容是否完整等，包括施工图预算不能超过设计概算批复等。

（2）审批控制，包括校内校长办公会或党委常委会审议、教育主管部门审批等。

（3）预算控制，如预算编报与下达、执行控制。

（四）工程项目招投标与采购阶段控制要点

工程项目招投标与采购阶段的控制活动主要包括：

（1）工程施工标书编制控制，包括招标程序、招标代理机构选择和标底编制的控制。

（2）开评标控制，包括开标程序、评标过程和结果的控制，及评标结果公示、中标通知书发放和未中标答疑控制等。

（3）合同签订控制，包括合同会审控制等。

相应的控制措施包括：

（1）不相容岗位相互分离控制，包括招投标阶段工作分离控制等。

（2）审核控制，包括标书审核、合同签订审核等。

（3）合同控制，包括不同部门和人员对工程项目合同条款的核对与审签等。

（4）单据控制，包括招投标、评标记录等。

（5）公示控制，如中标结果公示等。

（五）工程项目施工阶段控制要点

工程项目施工阶段控制活动主要包括：

（1）项目监理全过程控制，包括变更签证控制、工程量审批控制等。

（2）施工过程控制，包括项目建设单位甲方代表的全过程管理控制。

（3）工程项目施工变更控制，包括变更决策控制、变更单签证控制及施工合同条款变更控制。

相应的控制措施包括：

（1）单据控制，如变更单、工程进度款支付结算单控制等。

（2）审批控制，如合同条款变更、施工变更等决策控制，以及集体决策控制等。

（3）不相容岗位相互分离控制，如施工变更的审计、基建等部门审签手续控制，以及大额变更的论证决策控制等。

（六）工程项目价款结算阶段控制要点

工程项目价款结算阶段控制活动主要包括：

（1）总投资预算控制，包括年度预算编制控制、执行控制和资金筹集控制等，确保工程项目投资预算不超过概算，工程投资支出不超过总预算和年度预算。

（2）投资资金支付控制，包括大额资金支付的分管工程项目校领导和分管财务校领导“双签”控制等，确保工程款支付符合合同约定进度和工程量完成比例，不超进度和超额支付工程款。

(3) 工程变更价款支付控制，包括变更补充协议签订和变更签证单的及时审签控制等，确保工程变更价款支付真实准确，不出现超付现象。

(4) 贷款利息分摊控制。

相应的控制措施包括：

(1) 预算控制，如实施总项目和子项目预算单独控制。

(2) 合同控制，如严格按合同约定执行。

(3) 单据控制，如严格按审签的合同协议执行。

(4) 会签控制，如严格执行多部门多人审签制度。

(5) 会计核算控制。

(七) 工程项目竣工结算决算阶段控制要点

工程项目竣工结算决算阶段的控制活动主要包括：

(1) 工程项目竣工结算编制控制，重点是变更签证审核控制：施工单位编制竣工结算书及相应施工合同、施工图预算以及变更签证等。

(2) 竣工项目结算审计控制，包括监理单位初审控制、高校建设部门审核控制、高校审计部门内审或委托外单位进行结算审计(一审和二审)控制等。

(3) 工程款结算控制，包括预付工程款、累计已付工程款以及甲供材料核对结算控制等。

(4) 项目竣工决算编制控制。决算报告一般由财务部门负责编制，综合反映竣工项目从筹建开始到项目竣工交付时所发生的全部建设费用及资产移交情况的总结性文件。

(5) 项目竣工决算审计控制，包括委托外单位审计控制和实施不同审计单位的一审、二审相互控制。

(6) 项目竣工决算报批控制，包括上报教育主管部门进行审核控制等。

相应的控制措施包括：

(1) 单据控制，如施工单位提交完整的竣工结算审计资料，确保竣工结算审计依据充分，包括变更审批单原件。

(2) 会审控制，包括基建维修部门、高校审计部门、财务部门等多部门审签。

(3) 委托第三方审核控制，如委托第三方编制竣工决算报告和决算审计等。

(八) 工程项目竣工移交阶段控制要点

工程项目竣工移交阶段的控制活动主要包括:

(1) 竣工验收控制,包括高校内部验收控制和外部验收控制。严格验收事项和程序、手续、验收材料归集和整理、归档等。

(2) 竣工资产移交控制,包括移交清册编制控制。

(3) 竣工资产入账控制,包括暂估入账和完整入账控制等。

(4) 项目档案整理与归档控制。

(5) 产权办理控制。

相应的控制措施包括:

(1) 单据控制,如明确竣工资产移交清单完整。

(2) 核对控制,如根据移交清单核对移交是否完整。

(3) 会计控制,包括会计核算和资产入账核算等。

四、工程项目控制流程

建立健全内部控制流程就是规范办事流程,将内部控制风险防控要求和举措嵌入具体事项办理中,明确事项办理责任部门、责任人,明确执行什么样的制度政策要求,履行什么样的审批手续,提交什么样的材料文件。而这些要求又需要通过制度给予固化,内部控制制度或管理制度中又内含了相应的政策要求、审批要求、材料要求和流程要求等。

案例分享　家庭装修风险控制措施

以家庭装修为例,前面分析了家庭装修可能存在的风险点和需要达到的控制目标,我们再对照采取相应措施。

首先就是建制度。如明确装修工作由父亲总负责,遇到装修风格、设备家具配置需要与家庭成员协商确定等。

其次就是分项实施控制。一是在装修立项阶段进行家庭集体讨论,避免家庭成员意见不一致出现矛盾;二是在选择装修设计公司时采取多家比对策略或跟随策略等;三是为控制装修投入,实施清单化管理,根据装修设计图纸进行投入测算工作,防止投入失控等;四是每天现场督查管理,严格质量把关控制等。

关于高校工程项目内部控制建设由于工程项目业务比较复杂,涉及面广、环节多，相应的控制环节和措施复杂。对于财务人员来说，关键是要了解工程项目投资控制内容和控制措施，做好“五算”控制工作，也就是项目投资决策与报批阶段的估算和概算控制工作、项目实施前的资金筹划预算编报和控制工作、项目实施过程中的会计核算与价款支付结算控制工作，以及竣工后的财务结算和竣工资产交付后的总体决算控制工作，确保严格按照预算执行，严禁超预算投资，以及超进度、超额支付工程款发生。

第七章　高校层级管理的内部控制

第一节　所属企业管理

一、所属企业的概念和类型

高校所属企业是指高校投资设立的国有独资企业、国有独资公司、国有资本控股公司和国有资本参股公司及其各级子企业，目前设立国有独资企业的情况很少。

国有独资公司是指依照公司法设立的企业，全部注册资本均为高校资本的公司制企业。国有独资公司不设股东会，由高校行使股东会职权。董事会成员、监事会成员都由高校委派。

国有资本控股公司是指按照公司法成立的高校具有控股地位的公司。高校以及其他参股企业均可以委派董事会成员、监事会成员。

国有资本参股公司是指公司注册资本包含部分高校资本，但高校资本没有达到控股地位的股份公司。高校可根据公司股东会要求委派董事会成员、监事会成员。

二、所属企业公司的治理结构

我国高校所属企业公司治理模式主要为基于股东（高校）、董事会和监事会的责权利安排问题，在所属企业章程中进行明确。我国高校所属企业公司的治理结构如图 7-1 所示。

监事会成员一般不少于三个，规模较小的企业可不设监事会，只需设置一至二名监事。监事会的职权如下：

（1）检查公司财务。

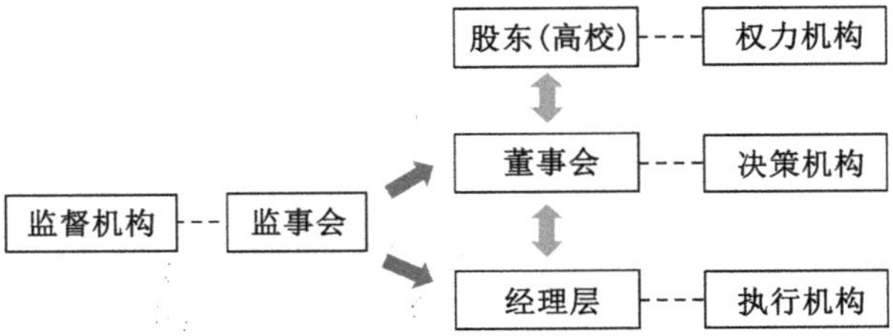

图 7-1　所属企业公司的治理结构图

(2) 对董事、高级管理人员执行公司职务的行为进行监督，可提出罢免的建议。

(3) 提议召开临时董事会。

(4) 向股东会会议提出提案。

(5) 公司章程规定的其他职权。

股东(高校)的职权如下：

(1) 决定公司的经营方针和投资计划。

(2) 选举和更换董事、监事，决定董事、监事的报酬。

(3) 审议批准董事会、监事会的报告。

(4) 审议批准公司的年度财务预算方案、决算方案、利润分配方案、弥补亏损方案。

(5) 对公司合并、分立、解散、清算或者变更公司形式做出决议。

(6) 修改公司章程及公司章程规定的其他职权。

董事会的职权如下：

(1) 执行股东会决议。

(2) 制定公司的年度财务预算方案、决算方案、利润分配方案、弥补亏损方案。

(3) 制定公司合并、分立、解散、清算或者变更公司形式方案。

(4) 决定公司内部管理机构的设置。

(5) 决定聘任或解聘经理，决定经理报酬。

(6) 决定公司基本管理制度及公司章程规定的其他职权。

三、所属企业管理内部控制目标

(1) 事企分开，建立权责明晰的国有资产监管体制机制，发挥所属企业的防火墙作用。

(2) 防范国有资产流失，实现国有资产保值增值。

(3) 强化所属企业对产学研的促进作用，形成高校发展教学科研主业，所属企业促进科技成果孵化的模式。

四、所属企业管理风险与控制

(一) 高校对所属企业管理体制风险

高校对所属企业管理体制风险主要包括：

(1) 未设置资产经营公司，未将所属企业划转至资产经营公司名下，使高校承担其投资企业的无限连带责任。

(2) 未设置国有资产管理委员会代表高校对所属企业行使出资人职能，未设置归口管理部门，可能导致部分企业游离在高校监管体系之外，使得企业经营管理失控。

高校对所属企业管理体制风险控制措施包括：

(1) 成立资产经营公司，将高校直接投资的所有企业划转至资产经营公司名下，由资产经营公司统一管理。

(2) 成立国有资产管理委员会，对所属企业行使出资人职能，统一领导高校的国有资产管理工作，参与所属企业的重要决策；设置所属企业归口管理部门，明确该部门的职责、权限、岗位和流程。

(二) 高校对所属企业设立管理风险

高校对所属企业设立管理风险主要包括：

(1) 所属企业设立之前未进行充分的调研，企业定位、运营模式、业务类型、盈利模式等不清晰，可能出现企业成立之后不能按计划正常运作，很快破产清算导致投资失败，造成国有资产损失。

(2) 公司设立时，未对公司章程、出资人协议等进行必要审核，导致高校股东权益不能得到合理保障。

高校对所属企业设立管理风险控制措施包括：

(1) 对于新设企业，高校要组织相关行业、财务、法律专家等对新设企业进行尽职调查、风险评估、收益测算，所属企业需真正定位为产学研用结合平台、高新技术成果转移转化基地和科技型企业孵化器。

(2) 高校制定或参与制定出资企业章程，出资人协议应经法律专家审核，特别是责权利方面的约定。

（三）高校对所属企业委派董事、监事、高管管理风险

高校对所属企业委派董事、监事、高管管理风险主要包括：

（1）对所属企业委派董事、监事和高管人选没有进行严格审核把关，可能存在委派人员管理能力不足，无法为所属企业的经营做出正确决策，使企业经营不善，无法保证国有资产的保值增值。

（2）未对董事、监事的工作进行评价，可能无法通过委派人员参加董事会、监事会等对企业经营运作进行控制，使高校权益受损；若委派高校领导干部在所属企业兼职或任职，存在合规风险。

高校对所属企业委派董事、监事、高管管理风险控制措施包括：

（1）高校制定所属企业委派董事、监事和高管相关规定。

（2）加强对委派董事、监事和高管的事前选拔、事中考核和事后总结控制。对于委派董事、监事和高管人选，需加强对其业务能力、道德水平的考核，考核合格后方可推荐委派；加强对董事、监事和高管的业务培训；定期对董事、监事和高管的履职情况进行总结和评价。

（四）高校对所属企业负责人绩效考核评价管理风险

高校对所属企业负责人绩效考核评价管理风险主要包括：

（1）未设置经营目标，未开展绩效考核，未将考核结果与薪酬挂钩，无法对企业经营管理人员形成有效激励，不利于企业的良好运营。

（2）企业管理人员背离股东目标，形成道德风险和逆向选择，而高校对其缺乏有效的管控措施，使得高校作为股东对企业运作管理失控，侵害高校权益。

高校对所属企业负责人绩效考核评价管理风险控制措施包括：

（1）高校制定所属企业负责人经营业绩考核办法，明确经营业绩考核的方法和指标，从盈利能力、资产质量、债务风险、经营业绩增长及管理状况等方面进行综合评价。

（2）加强考核结果应用，该结果作为岗位调整、职务任免、薪酬待遇奖惩的重要依据，促使所属企业负责人勤勉尽责。

（五）高校对所属企业重要经济活动管理风险

高校对所属企业重要经济活动管理风险主要包括：高校未采取切实有

效措施对所属企业经济活动进行控制，或者未切实履行出资人职责，未参与所属企业“三重一大”事项的决策环节，可能导致未及时发现所属企业经济活动中存在的问题，由此而承担监管责任或连带责任。

高校对所属企业重要经济活动管理风险控制措施包括：

(1) 强化事前控制。在业务开展前要进行风险分析、成本收益测算，将分析结果作为决策依据。

(2) 强化事中控制。对所属企业“三重一大”事项实行集体决策，并由所属企业管理部门对事项的执行情况进行监督。

(3) 强化事后控制。将重要经济活动效益、成本以及执行情况纳入负责人绩效考核，此外，应将该事项纳入审计评价。

（六）高校对所属企业经济活动重要岗位配置管理风险

高校对所属企业经济活动重要岗位配置管理风险主要包括：

(1) 所属企业在岗位设置上未实现不相容岗位相互分离。

(2) 在内部控制关键岗位人员配备上，没有安排与工作岗位要求相适应资格和能力的人员，在具体工作实施中，因工作能力问题，导致工作开展不到位，给企业造成损失，高校为此承担连带和监管责任。

高校对所属企业经济活动重要岗位配置管理风险控制措施包括：高校加强对所属企业组织架构和岗位设置的评价和监督。高校定期或不定期检查和审计督促所属企业落实经济活动重要岗位配置要求，并对人员和岗位的匹配度定时组织测评，确保人员能力与岗位匹配，且实现不相容岗位相互分离。

案例分享一　缺乏对二级所属企业对外投资监管

广东省某高校的一级所属企业为资产经营公司，资产经营公司下设置全资或控股企业。高校于2021年聘请第三方对资产经营公司进行审计发现，资产经营公司的全资企业A于2020年参股投资了10家公司，占股比例在3%～10%之间，出资金额在15万元至51万元之间，而资产经营公司作为唯一股东未参与A企业的投资决策，且对A企业的投资事项并不知晓。资产经营公司缺乏对下属企业投资事项的监督和管理，无法保障国有资产保值增值。

【案例分析】该案例反映出以下问题：① 高校所属企业产权层级较多，增加了管理难度；② 高校以及资产经营公司对于各个层级的投资决策权限划分不清，可能导致投资决策失误，造成国有资产流失；③ 资产经营公司向二级所属企业委派董事、监事的履职不到位，未及时向资产经营公司汇报投资事项。

案例分享二 缺乏对所属企业使用高校品牌的监管

某高校存在资产经营公司下属企业所设立的全资教育机构使用高校品牌的情况，也存在资产经营公司下属企业与校外单位合作办学使用高校品牌的情况，但高校和资产经营公司对品牌费上缴工作的监管不到位，资产经营公司并未收取下属企业品牌费，甚至对下属企业利用高校品牌开展合作办学事项不知晓，无法对高校名誉实施有效控制，可能因资产经营公司下属企业不善经营或违规经营导致高校声誉受损。

【案例分析】

企业名称	企业说明	品牌使用情况
A-1 培训中心	A-1 培训中心是资产经营公司全资下属企业 A 投资的民办非企业单位，A-1 培训中心名称中包含高校名称，并以此来进行招生宣传	A-1 培训中心使用校名，未向资产经营公司和高校申报
B-1 公司	资产经营公司全资下属企业 B 出资 8% 与其他股东成立公司 B-1，出资协议中约定，若 B-1 公司使用高校品牌，则需向 B 公司缴纳品牌使用费。公司 B-1 设立 B-1 课外辅导中心机构，该机构使用高校名称并进行招生	B-1 课外辅导机构使用校名，未向资产经营公司和高校申报；B 公司收取了品牌使用费，但未向资产经营公司和高校上交
C-1 幼儿园 C-2 幼儿园 C-3 幼儿园 ……	资产经营公司全资下属企业 C 创立幼教品牌，并与外部单位合作，成立一系列幼儿园，幼儿园名称中均包含高校名称。C 公司与外部单位签订的合作协议中约定，幼儿园可使用幼教品牌名称（高校名称），但需向 C 公司缴纳品牌使用费	合作幼儿园使用校名，未向资产经营公司和高校申报；C 公司收取了品牌使用费，但未向资产经营公司和高校上交

第二节 教育基金会管理

一、教育基金会的概念和业务构成

教育基金会是指高校经批准筹资成立，并在国家民政部门备案的法人团体。教育基金会以发展高校公益事业为目标，通过募集资金、项目管理、资金运作等程序支持大学教育事业发展。

高校教育基金会基本业务有四种：一是筹资业务；二是投资业务；三是收支业务；四是信息公开与监督。

教育基金会业务流程如图 7-2 所示。

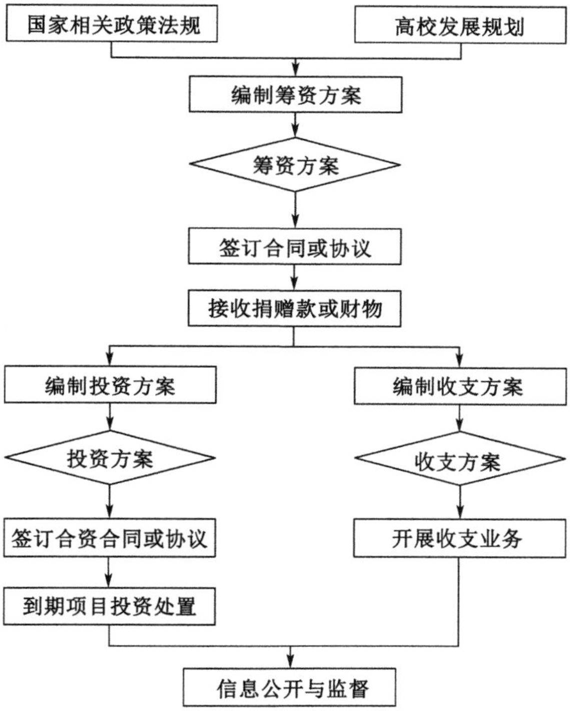

图 7-2　教育基金会业务流程图

二、教育基金会管理内部控制目标

(1) 经济活动合法合规。

(2) 资产安全和使用有效。

(3) 财务信息真实完整。

(4) 有效防范舞弊和预防腐败。

(5) 提高资源配置和使用效益。

三、教育基金会管理风险与控制

（一）筹资业务主要风险与控制

1. 筹资业务主要风险

（1）缺乏完整的筹资战略规划导致的风险。

如果忽视高校发展战略和规划，缺乏对捐赠资金的清晰认识，很容易背离教育基金会成立的初衷。

（2）缺乏完善的授权审批制度导致的风险。

如果没有完善的授权审批制度，可能忽略筹资方案中的潜在风险，给高校带来损失。

（3）缺乏对筹资条款认真审核导致的风险。

若没有对捐赠合同条款进行认真审核，可能存在法律风险或对高校不利的条款。

（4）缺乏严密的跟踪管理制度导致的风险。

教育基金会的筹资活动流程很长，如果没有完整的跟踪制度，可能使教育基金会资金管理失控，从而造成损失。流程长的项目要重视进行闭环管理。

（5）缺乏筹资计划导致的风险。

缺乏筹资计划且未能将其进行合理分解，可能导致教育基金会资金筹集工作存在较强的随机性，增加了整体筹资目标达成的不确定性。

2. 筹资业务主要风险控制

（1）对筹资方案开展可行性论证。

尤其对筹资方案进行战略性、经济性、风险性评估。

（2）对筹资方案进行合理审批，选择批准最优筹资方案。

根据分级授权审批制度审批筹资方案，审批中应当实行集体审批或联签制度，保证决策的科学性。

（3）制订切实可行的筹资计划，科学规划筹资活动。

根据筹资方案，结合经济形势，测算不同筹资方式的资金成本，并报有关部门批准。

（4）严格按照规定开展筹资活动。

根据筹资计划进行筹资，签订筹资协议，明确权利和义务和筹资管理职责，各环节责任人履行审批和监督责任。

(5) 开展筹资活动评价。

监督检查资金使用各环节是否合法合规，综合评价筹资活动全过程，以便及时调整筹资策略。

（二）投资业务主要风险与控制

1. 投资业务主要风险

(1) 投资活动与高校发展规划不符产生的风险。

教育基金会的投资活动如果偏离高校发展战略及规划，可能导致投资项目、投资规模等方面的风险。

(2) 投资活动忽略资产结构与流动性产生的风险。

对于教育基金会而言，资产流动性和投资收益是矛盾的，如果教育基金会处理不当，可能存在二者失衡的风险。

(3) 缺乏科学严密的授权审批和不相容岗位产生的风险。

授权制度是保证投资活动合法有效的重要手段，不相容岗位相互分离是通过相互监督和牵制，保证投资活动在严格控制下进行，若二者缺失，可能使投资决策错误或执行偏离计划。

(4) 缺乏严密的投资资产保管与会计记录的风险。

投资是直接使用资金或资产的行为，容易发生各种舞弊行为。因此，是否有严密的投资资产保管制度和会计记录也是避免投资风险、影响投资成败的重要因素。

2. 投资业务主要风险控制

(1) 提出投资方案并进行可行性论证。

评估投资方案的战略性、投资规模、投资方向和时机是否恰当，并对投资方案进行技术、市场、财务等方面的可行性研究。

(2) 对投资方案进行合理审批，选择最优投资方案。

明确审批人对投资业务的授权审批方式、权限、程序和责任，审批中应实行集体决策和联签制度。

(3) 制订切实可行的投资计划并作为项目执行的依据。

测算教育基金会当前资金金额与实施捐赠人正常捐赠意愿所需资金量，合理确定投资数量。

(4) 按计划实施投资方案。

根据投资计划，严格按照计划适时投放投资活动所需资金，严格控制资金流量和时间。

(5) 制定投资资产处置方案。

投资资产处置必须经理事会审批，选择相应的资产评估方法，客观评估资产投资价值，确定处置方案。

(三) 收支业务主要风险与控制

1. 收支业务主要风险

(1) 收支管理制度不健全。

单位捐赠收入管理和支出管理无据可依，随意性强。

(2) 捐赠收入和支出核算不规范。

导致账实不符、账证不符、账账不符，影响财务报表的真实性和准确性。

(3) 收支业务岗位设置不合理。

不相容岗位未分离，可能导致错误或舞弊。

(4) 接受的实物资产未能很好保存。

造成资产流失或损毁。

(5) 资金支付审批权限不明晰，审核不严格。

审批程序不规范，存在越权审批或虚构支出的情况。

(6) 缺乏收入和支出情况的定期分析。

理事会对收支情况掌握不准确，可能导致决策失误，使收支规划不合理、资金管理失控。

2. 收支业务主要风险控制

(1) 建立健全收入和支出管理制度。

明确收入确认、收入对账、支出审批、账务处理等环节的程序和要求。

(2) 加强归口管理，明确岗位职责。

财务部门为收支的归口部门。收入管理方面，应做到应收尽收，严禁设立账外账；支出管理方面，明确支出业务事项的开支范围、开支标准以及报销要求，严格审查支出依据。

(3) 加强收支分析。

教育基金会应指定专人对收入和支出情况进行分析，对照收入筹资计划、投资计划、协议情况等，分析收支特征和变化趋势，定期与业务部门对账，判断有无异常情况。同时，加强对收支业务的检查。

（四）信息公开与监督主要风险与控制

1. 信息公开与监督主要风险

(1) 审计和信息公开制度不健全。

未按照规定分年度接受例行的审计和信息公开，业务主管部门和高校对其是否健康运行缺乏足够把握，可能承担监管风险。

(2) 内部控制制度不健全。

内部控制体系不健全，内部控制无法发挥作用，教育基金会可能会承担监管责任风险。

(3) 年度财务报告公开不合规。

财务报告未按规定报理事会和高校审批，或未经审计鉴证、登记机关审查等程序便向社会公开，可能会引起公众质疑，从而给教育基金会带来负面影响。

(4) 审计整改不到位。

教育基金会未对审计过程中的重大问题进行整改，可能会受到登记管理机关处罚。

2. 信息公开与监督主要风险控制

(1) 健全审计制度。

每年必须接受外部审计，并根据审计意见调整内部控制制度，对于审计过程中发现的重大问题，应及时向理事会和高校汇报，并进行整改。

(2) 健全信息公开制度。

教育基金会指定专人负责信息公开有关事务，对于已经公布的信息，应当制作信息公布档案，并妥善保管。

(3) 定期报送并公开年度报告。

教育基金会定期向理事会和高校报送年度工作报告、年度财务报告，经审批后向社会公开。教育基金会发布的信息资料应当真实、准确、完整。信息一经公布，教育基金会不得任意修改，确需修改的，应当严格履行审批程序后修改并重新公布。

案例分享一　捐赠收入缺乏公益性

1. 山东省A高校教育基金会与上海德勤税务师事务所有限公司签订的捐赠协议规定：“A高校负责落实监督该捐赠款具体使用事宜，确保用于

A高校管理学院组织、筹备德勤税务精英挑战赛。”比赛由捐赠人上海德勤税务师事务所有限公司及德勤税务研究学会举办，A高校管理学院作为受邀院校使用该笔捐赠资金进行赛事前期宣传及人员选拔等。

2. 广东省B高校与社会力量合作创办民办性质的附属高校合作协议中约定：“合作达成的条件之一为合作方向B高校教育基金会捐赠一定数额的赞助费。”

【案例分析】以上两个案例中的捐赠在某种程度上对捐赠人构成利益回报，违背了上位法关于“捐赠收入必须确保其公益性”的要求。

案例分享二　教育基金会投资管理不规范

山东省A高校教育基金会在投资管理中存在以下不规范之处：

(1) 投资方案未经理事会审议。A高校教育基金会1号FOF(基金中基金)单一资产管理计划以及中信证券A高校教育基金会2号单一资产管理计划的风险等级均评定为高风险，其投资方案仅通过投资专家组论证，未经理事会审议，可能导致投资事项不合理，引发投资风险。

(2) 投资合同在审核未完成之前签订。“中信证券A高校教育基金会2号单一资产管理计划资产管理合同”“国君资管2695FOF单一资产管理计划资产管理合同”签订日期早于法律顾问对合同出具法律意见的日期，可能存在合同法律审核程序后补行为，导致无法充分发挥法律审核的作用，引发合同管理相关风险。

(3) 投资管理机构选择未引入竞争机制。A高校教育基金会在2019年及2020年购买多笔信托产品，在选取信托机构时，采用洽谈方式确定民生信托并长期合作，未采用公开招标等竞争方式，难以保证其公允性及客观性，无法有效降低或规避合规风险及品牌风险，可能对基金会声誉造成一定影响。

第三节　附属单位管理

一、附属单位的概念和特点

高校附属单位是指依托所属高校创办的具有附属性质的单位，包括事业法人和企业法人。高校常见的附属单位有附属医院、研究院、独立学院和附属中小学。

附属单位的特点体现在以下四个方面：

(1) 依附性。附属单位具有较强的依附性，是依托所属高校学科优势，为高校教学、科研服务而成立的独立的单位。

(2) 独立性。附属单位具有较强的独立性，往往是独立的法人实体，自主负责运营管理，财务上独立核算。

(3) 资金来源广泛性。附属单位资金来源比较广泛，既包括高校的经费拨款，也包括自筹资金收入以及其他财政性拨款等。

(4) 间接管理性。附属单位不仅应遵守国家的相关法律法规，而且同时还应主动接受其所属高校的管理和监督。高校对附属单位的管理主要是间接管理和监督。

二、附属单位管理内部控制目标

(1) 附属单位设立合理，能够为高校教学、科研服务。

(2) 附属单位自身建立完善的内部控制体系，实现良好运行，避免给高校带来连带责任风险。

(3) 高校参与附属单位的重要决策，并在教学、科研业务领域提供指导或间接管理，更好地促进附属单位的发展。

三、附属单位管理风险与控制

(一) 附属医院管理风险与控制

1. 附属医院管理风险点

(1) 附属医院内部控制体系建设监管风险。

附属医院内部控制环境不佳，院级领导的专业主要是医学相关专业，内部控制意识薄弱，责任人经济责任不明确现象比较普遍，可能导致附属医院发生腐败和舞弊问题，高校因此承担监管责任。

(2) 附属医院“三重一大”事项决策监督风险。

附属医院重大经济事项未履行相关决策程序，可能导致因决策失误造成国有资产损失，高校因此承担监管和连带责任。

(3) 附属医院预决算监管风险。

附属医院未严格根据发展规划编制预算，造成预算和实际脱节，不利于医院事业发展，决算未客观、如实反映年度财务情况，可能为决策提供错误依据，高校因此承担监管或连带责任。

(4) 附属医院收入监管风险。

附属医院收费混乱，超范围、超标准收费，高校因此承担监管责任。

(5) 附属医院对外投资监管风险。

附属医院的重大投资事项未经充分论证，导致投资失败，高校因此承担连带责任。

2. 附属医院管理风险控制措施

(1) 高校加强对附属医院内部控制体系建设监管。

高校可通过任命院长等主要行政负责人，落实院长责任制；附属医院设置总会计师，对财务集中管理。

(2) 高校加强对附属医院"三重一大"事项决策监督。

附属医院制定"三重一大"管理制度，对此类事项实行集体决策，并按规定报高校审批或备案。

(3) 高校加强对附属医院预决算监管。

附属医院预算决算等财务信息应经医院决策机构审议通过后报上级主管部门，并报所属高校备案。

(4) 高校加强对附属医院收入监管。

附属医院健全各项收费管理制度；收费标准应公开透明；各项收入应及时全额纳入规定账户管理。

(5) 高校加强对附属医院对外投资监管。

附属医院严格控制对外投资，投资范围仅限于医疗服务相关领域；投资经充分可行性论证，并报高校备案；全程跟踪投资过程，确保国有资产保值增值。

(二) 研究院管理风险与控制

1. 研究院管理风险点

(1) 研究院设立监管风险。

对设立研究院的必要性、可行性和科学性事先未经充分论证，可能导致其对高校教学、科研事业发展未起到促进作用，高校由此承担监管责任。

研究院章程未明确合作方的出资额，或对合作双方权利、义务的规定出现重大差错，导致合同纠纷，难以保障高校合法经济利益。

(2) 研究院运营监管风险。

研究院存续期间，由于内部管理不善，导致占用、浪费高校资源。

研究院未按照国家法律法规或章程开展研究活动，或超范围开展其他业务，可能导致高校声誉受损或牵涉法律纠纷。

(3) 研究院撤并监管风险。

研究院遇到撤销、合并等重大行为时，未依照国家和主管部门规定执行，存在国有资产流失风险，可能导致高校声誉受损或牵涉法律纠纷。

2. 研究院管理风险控制措施

(1) 高校做好研究院设立监管工作。

高校对拟新设立的研究院应进行专门论证，并对合作方情况进行调研，此外，高校应参与研究院协议条款及章程的制定，并委派理事会成员。

(2) 高校加强对研究院"三重一大"事项决策监督。

研究院制定"三重一大"管理制度，对此类事项实行集体决策，并按规定报高校审批或备案。

(3) 高校加强对研究院对外投资监管。

研究院应严格控制对外投资，不得举借债务；投资活动应经理事会通过，并报高校审批。

(4) 高校加强对研究院财务监管。

研究院设立独立财务机构，建立财务信息定期报送制度，年度财务报告报送高校备案。

(5) 高校加强对研究院注销监管。

没有效益的研究院经高校研究后，应及时提出撤销或注销研究院的方案，经高校审批后办理。

(三) 独立学院管理风险与控制

1. 独立学院管理风险点

(1) 独立学院办学投入监管风险。

高校投入独立学院办学的固定资产或无形资产未经评估作价，可能导致国有资产流失。

(2) 独立学院办学协议、章程监管风险。

独立学院办学协议、章程审核管理不到位，或者办学协议、章程中未明确出资额及各方权利、义务，出现合同纠纷，可能使高校合法经济利益受损。

(3) 独立学院合法合规开展业务监管风险。

独立学院未按照国家法律法规和章程要求开展教学、科研活动，或超范围开展其他业务，可能导致高校声誉受损或牵涉法律纠纷。

(4) 独立学院财务管理体制监管风险。

独立学院未按规定设置专门的财务机构，未配备专业财务人员，财务制度不健全，管理混乱，可能出现腐败和职务犯罪，高校因此承担监管责任。

(5) 高校对独立学院财务信息监管风险。

独立学院财务信息未及时报送所属高校，使高校不能及时了解独立学院的财务情况，无法实时进行监管。

2. 独立学院管理风险控制措施

(1) 高校加强对独立学院办学投入监管。

高校加强对独立学院出资情况特别是银行账户监控，并对高校投入的固定资产、无形资产聘请第三方进行评估。

(2) 高校加强对独立学院办学协议、章程监管控制。

独立学院成立时，高校需组织相关业务、法务、财务、资产部门对办学协议和章程进行论证和研究。

(3) 高校加强对独立学院合法合规开展业务监管。

高校制定对独立学院监管的制度，规范工作流程，明确独立学院、合作方和高校相关部门、决策机构的责权，并定期检查。

(4) 高校加强对独立学院财务管理体制监管。

独立学院设立财务机构，高校根据章程对独立学院财务状况通过检查、审计等方式进行监督。

(5) 高校加强对独立学院财务信息监管。

高校建立独立学院重要财务资料的备案制度；独立学院年度预决算和重大经济事项必须及时报所属高校备案。

(四) 附属中小学管理风险与控制

1. 附属中小学管理风险点

(1) 附属中小学内部控制体系建设监管风险。

附属中小学在资产、财务收支、工程项目、合同管理、采购等业务方面的内部控制不健全，可能导致发生腐败和舞弊问题，高校因此承担监管责任。

(2) 附属中小学资产和负债监管风险。

附属中小学资产转让、出租、出借或对外投资、对外举债未经集体决策或审批、备案，可能导致资产流失、投资损失、无力偿还债务等问题，造成经济损失，高校因此承担监管责任或连带责任。

(3) 附属中小学财务体制机制监管风险。

附属中小学未按规定设置专门的财务机构，未配备专业财务人员，财务制度不健全，管理混乱，可能出现腐败和职务犯罪，高校因此承担监管责任。

(4) 附属中小学收入监管风险。

附属中小学超标准、超范围收费，或收费未按规定上交财务部门入账，存在私设“小金库”现象，可能导致高校因此承担监管责任。

(5) 附属中小学财务信息监管风险。

附属中小学财务信息未及时报送所属高校，使高校不能及时了解附属中小学的财务情况，无法实时进行监管。

2. 附属中小学管理风险控制措施

(1) 高校加强对附属中小学内部控制体系建设监管。

高校定期对附属中小学内部控制建设及实施情况进行监督检查，重大经济事项应报高校备案。

(2) 高校加强对附属中小学财务管理体制监管。

附属中小学设立财务机构，高校可向附属中小学委派校长，实行校长负责制。

(3) 高校加强对附属中小学收入管理监管。

高校加强对附属中小学的政策宣传和培训，定期对收入和票据情况进行专项检查，尤其对收费项目审批情况重点检查。

(4) 高校加强对附属中小学对外投资监管。

附属中小学严格控制对外投资，不得违反规定举借债务，不得提供担保，若有对外投资事项，应报高校备案。

(5) 高校加强对附属中小学财务信息监管。

高校要求附属中小学定期报送财务报告、预决算报告及相关财务资料。

案例分享一　研究院管理架构设置和决策程序不合理

某高校于 2021 年委托第三方事务所对其附属研究院进行审计，发现存在以下问题：

(1) A 研究院自 2016 年以来部分业务已经停滞，研究院院长职务长期空缺，但研究院仍有个别人员在岗维持少量业务，研究院不再制订工作计划、预决算方案等，也没有集体决策机制。高校未对研究院的运行情况进行评价，无法真正发挥研究院对高校教学、科研业务的支撑和辅助作用。

(2) B 研究院在 2020 年全年未曾召开过理事会，主要通过院长办公会对事项进行决策，但 2020 年院长办公会仅由院长和副院长两人参与决议，决议人数不合理，不利于形成正确、科学、合理的决议意见。

(3) C 研究院于 2020 年出资 450 万元与其他单位共同成立一家公司，C 研究院为第一大股东，出资比例为 45%，该投资事项未经 C 研究院理事会审议，也未报高校审批，可能存在投资决策失误，也不利于对外投资的风险控制和跟踪管理，无法有效确保国有资产保值增值。

案例分享二　研究院合作协议部分条款不合理

某高校附属研究院与合作单位签订协议中部分条款不利于保护研究院的利益，具体如下：

(1) A 研究院与合作单位的协议中约定“办学项目在开班前，研究院需向合作单位支付全部分成。”

(2) B 研究院与合作单位达成协议，合作单位负责招生、教学等内容，但协议中并未设置质保金对课程质量进行管控，可能导致部分办学项目课程质量无法控制。

(3) 部分办学项目合作单位分成比例较高。例如 C 研究院部分办学项目合作单位分成比例达到 90%，研究院管理费比例仅为 10%，研究院分成比例过低，可能会导致办学项目风险远超收益的情况，不利于保障高校办学及管理的主体地位，造成研究院对办学项目管理的监督失效，可能使高校声誉受损。

第八章　高校财务管理的内部控制

第一节　预决算内部控制

预算是体现国家的战略和政策，反映政府的活动范围和方向，推进国家治理体系和治理能力现代化的重要支撑，是宏观调控的重要手段。

2021 年中央经济工作会议上提出“实施减税降费政策，党政机关坚持过紧日子”；《关于 2021 年中央和地方预算执行情况与 2022 年中央和地方预算草案的报告》中要求“中央部门带头过紧日子，重点保障刚性支出、急需支出，从严控制一般性支出，强化‘三公’经费预算管理，努力降低行政运行成本”。这说明在财政收入增幅总体趋缓的当下，从源头控制支出、强化预算控制成为当务之急。

2022 年 3 月财政部、国家统计局陆续公布 2022 年度部门预算，“除涉密信息外，一般公共预算支出公开到支出功能分类项级科目”“预算晒得更细，更可读”，这意味着各级部门预决算公开力度逐年加大，正成为一种新常态。当下“加强党风廉政建设，推动全面从严治党高质量发展”被提到一个前所未有的高度。梳理预算管理各关键环节和风险点，加强预算内部控制，是从源头遏制腐败、推动全面从严治党的重要举措。

一、预决算业务内涵及其政策

（一）预算概念

预算是指高校根据事业发展目标和计划编制的年度财务收支计划。单位预算由收入预算和支出预算组成。

（二）预决算业务政策

党的十九大报告指出：建立全面规范透明、标准科学、约束有力的预算制度，全面实施绩效管理。这对建设高效、透明、责任政府，提高公共财政支出绩效提出了更高的要求，具有划时代意义，是我国转变经济增长方式的重大战略布局。

紧接着财政部发布《财政部关于贯彻落实〈中共中央 国务院关于全面实施预算绩效管理的意见〉的通知》(财预〔2018〕167 号)，提出要紧紧围绕提升财政资金使用效益，将绩效理念和方法深度融入预算编制、执行和监督全程。这既是财政和预算部门贯彻落实十九大报告精神的行动纲领，又是推动绩效评价管理提质扩围、提升公共服务质量和水平、提高人民满意度的具体部署。

2020 年 10 月 1 日开始施行的《中华人民共和国预算法实施条例》中提出：坚持全面预算；坚持科学预算；坚持绩效预算；坚持刚性预算。强调预算执行中，各部门、各单位的主要任务是：

(1) 要制定本部门、本单位预算执行制度，建立健全内部控制机制。

(2) 要依法组织收入，严格支出管理，实施绩效监控，开展绩效评价，充分应用绩效评价结果，提高资金使用效益。

(三) 预算管理的原则

1. 坚持党的全面领导

将坚持和加强党的全面领导贯穿预算管理制度改革全过程。坚持系统观念，加强单位资源统筹，集中力量办大事。

2. 坚持预算法定

增强法治观念，强化纪律意识，严肃财经纪律，提升制度执行力，维护法律的权威性和制度的刚性约束力。

3. 坚持目标引领

坚持目标导向和问题导向相结合，推进预算和绩效管理一体化，推进预算管理现代化，加强预算管理各项制度的系统集成、协同高效，提高预算管理规范化、科学化、标准化水平和预算透明度。

4. 坚持底线思维

把防风险摆在更加突出的位置，统筹发展和安全、当前和长远，杜绝脱离实际的过高承诺，形成稳定合理的社会预期。

(四) 预算的项目库管理

《国务院关于进一步深化预算管理制度改革的意见》(国发〔2021〕5 号)

中要求深化预算管理制度改革，尤其是对项目库管理提出了具体要求。项目库管理是预算管理的逻辑起点，也是关注项目库制度改革的关键点。

该文件中指出，要建立健全项目库管理制度，将项目作为部门和单位预算管理的基本单元，预算支出全部以项目形式纳入预算项目库，实施项目全生命周期管理，未纳入预算项目库的项目一律不得安排预算。建立健全项目入库评审机制和项目滚动管理机制，并按照轻重缓急等排序，突出保障重点。因此，各单位要建立起项目库管理制度，对预算实施项目库管理。

（五）预算管理要求

（1）国家对高校实行核定收支、定额或者定项补助、超支不补、结转和结余按规定使用的预算管理办法。

（2）高校预算编制应当遵循“量入为出、收支平衡”的原则。

（3）高校预算应当自求收支平衡，不得编制赤字预算。

（4）高校一级财务机构提出预算建议方案，经高校领导班子集体审议通过后，上报主管部门，高校根据财政部门下达的预算控制数经法定程序审核批复后执行。

（5）高校应当严格执行批准的预算。预算执行中，国家对财政补助收入和财政专户管理资金的预算一般不予调剂，确需调剂的，由高校报主管部门审核后报财政部门调剂；其他资金确需调剂的，按照国家有关规定办理。

（六）决算管理要求

决算是指综合反映高校预算收支和结余的年度执行结果。决算报告由决算报表和决算分析两部分组成。

（1）高校应当按照规定编制年度决算草案，由主管部门审核汇总后报财政部门审批。

（2）高校应当加强决算审核和分析，保证决算数据的真实、准确，规范决算管理工作。

（3）管理会计报告主要以提供决策和管理支持为目标，根据相关使用者的需要编制，反映高校绩效管理、成本管理、内部控制、国有资产管理等情况。

（七）预决算管理内部控制风险点

（1）预算与事业发展规划不匹配，预算与资产配置计划相脱节，预算编制资料不充分，编制方法不专业等原因可能导致预算无法获得批准，影响高校年度工作计划的完成，或事业发展目标实现的风险。

（2）预算执行不规范，出现无预算、超预算开支，或者预算执行进度严重滞后等情形，可能造成资金浪费或闲置的风险。

（3）预算调整未按程序执行，可能导致预算控制失效或产生相关舞弊行为的风险。

（4）未开展或实施规范的预算绩效评价工作，可能导致预算资金配置或使用效益低下的风险。

（5）会计决算信息不真实、不完整、不准确、不及时，可能导致财务信息无法客观反映高校实际情况和决策失误的风险。

预决算管理内部控制风险点的存在，要求高校应建立健全预决算管理体制和运行机制，明确各相关部门的职责权限、授权批准程序和工作协调机制，制定和完善预决算管理各项规章制度。全面梳理和分析预决算管理各环节的风险，并采取合理手段进行有效控制，因此实现单位预决算的内部控制显得非常有意义。

高校通过建立健全预决算业务管理制度，明确预算管理岗位设置及职责权限，完善预算编制、执行、决算等各阶段的程序，加强预决算业务内部控制，提高单位预算管理水平，从而规范和约束单位各项经济活动开展。要加强预决算的管理，做好预决算的内部控制工作。

二、预决算业务控制的流程设计

高校预决算控制主要包括预算编审控制、预算执行控制、预算调整控制、预算分析与考核控制。在每一个控制环节中，都要建立健全预算控制制度，落实控制和监督责任制。

（一）预算编审环节内部控制流程

高校在编制预算时，要按照政府部门对预算编制上报的要求，并结合本单位的实际情况编制。具体包括：

（1）明确目标。根据中长期发展规划及时提出下一年度预算目标，并确定预算编制政策，由预算编制部门下达到各预算执行部门。

（2）编制上报。各预算执行部门应按照本单位工作目标，提出本部门预算的具体方案，并经主管领导签署意见后及时上报预算编制部门。

（3）审查平衡。预算编制部门应对内部各预算执行部门上报的预算方案进行审查、汇总，提出综合平衡建议。

（4）审议批准。预算编制部门在有关预算执行部门修正调整的部门预算基础上，编制出内部各部门年度预算初步方案。本方案经进一步修订、调整后，正式编制本单位年度预算草案，提交预算管理决策机构集体决策审议，最终形成本单位年度预算方案，经职工代表大会审议通过后报上级预算管理部门审批。

（5）下达执行。高校预算一旦经过本单位预算管理决策机构集体决策审查、职工代表大会讨论通过、上级预算管理部门批准后就具有了法律效力，由预算编制部门下达各内部预算执行部门严格执行。

预算编审控制流程如图 8-1 所示。

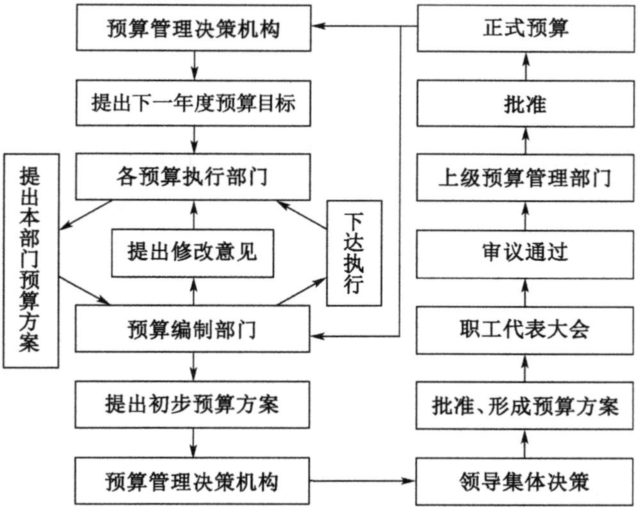

图 8-1　预算编审控制流程图

（二）预算执行环节内部控制流程

（1）预算编制部门将上级批复的预算按类别和用途下达至归口管理部门。

（2）各归口管理部门严格按计划进度督促各业务部门或项目负责人执行预算。

（3）预算编制部门指定专人负责监督、落实预算的执行情况，定期汇报财务预算执行情况。在本环节,高校为了随时掌握预算执行的动态和结果,应建立健全预算执行报告制度。有条件的高校,应尽可能建立预算执行信息平台,并利用信息网络建立预算执行报警机制,便于随时掌握预算的执行情况。

预算执行控制流程如图 8-2 所示。

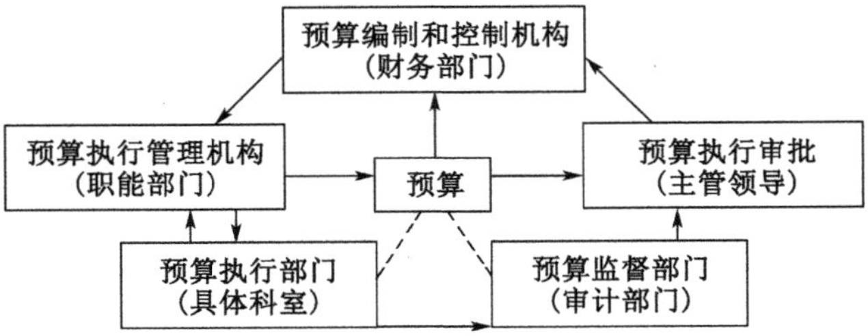

图 8-2　预算执行控制流程图

(三)预算调整环节内部控制流程

(1)由预算执行部门提出书面预算调整申请,说明理由及调整方案。

(2)财务部门负责人对提出的预算调整申请进行审核,并提出审核意见。

(3)按照预算审批管理办法进行审批。

预算调整控制流程如图 8-3 所示。

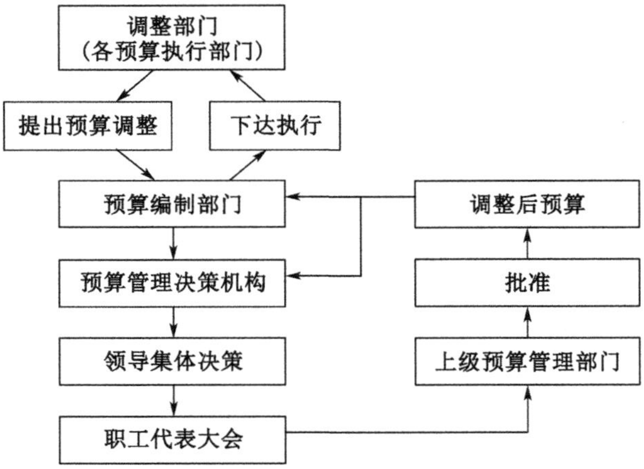

图 8-3　预算调整控制流程图

预算一经批复下达，一般不予调整。预算调整的理由必须充分。预算调整的范围必须严格控制，预算调整的程序必须合法，实行预算调整报告制度。

（四）预算分析与考核环节内部控制流程

（1）由财务部门定期或不定期按部门分项目统计出各部门预算执行情况，并上报单位管理决策机构。

（2）由财务部门向管理决策机构汇报该单位预算管理措施及制度建设情况、预算资金使用情况和资金使用效益情况。

（3）单位管理决策机构根据预算实际执行情况与预算目标相对照，对单位各部门进行综合打分。

（4）根据考评结果，对绩效优良的部门通报表扬；对绩效差劣的部门采取通报批评等方式予以警示。

（5）单位管理决策机构可将预算绩效考核项目结果在一定范围内公布，接受监督。

预算分析与考核控制流程如图 8-4 所示。

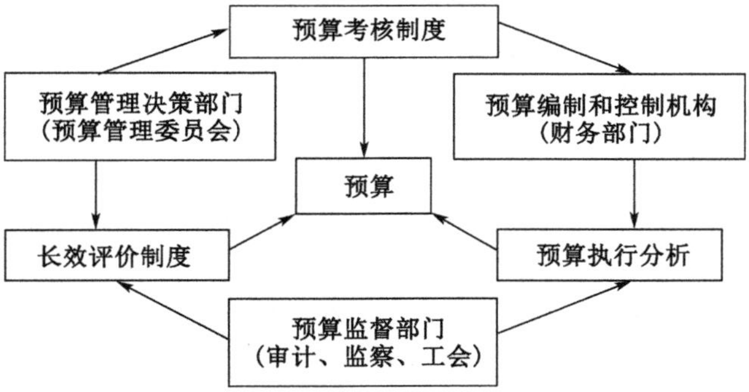

图 8-4　预算分析和考核控制流程图

三、预决算目标、风险和控制措施

预决算业务控制主要包括管理体制与运行机制的建立、预算编制、预算批复、预算执行、预算调整、决算报告以及预算考评等部分。

（一）预算管理体制与运行机制的建立

1. 预算管理体制与运行机制建立的风险控制

（1）预算管理体制与运行机制建立的控制目标。

建立符合单位实际且具有可操作性的预算管理制度和流程；同时建立合法科学、经济适度、全面系统的单位预算管理体制。

（2）预算管理体制与运行机制建立存在的主要风险。

未建立规范的单位预算管理制度和流程；未明确预算管理机构和岗位设置，或预算管理职责分工不明确；未建立健全预算工作的组织领导和工作协调机制；预算编制、执行、决算和考核环节流于形式。

以上风险可能导致的后果有：预算操作无章可循，致使预算管理随意性增加；预算管理责任不清，影响预算管理效果；单位内部各机构之间在预算管理上协作不畅、相互推诿；预算管理效率不高，预算管理作用得不到有效发挥。

（3）预算管理体制与运行机制建立的风险控制措施。

① 建立健全单位预算管理制度和流程。

② 明确预算管理职责分工。

③ 科学设置预算管理岗位。

④ 建立预算管理组织领导与工作协调机制。

2. 预算管理职责分工的内部控制机制

（1）财政/上级部门：依据其职能及国家相关规定，履行高校预算控制中的管理职能。

（2）预算决策机构（单位领导/领导班子）的职责为：

① 负责决定本单位的预决算管理制度，审批单位年度预算编制总体目标和总体要求。

② 研究审定单位年度预决算、重大项目立项和经费分配使用计划、年度预算追加或调整方案，听取预决算执行情况分析报告。

（3）预算管理机构（财务部门）是单位预算管理工作的专业机构。其职责为：

① 拟定单位预算管理制度，并负责检查落实其执行情况。

② 负责提出本单位年度预算编制的基本要求和政策标准。

③ 负责汇总、审核各内设机构/所属单位的预算申报材料及预算草案。

④ 负责汇总及统筹平衡本单位预算收支总计划，编制年度预算、决算草案。

⑤ 负责对财政/上级部门下达的预算控制数进行分解、细化，确定预算执行规则，审核各内设机构/所属单位的预算执行申请。

⑥ 负责拟订本单位年度预算调整及追加方案。

⑦ 负责对本单位年度预算执行情况进行监控分析和监督检查。

（4）单位归口机构是根据单位内部职责分工，在预算管理环节，对特定类型的业务事项有统筹分配、汇总审核或审批权限的部门。其中，"三公"经费、采购事项、资产事项、信息化事项和工程类事项等业务应明确归口管理机构，进行归口管理。单位归口机构的职责为：

① 负责归口汇总、审核或审批其统筹事项的预算基础资料及业务部门提交的预算草案。

② 负责统筹使用统筹事项的预算经费，确定预算指标分解和执行的方式。

③ 负责归口审核或审批各内设机构提交统筹事项的预算执行申请和预算调整计划，并对其归口统筹事项的预算执行结果进行绩效分析。

（二）预算编制

1. 预算编制的控制目标

预算编制是高校实施预算管理的起点，具体分为预算建议数编制审批和预算控制数分解批复两个阶段：

（1）高校根据年度工作计划，并参考以前年度预算执行情况及结转结余情况，测算并提出预算建议数，逐级审核汇总后报送同级财政部门审批下达预算控制数。

（2）高校对预算控制数进行分解细化，正式编制单位年度预算，由主管部门审核汇总报财政部门，经法定程序审核批复后执行。

预算编制的控制目标如下：

（1）切实理解和掌握预算编制要求，确保预算编制符合国家法律法规的要求，做到程序规范、方法科学、编制及时、内容完整、项目细化、数据准确。

（2）根据单位年度目标和工作计划编制单位预算，确保预算编制依据充分，方案符合单位实际，避免预算指标过高或过低。

（3）确保预算编制过程中单位内部各机构沟通协调充分，实现预算与资产配置相结合、与具体工作相对应。

(4) 对单位预算建议数编报和预算控制数分解进行恰当审批，确保单位预算方案编制的合理性、准确性、完整性和可行性。

2. 预算编制存在的主要风险

不编制预算或预算质量不高，可能导致高校收支缺乏约束，无法保证财政性资金的使用效率和效果。具体表现在：

(1) 预算编制以单位财务机构为主，其他机构参与度低，可能导致预算内容不全面，预算管理责权利不匹配；预算编制范围和项目不全面，各预算之间缺乏有效整合，不能全面覆盖单位所有经济活动，难以发挥预算统贯全局的作用。

(2) 预算编制原则及方法选用不当，可能导致预算缺乏科学性、合理性和可行性。

(3) 预算编制所依据的相关信息不足，可能导致单位预算与政策法规、单位年度目标和工作计划脱离；预算编制基础数据不足，可能导致预算编制准确率降低。

(4) 预算编制程序不规范，横向、纵向信息沟通不畅，相互衔接配合不够，可能影响单位预算编制的准确性、合理性和可行性，甚至有可能出现预算编制与预算执行、预算管理与资产管理、政府采购与基建管理等经济活动相脱节。

(5) 预算目标及指标体系设计不完整、不合理、不科学，可能导致预算管理在实现单位目标、促进绩效考评等方面的作用难以有效发挥。

(6) 预算编制时间太晚，造成预算准备不充分或编报时间过短，可能导致预算质量不高或影响预算的执行。

(7) 预算编制不细致、项目不明，可能导致预算约束力不够。

3. 预算编制的风险控制措施

(1) 严格界定预算编制范围和内容。

高校应当明确各内设机构及下属单位的预算编制责任，使各内设机构、下属单位的各项经济活动全部纳入预算管理；同时，应当根据政府预算收支分类科目，按照所在地财政局制定的统一表格及有关规定，结合本单位业务实际，编制反映本单位各项收入、支出和政府采购的全口径预算，加强财政性资金的统筹安排、综合平衡，保证单位预算的完整性。

（2）设置科学的预算编制原则和方法。

高校预算编制应当始终坚持科学发展观，确保既符合国家发展与改革的方针政策要求，又能关注社会效益和经济效益。具体在预算编制过程中，应坚持以下原则：

① 遵循“稳妥可靠、量入为出、收支平衡”的原则，不编制赤字预算；各项财务收支均应纳入预算进行管理，不得“打埋伏”或预算之外另留收支项目。

② 坚持“积极稳妥”的原则，既考虑收入渠道的增减变化，又尽量测算可实现收入的情况。

③ 坚持“统筹兼顾、保证重点和勤俭节约”的原则，在足额保证人员经费和单位正常运转的前提下，尽量做到优化支出结构，合理安排单位发展支出。

与此同时，高校预算应当全面反映本单位各项收入和支出，实行综合预算，并对部门预算中的收入、支出和政府采购等预算，实行不同的编制方法。具体在预算编制过程中，应当本着遵循经济活动规律，充分考虑符合单位自身经济业务活动特点、基础数据管理水平、公共服务周期和管理需要的原则，选择或综合运用固定预算、弹性预算、滚动预算等方法编制单位内部预算。

（3）合理确定预算编制依据。

年度工作计划作为制定预算目标的首要依据，各高校应当根据年度工作计划，按照国家有关部门预算编制的相关政策法规，编制单位年度预算草案。单位预算草案编制的主要依据包括：

① 法律、法规。

② 本级政府的指示和要求，以及本级政府财政部门的部署。

③ 本单位的职责、任务和事业发展计划。

④ 本单位定员、定额标准。

⑤ 本单位上一年度预算收支执行情况及本年度预算收支变化因素。

⑥ 以前年度结转和结余情况。

⑦ 资产占有和使用情况。

⑧ 其他因素。

各高校应当深入分析上一期间的预算收支执行情况，充分考虑预算期内单位资源状况、年度工作计划及重点工作任务等情况变化，确保预算草案编制符合单位经济活动的客观实际。

(4) 着力夯实预算编制基础。

各高校应当重视和加强预算编制基础管理工作，包括历史资料记录、定额制定与管理、标准化工作、会计核算等，确保预算编制以可靠、翔实、完整的基础数据为依据；各高校应当正确把握预算编制有关政策，确保预算编制相关人员及时、全面掌握相关规定。

(5) 规范细化预算编制程序和要求。

各高校应当加强单位预算编报程序管理，严格执行《中华人民共和国预算法》《中华人民共和国预算法实施条例》以及国务院关于预算编制的有关规定，按照“二上二下”、上下结合、分级编制、归口审核汇总的程序，对学校预算草案进行编审。同时，应当进一步推进基本支出预算编制实行定员、定额管理，项目支出预算实行项目库管理，细化基本支出和项目支出预算编制要求，切实做好项目考察论证和筛选确定，按照轻重缓急将有限的资金优先安排到最急需的项目，把预算编细、编实、编准。

(6) 合理设计预算目标及指标体系。

根据高校职能发展规划、年度工作目标任务设定预算目标，将高校各项经济活动的各个环节、各个方面内容都纳入预算指标体系中，并确保与绩效评价指标协调一致；按照各责任主体在工作性质、权责范围、业务活动特点等方面的不同，设计不同或各有侧重的预算指标体系。

(三) 预算批复

1. 预算批复的控制目标

(1) 确保预算草案按照预算法等有关法律法规及单位内部预算管理制度的规定报经审议批准与下达。

(2) 以正式文件的形式将预算审批下达至各内设机构及下属单位，确保预算的权威性、严肃性。

(3) 使用科学的预算指标分解方法，将按照法定程序批复的预算在单位内部进行指标的层层分解，确保预算指标落实到单位各内设机构、各项经济活动和各个岗位。

2. 预算批复存在的主要风险

预算未经审核批准或超越授权审批，以及预算下达不力，无法保证预算目标与单位发展规划、年度工作计划相协调，或可能出现重大差错、舞弊而导致损失。具体表现在：

（1）预算审批与下达程序不规范，方法不科学，可能导致预算权威性不足，执行力不够。

（2）预算审核批准责任不清晰，标准不明确，可能因重大差错、舞弊而导致单位资源错配，形成资源浪费。

（3）预算批复下达形式不正确，可能导致预算执行或考核无据可查。

（4）预算指标分解不够详细、具体，可能导致企业的某些岗位、环节缺乏预算执行和控制的依据。

（5）预算指标分解与绩效考核体系不匹配，可能导致预算执行不力。

3. 预算批复的风险控制措施

（1）规范预算审批程序与批复下达形式。

（2）明确预算批复下达的责任主体。

（3）合理选用预算批复下达的方法。内部预算指标的批复，可以根据实际情况综合运用总额控制、逐项批复、分期批复、上级单位统筹管理、归口部门统一管理等下达方式。

（4）合理运用预算指标分解原则和方法。指标分解落实应当遵循定量化、全局性、可控性原则。预算指标的分解要明确、具体，便于执行和考核，要有利于学校总体目标的实现；赋予责任部门和责任人的预算指标应当是通过该责任部门或责任人的努力可以达到的，责任部门或责任人以其责权范围为限，对预算指标负责。预算方案下达后，各高校应当认真组织实施，将内部预算指标层层分解、细化，从横向、纵向、时间三个方面细化落实到单位各内设机构、各业务环节和各岗位，形成全方位的预算执行责任体系。

（四）预算执行

1. 预算执行的控制目标

各高校应严格按照预算实施各项经济活动，合理安排各项资金，不得超预算安排支出。单位应通过落实预算指标责任、实时监控预算执行、开展预算执行分析、建立预算执行反馈报告机制，来确保单位财务收支在预算额度内。具体表现在：

（1）建立科学的单位预算责任体系，确保预算责任划分清晰、落实到位。

（2）规范预算执行授权审批管理，确保各项经济活动都在授权的范围内运行，预算执行可控。

(3) 强化预算执行实时监控与分析管理,确保能够及时发现并纠正预算执行过程中出现的偏差问题。

(4) 建立预算执行反馈与报告体系,确保预算执行信息能够被及时、畅通和有效地传输,单位领导能够全面、及时地掌握预算执行过程中存在的问题。

2. 预算执行存在的主要风险

预算执行控制不力,可能导致未及时发现并纠正预算执行随意、效率低下等问题,进而出现较大的预算执行偏差,影响单位各项业务活动的正常组织实施。具体表现在:

(1) 预算责任体系缺失或不健全,可能导致预算责任无法落实,预算缺乏强制性与严肃性。

(2) 预算责任与执行单位或岗位的控制能力不匹配,可能导致预算目标难以实现。

(3) 预算执行授权审批程序和权限不明确,可能导致越权审批、重复审批,预算执行随意、效率不高。

(4) 预算执行过程中缺乏有效监控,可能导致预算执行不力,预算目标难以实现。

(5) 未定期对预算执行情况进行分析,或者预算分析不正确、不科学、不及时,可能削弱预算执行控制的效果,无法及时发现预算执行中存在的问题,导致预算执行出现较大偏差。

(6) 缺乏健全、有效的预算执行反馈和报告体系,可能导致预算执行情况不能及时反馈和沟通,预算执行中的问题无法得到有效解决。

3. 预算执行的风险控制措施

(1) 建立完善的预算执行责任制度。

高校应当建立严格的预算执行责任制度,对照已确定的责任指标,定期或不定期地对相关部门及人员的责任指标完成情况进行检查,实施考评。

(2) 严格预算执行过程控制。

高校应当加强资金收支业务的预算控制,同时,严格资金支付业务的审批控制,避免越权审批、违规审批、重复审批现象发生。高校应当建立完善的预算执行实时监控制度,定期或不定期地组织对单位预算执行情况进行检查,及时发现和纠正预算执行中的偏差,确保学校各项业务和事项均符合预算要求；对于工程项目、对外投融资等重大预算项目及重大的关键性预算指标，还应密切跟踪其实施进度和完成情况，实行更为严格的监控措施。

（3）做好预算执行分析控制。

高校应当建立完善的预算执行情况分析制度，定期召开预算执行分析会议，通报预算执行情况，研究解决预算执行中存在的问题，提出改进措施，落实预算责任，并及时纠正偏差。

（4）健全预算执行情况反馈与报告机制。

高校可通过采用定期召开预算例会、定期编报预算差异分析报表或预算反馈报告等主要形式反馈预算执行情况。针对预算执行中存在的问题，单位预算归口管理机构应在报告中提出改进措施和建议。

（5）建立预算执行情况动态预警机制。

高校应当结合自身特点，科学选择预警指标，合理确定预警范围及标准，及时发出预警信号，积极采取应对措施。

（五）预算调整

1. 预算调整的控制目标

（1）明确预算调整的条件，规范预算调整程序，严格控制预算追加调整，充分发挥预算对经济活动的管控作用。

（2）预算调整应当符合单位实际情况，并得到相应的审查批准，确保预算调整依据充分、方案合理。

2. 预算调整存在的主要风险

（1）预算未根据单位经济活动的实际情况变化及时进行调整，导致预算与实际执行情况偏差较大。

（2）预算调整依据不充分、方案不合理、审批程序不严密，造成预算调整随意、频繁，可能导致预算失去严肃性和约束力。

3. 预算调整的风险控制措施

（1）明确预算调整条件。

高校应当在有关预算管理制度中明确规定预算调整的条件，学校职能和内设机构出现重大调整、上级下达的特定工作任务有较大调整，以及国家有关政策法规发生重大变化等，导致预算执行发生重大差异确需调整预算的，应当履行严格的审批程序。

（2）强化预算调整原则。

高校预算调整应遵守以下原则：预算调整应当符合学校职能发展规划、年度工作计划和现实状况；预算调整方案应当客观、合理、可行，在经济上能够实现最优化；预算调整应当谨慎，对频率应予以严格控制，年度调整次数应尽量少。

（3）规范预算调整程序。

高校预算调整应当由学校内设机构逐级提出书面申请，阐述预算执行的具体情况、客观因素变化情况及其对预算执行造成的影响程度，并提出相应的预算调整建议。学校预算归口管理部门应当对内设机构提交的预算调整申请进行审核分析，集中编制单位年度预算调整方案（列明调整的原因、项目、数额、措施及有关说明），然后依次提报单位领导、单位最高决策机构审议通过，方可下达执行。

（六）决算报告

高校决算报告是指单位根据预算执行结果编制的年度报告。

1. 决算报告的控制目标

（1）确保决算报告编报符合相关法律法规的要求，做到决算内容真实完整、收支数额准确无误、报送及时高效。

（2）建立完善的单位决算分析工作机制，确保决算分析结果与单位预算相互反映、相互促进。

2. 决算报告存在的主要风险

（1）决算工作机制不健全，可能导致预算管理效率低下或流于形式。

（2）决算与预算存在相互脱节、口径不一，难以及时反映预算执行情况。

（3）决算审核分析不到位，难以保证决算数据的真实、准确。

3. 决算报告的风险管控措施

（1）加强决算报告编审控制。

各高校应当加强决算工作组织领导，根据本级政府财政部门的部署，制定所属各单位决算草案的具体编制办法，明确决算报告的编制范围、编制内容、工作组织、填报审核、汇总上报、质量核查及数据资料管理等方面的工作规范。应当认真做好会计决算报告的审核工作，确保上报数据资料真实、完整、准确。决算报告审核的主要内容包括：

① 审核编制范围是否全面，是否存在漏报和重复编报的现象。

② 审核编制方法是否符合国家统一的财务会计制度的要求，是否符合

行政事业单位会计决算报告的编制要求。

③ 审核编制内容是否真实、完整、准确，审核单位账簿与报表是否相符、金额单位是否正确，有无漏报、重报、虚报和瞒报项目等现象。

④ 审核报表中的相关数据是否衔接一致，包括表间数据之间、分户数据与汇总数据之间、报表数据与计算机录入数据之间是否衔接一致等。

⑤ 对报表与上年数据资料进行核对，审核数据变动是否合理。

(2) 突出决算分析运用控制。

各高校应当认真落实决算分析工作，建立完善决算分析工作机制，强化决算分析结果运用。

(3) 建立健全预算决算协调机制控制。

各高校应建立健全高校预算与决算相互协调、相互促进的机制。决算要设置相应的岗位，对预算执行情况进行如实反映和总结，并作为学校预算执行考评的依据和下一年度预算编制的参照，加强预算与决算的协调性。

(七) 预算考评

预算考评是高校在决算完成后，依据决算结果对单位预算执行情况的考核评价。其以预算编制内容为基础，以预算执行者为考核对象，以预算指标为考核标准，通过预算执行结果与预算指标的对比分析，据以落实责任、评价业绩、实施奖惩。预算考评对发挥预算约束与激励功能，增强预算"刚性"、强化预算执行、确保预算目标实现具有重要作用。

1. 预算考评的控制目标

建立科学的预算考核评价机制，确保考核过程公开透明、考核结果客观公正、奖惩措施公平合理。

2. 预算考评存在的主要风险

(1) 预算考评机制不健全或实施不到位，可能导致预算执行结果不理想。

(2) 预算考评不严格、考核过程不透明、考核标准不合理、考核结果不公正，可能导致奖惩不到位，严重影响预算目标实现，预算管理流于形式。

3. 预算考评的风险控制措施

(1) 建立预算执行考评制度。

建立预算执行考评制度，以有效发挥单位预算的激励和约束作用，确保预算目标的完成。

(2) 科学设计预算考评指标。

学校应当根据预算考核内容及标准,科学设计预算考评指标。考评指标应以定量指标为主,同时根据实际情况辅之以适当的定性指标;考评指标应当具有可控性、可达到性和明晰性。

(3) 按照公开、公平、公正原则实施预算考核。

(4) 建立预算绩效管理机制。

单位应当建立"预算编制有目标,预算执行有监控,预算完成有评价,评价结果有反馈,反馈结果有应用"的全过程预算绩效管理机制。

第二节 财务审批

一、高校财务审批的内容和意义

(一) 财务审批的内容

财务审批是建立在财务规范基础上,通过一定的财务审批权限的设定,对不同业务范围、资金额度分部门、分层次进行审核批准的工作流程。设置财务审批需要高校制定财务审批制度,有利于明确高校财务支出的内部流程、决策程序及审批权限,健全高校内部控制制度,确保全校各项预算目标的实现,保障高校事业高质量发展。

财务审批不等于费用报销。财务审批是针对财务事项的审批,高校的财务事项通常包括经费报销、资金支付和财务专项三类。

(1) 经费报销。高校的经费支出项目繁多。按功能分有人员经费、公用经费、项目经费;按管理要求分有严控经费、常规经费和无弹性经费;按预算关系分有预算内经费、预算外经费和超预算经费。

(2) 资金支付。付款与报销时间可以一致也可以不一致,一致时可以视为一个财务事项处理,不一致时就应当作为两种财务事项处理。高校的资金支付事项很多。按付款用途分有事业性资金支付、经营性资金支付和其他资金支付;按预算关系分有预算内资金支付、预算外资金支付和超预算资金支付;按合同关系分为有合同的资金支付和无合同的资金支付;按发生频率分有经常性资金支付和偶发性资金支付;按金额大小分有大额度资金支付和非大额度资金支付;等等。资金支付额度大小的划分标准因校而异。

(3) 财务专项。费用报销和资金支付是高校发生频率较高的常规性财务事项,除此之外,还有财会机构和人员、财务体制、财务制度、财务预算及实际发生且涉及资金、基金、资产并纳入财务管理范围的事项。如表 8-1 将高校常见的财务专项归纳为 10 类(未包括会计部分和所属单位财务事项)。

表 8-1　高校财务专项的范围与内容

序号	类别	内容
1	组织	财务机构设置或调整,财会人员及财务负责人聘任或解聘等
2	体制	财务管理模式、财务审批权限等
3	预算	财务战略规划、财务预算、预算调整、年度财务决算等
4	投资	年度投资计划、金融资产投资、银行理财、对外股权投资等
5	融资	年度融资计划、银行授信、银行贷款、担保等
6	资金	资金调动、资金使用、专用基金等
7	资产	资产购置、资产清查、资产评估、资产处置、资产损失核销等
8	税收	税收筹划、税收申报与缴纳等
9	清算	财务清算
10	制度	基本财务管理制度与具体财务管理制度的制定与修订等

(二) 财务审批的意义

财务审批是财务控制的基本方法之一。实践中,高校针对财务事项的审批,在审批权限设置、审批流程设计、审批责任分工、审批依据提供、审批结果处理、审批制度制定等方面,都还存在一些亟待解决的现实问题。这些问题的存在,严重影响了财务审批控制的效果。

二、高校内部财务审批权限的设置

按审批权配置主体划分有集体审批与个人审批。

(一) 集体审批的权限设置

高校重要的财务事项通常是由集体决定的。这里有两个问题需要明确:

何为"集体"? 高校层面起决定、批准作用的集体决策机构通常是指高校党委常委会和校长办公会。“重要财务事项”须集体决定，哪些由校党委常委会决定，哪些由校长办公会决定，两会分工应与“三重一大”决策制度的规定范围保持一致。

何为“重要财务事项”？费用报销基本上属于非重要财务事项，而财务专项均应纳入重要财务事项的范围，至于资金支付，实践中存有争议，主要是对“大额度资金支付”是否纳入“三重一大”集体决策的范围存在不同看法和做法。实践中，高校普遍把“大额度资金支付”作为“三重一大”事项处理，巡视巡察和政府审计也是按照这种做法来掌握的。

（二）个人审批的权限设置

财务审批权设置模式：“一支笔”模式与授权审批模式。授权审批的范围限定在书记、校长、分管领导和部门负责人或院系负责人四级，授权层级视高校情况而定。

财务审批权设置影响因素：影响因素很多，除国家相关法律法规的规定外，还有高校类型和规模大小、主要领导的管理偏好、管理难度和要求、对附属单位的财务管理模式、前置条件、金额大小等。其中，财务审批的前置条件包括业务审批或事权安排、财务预算、业务合同等，这些条件的设置及应用情况，直接影响财务审批权的配置。

财务审批金额标准的确定方法：设定金额标准是判断审批权大小和设置审批权限的常见方法。实践中，很多高校是领导凭经验决定审批的金额标准。实际上，有一些科学的方法，比如ABC分类法、黄金分割法、二八法则等，可以尝试应用于财务审批金额标准的确定中。总的原则是，主要领导控制的应当是“关键的少数”，授权的应当是“次要的多数”。

三、高校内部财务审批的程序

（一）财务审批流程存在的普遍问题

财务审批流程是财务运作中的基石，可以有效地控制财务风险，确保符合相关规定的财务业务的开展。

费用报销和资金支付等经常性财务事项普遍存在授权程度不够、审批环节过多、程序过繁、效率过低、效果偏差的问题。

实践中不计成本的内部控制流程设计现象较为普遍。特别是出于规避责任的考虑，不需“上会”（党委常委会或校长办公会）的事项也“上会”，不需委托招标的采用委托招标，不需领导审批的提交领导审批。

（二）财务审批流程设计值得关注的问题

1. 业务分管领导是否应当在财务审批流程中享有审批权问题

实践中多数高校均给予肯定的答复。以采购为例，经常可以看到的做法是：采购分管领导既在采购业务环节（包括采购申请和采购合同签订）签批又在采购付款环节签批，而且付款环节采购分管领导又先于财务分管领导签批。采购分管领导有必要在付款环节签批吗？首先，付款是财务的分内事，谨慎起见，财务在按采购合同付款之前有必要由业务人员确认合同履行情况，从这个意义上说，付款环节需要业务方面的人员签字确认。既然是签字确认合同履行情况，处于一线的业务员和采购部门负责人就可以，无须采购分管领导。其次，采购分管领导根据授权批准采购业务开展并签订采购合同属于“事权”范畴，财务分管领导对合同付款的审批属于“财权”范畴，“财权”与“事权”所代表的实际上就是“钱”与“物”，是属于“不相容”概念，原则上应当分开，通过错位配置形成制衡。

2. 财务审核应置于财务审批流程的哪个位置问题

以费用报销审批为例，财务审核置于报销流程的哪个环节值得研究。实践中有三种做法：① 财务先审—业务后审—领导后批；② 业务先审—财务后审—领导后批；③ 业务先审—领导先批—财务后审。三种做法各有利弊，我们更倾向于第一种和第二种做法。

四、高校内部财务审批流程中支出管理的目标、风险与防范

（一）支出管理目标

（1）健全支出管理机制，明确支出管控职责和权限，大额支出经过集体决策，保证各类支出程序规范。

（2）科学设置支出业务相关岗位，实现支出申请、审批、付款和核算等业务之间的内部制衡。

（3）合理划分各类支出事项，全部纳入单位整体预算控制，按照先事项、后支出的事前控制模式，保证各类支出均符合预算要求。

（4）加强支出业务审查，明确支出事项的证明材料，杜绝“真事项、假票据”和“假事项、真票据”的情形出现。

(5) 准确核算支出业务，及时清理预付款，保证单位财务信息的准确。

(6) 合理利用信息化及信用管理工具，提升支出业务工作的效率与效果。

（二）支出管理主要风险

1. 支出业务管理机制风险

支出业务管控机制不健全，岗位设置不合理，管理权责不清晰，以及支出申请、审批、支付和核算业务未实现不相容岗位相互分离，导致支出程序混乱无序。

2. 支出审查风险

一是支出事项缺乏预算控制，导致超预算或者无预算支出；二是缺乏有效的支出事项的复核审批控制，事后审批，缺乏大额资金支出事项的集体决策机制，或者集体决策意见随意变更，导致资金支出控制失效；三是缺乏对支出事项凭证资料的严格审查，出现“真事项、假票据”和“假事项、真票据”的情形，或者套取财政资金，造成单位的损失；四是支出方式选择不当，大量超范围使用现金，违反国家的财经政策规定，不利于资金安全和使用效率；五是未能准确把握税务法规政策，税务核算不准确，导致单位违反税法规定或者无法享受国家规定的税务政策优惠，影响单位的利益。

3. 支出核算风险

一是支出单据不完整、不真实，支出核算数据不准确，支出预算项目与实际业务性质不匹配，导致单位财务信息错误，预算控制失效，诱发潜在的舞弊风险；二是预付款长期挂账，导致财务信息不准确。

（三）支出管理风险防范思路

1. 健全支出管理机构

一是明确学校支出归口管理部门。按照业务类型建立经费归口管理部门，负责管理的经费类型的支出审查工作；按照“三重一大”决策程序，执行大额资金支付的集体决策程序。二是建立经费支出责任制，将经费支出责任落实到项目责任人或者行政责任人，明确经费管理职责。三是按照业务、资金、核算合理设置管理岗位。

2. 健全支出业务管控机制

高校应依据国家财政政策法规，结合自身的经济活动特点，制定支出业务管理制度，明确支出业务的工作程序和管理权责，合理设置岗位，通过不相容岗位相互分离、内部授权审批、预算控制、会计控制和单据控制等方法，建立完善的支出业务管控机制。

3. 加强支出业务的控制措施

一是加强支出事项的复核审批控制，各类支出事项应按照单位规定的权限审核批准后方可对外支付。对于大额资金支出事项，应通过集体决策机制研究决定后方可支付，一经确定，不得随意变更。二是严格审查支出事项的证明资料，保证证明支出事项资料真实、准确，能够合理证明支出事项的发生，严禁出现“真事项、假票据”和“假事项、真票据”等套取财政资金的情形，维护单位利益。三是严格遵循国家及单位财务管理政策要求，准确核算各类支出事项，及时清理预付款，保证财务信息准确；合理选择支出方式，通过支票、网银、公务卡等形式进行支付，保证遵循国家财政政策要求。四是掌握和执行税务法规政策，准确核算税务金额，保证单位税务管理符合税法规定，或者合理享受国家规定的税务政策优惠，维护单位的利益。

4. 合理利用信息化和信用管理工具

一是通过信息系统实现财务系统、业务系统之间的信息共享，将从业务预算制定到支出事项办理的全流程进行信息化控制，提升支出事项管理的效率与效果。二是建立业务报销信用管理体系。根据教职工报销时对于相关制度的遵守情况，报销事由是否在预算内，报销凭证的完整性、真实性，原始凭证的真实性，报销事项与凭证的匹配性，报销是否拆分金额及退单率等，定期生成该报销人员的信用评级，并动态调整信用级别。对信用级别较高的教职工的审批流程环节可简化，采用免详审或抽审的方式，实现快速报销；反之，对信用级别低的职工加强审核，不保证报销时间，限制借款支付优先级等。从而使教职工自觉规范自己的报销行为，减少财务的审核时间，提升审核效率。

第三节　财务报告与分析

财务报告可以全面反映单位在某一时期的财务状况、预算执行和收支成果，是高校领导干部进行行政管理和资产管理的重要决策依据。加强财务报告内部控制既有助于提高会计信息质量，确保财务报告真实、完整，满足财务报告使用者的需求，又有助于确保财务报告的合法合规，防范和化解高校的法律风险。

一、财务报告控制的总体要求

（一）规范财务报告控制流程

高校应加强对财务报告编制、对外提供和分析利用全过程的管理，落实责任制。会计工作负责人负责组织领导财务报告编制、对外提供和分析利用等相关工作。单位负责人对财务报告的真实性、完整性负责。

（二）健全各环节的授权批准制度

高校应健全财务报告编制、对外提供和分析利用全过程的授权批准制度，如重大会计事项的审批、会计政策与会计估计的审批制度等。

（三）加强信息核对

高校应建立日常信息核对制度，保证账证相符、账账相符、账实相符、账表相符等，确保会计记录真实、完整。

（四）充分利用信息技术

高校应当充分利用信息技术提高工作效率和工作质量，减少或避免编制差错和人为调整因素。同时，高校应当注意防范信息技术所带来的特有风险。

二、财务报告的关键风险点及控制措施

（一）制定财务报告编制方案

在财务报告编制前，应制定财务报告编制方案，明确财务报告编制方法、编制程序、职责分工及时间安排等。

主要风险为：会计政策和会计估计使用不当或不符合法律法规要求；重要会计政策、会计估计变更未经审批；各部门职责分工不清，时间安排不明确，延误编制进度等。

主要控制措施为：一是按照国家最新会计准则和制度，选择恰当的会计政策和会计估计方法；二是重要会计政策和会计估计的调整按照规定权限审批；三是明确各部门职责分工，保证财务报告编制进度。

（二）确定重大事项的会计处理

主要风险为：对重大事项，如债务重组、合并等会计处理不合理，未经过审批，影响会计信息质量。

主要控制措施为：对财务报告产生重要影响的交易和事项的处理应当按照规定的权限和程序进行审批，审批后下达给相关单位执行。

（三）查实资产和负债

主要风险为：资产、负债账实不符，如虚增或虚减资产、负债。

主要控制措施为：一是制订资产、负债核实计划，明确人员配备、时间进度、方法等；二是核实资产、负债，进行银行对账、现金盘点、固定资产盘点、无形资产盘点，明确资产权属，与债权债务单位通过函证等进行结算款项核查；三是对于清查中发现的问题，应分析原因，提出处理意见。

（四）财务报告的对外提供

主要风险为：对外提供前，对财务报告内容的真实性、完整性以及合规性等审核不充分；财务报告对外提供前应接受注册会计师审计的，没有按照规定接受审计；审计机构与被审计单位串通舞弊；等等。

主要控制措施为：一是财务报告编制完成后应当装订成册，加盖公章，由财务部门负责人、主要负责人审核，签名并盖章；二是财务报告须经注册会计师审计的，应聘请符合资质的会计师事务所对财务报告进行审计，出具审计报告，并将其与财务报告一同提供；三是高校不应影响审计人员的独立性，及时落实审计人员的意见。

三、财务分析的关键风险点及控制措施

财务分析是反映高校一定时期财务状况和经营成果的统计手段，是高校财务管理工作的重要组成部分。真实、客观的财务分析，不但能够提高高校的资金使用效率，及时发现并修补日常工作中的漏洞，有效预防腐败，还可以促进建立健全有效的内部控制制度，从而改善财务管理。

主要风险为：不重视财务报告的分析和利用，财务分析不全面，财务分析报告内容不完整，财务分析报告未经审核，财务分析报告中的意见未落实等。

主要控制措施为：一是重视财务报告分析工作。定期召开财务分析会

议，充分利用财务报告反映的综合信息，全面分析高校的管理状况和存在的问题，不断提高人才培养的水平。二是财务分析报告结果应当及时传递给高校有关管理层，根据分析报告的意见，明确各部门的职责，并予以落实。财务部门负责监督责任部门对财务分析报告结果的落实情况。

四、财务指标分析

财务指标主要包括预算执行分析指标、支出结构分析指标和财务状况分析指标，以下主要介绍预算执行分析指标和支出结构分析指标。

（一）预算执行分析指标

预算执行分析指标包括当年预算支出完成率、支出增长率、人均支出等。

$$当年预算支出完成率=\frac{年终执行数}{年初预算数\pm年中预算调整数}\times100\%$$

该指标一般应小于或等于 100%，若超过 100%，说明单位超预算支出，而超预算支出的结果会使单位负债支出，这是不允许的。

$$支出增长率=\left(\frac{本期支出总额}{上期支出总额}-1\right)\times100\%$$

该指标一般应大小或等于 100%，如果大于 100%，应具体分析是人员增长的原因还是工作任务增加的原因。

$$人均支出=\frac{本期支出数}{本期平均在职人员数}\times100\%$$

该指标反映每百人所用掉的财政资金，指标越大，表明人均支出越大，具体应对比不同时期该指标的变化来进行分析。

（二）支出结构分析指标

支出结构分析指标包括项目支出比率、人员支出比率和公用支出比率等。

$$项目支出比率=\frac{本期项目支出数}{本期支出总数}\times100\%$$

该指标应小于 100%，具体应结合项目是否属于正常安排以及项目的绩效一起分析。

$$人员支出比率=\frac{本期人员支出数}{本期支出总数}\times100\%$$

该指标应小于 100%，具体应对比不同时期该指标的变化情况进行分析。

$$公用支出比率=\frac{本期公用支出数}{本期支出总额}\times 100\%$$

该指标应小于 100%，具体应对比不同时期该指标的变化情况进行分析。

第九章 高校预算绩效的内部控制

第一节 预算绩效内部控制的政策要求

全面实施预算绩效管理是政府治理方式的深刻变革，预算绩效是衡量政府绩效的主要指标之一，本质上反映的是各级政府、各部门的工作绩效。全面实施预算绩效管理，着重解决财政资源配置和使用中的低效、无效问题，有利于夯实各地区各部门各单位绩效主体责任，推动政府效能提升，加快实现国家治理体系和治理能力现代化。

目前在高校财务治理的过程中，都必须要面对三大主题，分别是预算管理、绩效管理和内部控制。任何一个单位想将中长期发展规划落实到每一年的工作任务中去，将每年的各项重点工作能够真正落实下去，就需要牢牢抓住预算这一主线，切实将我们的各项任务落实到预算编制、执行和考核中。各单位应当加强预算绩效管理，建立“预算编制有目标、预算执行有监控、预算完成有评价、评价结果有反馈、反馈结果有应用”的全过程预算绩效管理机制，各项工作都要强调以绩效为导向，在项目绩效的指导下，强调“花钱必问效，无效必问责”。内部控制是保障各项工作顺利开展及资金使用合规性的关键措施，是守住政策底线和红线的重要制度保障。这三大主题相辅相成，共同构筑了完善的管理体系。

一、预算绩效的相关政策

党的十九大报告指出：“建立全面规范透明、标准科学、约束有力的预算制度，全面实施绩效管理。”这为新时期建立现代财政制度、完善公共预算管理、深化预算绩效管理改革指明了方向，对建设高效、透明、责任政府，提高公共财政支出绩效提出了更高的要求，具有划时代意义。

《财政部关于贯彻落实〈中共中央 国务院关于全面实施预算绩效管理的意见〉的通知》中提出要紧紧围绕提升财政资金使用效益，将绩效理念和方法深度融入预算编制、执行和监督全程。这既是财政和预算部门贯彻落实党的十九大报告精神的行动纲领，又是推动绩效评价管理提质扩围、提升公共服务质量和水平、提高人民满意度的具体部署。

《中共中央 国务院关于全面实施预算绩效管理的意见》中指出：全面实施预算绩效管理是政府治理方式的深刻变革，要牢固树立正确的政绩观，创新预算管理方式，突出绩效导向，落实主体责任，通过全方位、全过程、全覆盖实施预算绩效管理，实现预算和绩效管理一体化，着力提高财政资源配置效率和使用效益。同时要围绕“三全”开展工作，分别是：构建全方位绩效管理格局（包括政府收支预算绩效、部门和单位整体预算绩效、政策和项目绩效）；建立全过程预算绩效管理链条[包括预算评估机制（重大政策和项目前评价）、强化目标管理、做好运行双监控、开展结果评价审计、巡视等]；实现单位预算全覆盖绩效管理体系。

高校要实现治理方式的转变，一是要健全绩效管理制度体系（如绩效管理流程：实现目标管理、运行、评价、应用、信息化建设，实现业务、财务、资产等信息互联互通；要建立绩效标准体系，建立健全定量和定性相结合的共性绩效指标框架，构建分行业、分领域、分层次的核心绩效指标和标准体系）。二是要实行制度配套保障（加强组织领导、监督问责、工作考核机制）。三是要硬化绩效管理约束（明确绩效责任约束—责任追究，以及强化绩效激励约束—预算挂钩）。

在《教育部关于全面实施预算绩效管理的意见》中对于高校绩效管理总体要求：

一是坚持整体规划、分步实施。当前最紧迫的问题是对长效机制政策、项目绩效管理，对新增重大政策、项目实施事前绩效评估；要实现单位整体绩效管理。

二是坚持全面实施、突出重点。预算绩效管理覆盖所有财政资金和非财政资金，贯穿预算编制、执行、监督全过程，实现绩效与预算管理一体化，建立事前、事中、事后预算绩效管理闭环系统。

三是坚持科学规范、公开透明。遵循教育行业特点和教育经费使用规律，建立健全科学有效的绩效管理制度，规范管理流程，提升管理质量。

四是坚持权责对等、强化约束。明确各级预算绩效管理主体责任，落实“谁使用，谁负责”的管理要求，确保权责统一。硬化预算和绩效“双约束”，完善考核体系，实现绩效评价结果与预算安排和政策调整挂钩。

《国务院关于进一步深化预算管理制度改革的意见》针对预算管理制度改革再次提出：

一是坚持党的全面领导。将坚持和加强党的全面领导贯穿预算管理制度改革全过程。坚持系统观念，加强财政资源统筹，集中力量办大事。也就是说高校的预算一定是党委常委会领导下的预算，预算的编制及调整要经过党委常委会。

二是坚持预算法定。各单位要增强法治观念，强化纪律意识，严肃财经纪律，提升制度执行力，维护法律的权威性和制度的刚性约束力。不能随意编制预算和调整预算，要有流程和相应的约束机制。

三是坚持目标引领。各单位编制预算要坚持目标导向和问题导向相结合，推进预算和绩效管理一体化，推进预算管理现代化，加强预算管理各项制度的系统集成、协同高效，提高预算管理规范化、科学化、标准化水平和预算透明度。

四是坚持底线思维。各单位要把防风险摆在更加突出的位置，统筹发展和安全、当前和长远，杜绝脱离实际的过高承诺，形成稳定合理的社会预期。

在 2023 年 2 月 15 日中共中央办公厅、国务院办公厅印发的《关于进一步加强财会监督工作的意见》中同样强调：要坚持目标导向和问题导向，立足于财会监督在党和国家监督体系中的重要作用，针对财经领域存在的突出问题，要求切实加大监督力度，为确保中央决策部署贯彻落实、严肃财经纪律、维护财经秩序提供坚强保障。要保障党中央、国务院重大决策部署贯彻落实。要强化财经纪律刚性约束，加强对财经领域公权力行使的制约和监督。

二、预算绩效的内控建设主要方向

一是树立业务和财务有机融合、相互促进的绩效管理理念。以预算资金管理为主线综合衡量本单位整体预算绩效。在年度整体绩效自评基础上，开展各类专项绩效评价。

二是研究如何健全绩效指标和标准体系。逐步探索建立健全定量和定性相结合、具有教育行业特点的绩效指标和标准体系，绩效指标和标准体系要与基本公共服务标准、部门预算项目支出标准、教育行业标准等相适应。

三是研究如何加快信息化建设，建设数字绩效。加快建立与预算绩效管理相适应的信息化系统，与现有系统做好衔接、互联互通，打破“信息孤岛”，为预算绩效管理科学化提供重要支撑。

只有坚持目标导向和问题导向相结合，推进预算绩效内部控制管理一体化，推进预算管理现代化，加强预算管理各项制度的系统集成、协同高效，才能提高预算管理规范化、科学化、标准化水平和预算透明度。因此，要实现预算绩效内部控制一体化管理，控制预算绩效管理过程中各个环节的风险显得尤为重要。

第二节　绩效目标设置的内部控制

一、绩效目标与绩效目标管理

财政绩效目标是政府或其他公共部门在管理和使用公共资源时，为了提高资金使用的效率、效果和经济性而设立的目标。这些目标旨在确保财政资源能够合理分配，并有效服务于公共利益和社会发展目标。作为高校，其绩效目标是指高等教育机构为了实现其教育使命和社会责任，在一定时期内设定的具体成就指标或期望达到的结果。这些目标旨在促进教育质量、研究创新和服务社会等方面的发展。因此绩效目标就是指财政预算资金计划在一定期限内达到的产出和效果，是建设项目库、编制部门预算、实施绩效运行监控、开展绩效评价等的重要基础和依据。

就财政而言，绩效目标管理是指财政部门和预算部门（单位）以绩效目标的编制、审核、批复、调整、应用等为主要内容所开展的管理活动。高校绩效目标管理是一种系统的方法，用于确保高校的各项活动能够高效地支持其战略目标和使命达成。这种管理方式强调了目标设定、执行监督、绩效评估以及反馈改进等环节。绩效目标管理的对象为纳入高校预算管理的全部资金。

按照“谁申请资金，谁设置目标”的原则，预算部门（单位）在编制预算时,应同步编制绩效目标。也就是说,绩效目标是预算安排的前置条件和重要依据。未按要求编制绩效目标的政策和项目,不得纳入财政项目库管理,也不得安排预算资金;未按要求编制整体绩效目标的预算部门(单位),不得申请部门(单位)预算。

二、绩效目标与指标设计的内部风险及控制

(一)绩效目标的编制内部控制要点

绩效目标与指标的设计是高校内部管理的重要组成部分,它涉及各单位的战略规划、资源配置及员工激励等多个方面。在设计绩效目标与指标时,需要考虑内部控制的关键点,以确保这些目标能够有效地促进组织目标的实现,并且保证过程中的透明度和公平性。设计绩效目标时需要考虑的内部控制点包括:

(1)目标一致性:绩效目标应该与组织的战略目标相一致,确保所有部门和个人的努力都是为了支持组织整体战略的实现。

(2)可衡量性:每个绩效指标都应该可以量化或具体化,以便于跟踪进度和评估结果。这样可以确保绩效管理系统的透明性和公正性。

(3)明确责任:为每个绩效指标分配明确的责任人,确保每个人都清楚自己的职责范围,并且对于未能达到预期结果的情况有明确的责任追究机制。

(4)参与度:在设定绩效目标与指标的过程中,应当鼓励员工参与讨论,确保他们了解并认同设定的目标,这有助于提高执行的积极性。

(5)定期审查:定期检查绩效目标与实际成果之间的差距,根据实际情况调整目标,确保它们始终相关并且具有挑战性。

(6)反馈机制:建立有效的反馈机制,使得管理层可以及时收到关于绩效表现的信息,并据此做出必要的调整。

(7)合规性:确保所有的绩效指标都符合相关的法律法规要求,避免因为不符合规定而导致的风险。

(8)风险管理:识别可能影响绩效目标实现的风险因素,并制定相应的风险管理策略。

(9)培训与发展:提供必要的培训和发展机会,帮助员工提升技能,更好地完成绩效目标。

通过上述内部控制要点的设计和实施，可以提升绩效管理的有效性，促进组织目标的实现。同时，这也是构建健康高校校园文化的基石之一。

（二）绩效目标的编制内部控制风险点

在高校中设计绩效目标与指标时，除了要关注教学质量和科研产出等核心业务外，还需要考虑到一系列内部控制风险点，以确保绩效管理系统的有效性、公平性和合法性。以下是一些常见的内部控制风险点：

(1) 目标设定不合理：如果绩效目标过于模糊或者不切实际，可能会导致教师和研究人员感到挫败，进而影响他们的积极性。

(2) 缺乏透明度：如果绩效评估的标准和程序不够透明，可能会引起教职工对评估结果的质疑，甚至引发内部矛盾。

(3) 存在利益冲突：在绩效评估过程中，可能存在个人利益与机构利益的冲突，例如评估者与被评估者之间的关系可能会影响评估的客观性。

(4) 资源分配不均：绩效管理中涉及的资源（如研究资金、教学设施）分配不公，可能导致某些部门或个人因资源不足而难以达到绩效目标。

(5) 法律合规性：绩效指标的设计必须遵守相关法律法规的要求，否则可能会面临法律风险。

(6) 忽视非量化指标：过分强调量化的绩效指标，而忽视了如创新能力、团队合作精神等难以量化的指标，可能导致评价体系存在片面性。

(7) 信息不对称：绩效管理系统可能存在信息不对称的问题，即管理层掌握的信息多于普通教职工，可能会导致误解和信任缺失。

(8) 激励机制不当：如果激励机制设计不当，比如奖惩措施不公平或者与绩效关联度不高，可能会降低教职工的工作热情。

(9) 评估周期不当：评估周期过长或过短都可能影响绩效管理的效果，合理的评估周期应该是既能反映绩效变化，又能及时调整策略的时间跨度。

（三）绩效目标的编制内部控制措施

高校为了有效地防控绩效目标与指标设计中的风险，多个部门需要协同合作，共同参与到风险防控的过程中。实现预算绩效内控一体化管理，基于岗位职责实行业务归口管理，高校关键业务部门参与绩效风险防控。

1. 教务处/教学质量监控中心

(1) 负责教学质量和课程设置的管理。

(2) 参与教学绩效目标的设定与评估。

2. 科研处/科研管理办公室

(1) 监督科研项目的申请、执行和结题工作。

(2) 设定科研绩效目标,并负责科研成果的评估。

3. 人事处/人力资源部门

(1) 负责教职工的招聘、培训、晋升和绩效管理。

(2) 制定教职工绩效考核标准,包括教学、科研和社会服务等方面。

4. 财务处/资产管理处

(1) 管理学校的财务预算,包括资金的分配和使用。

(2) 确保绩效目标与财务预算相匹配,并监督资金使用的合规性。

5. 监察审计处/内部审计部门

(1) 对学校的各项活动进行审计,确保其符合内部规章制度和法律法规。

(2) 对绩效管理系统的合规性进行审计,并提出改进建议。

6. 信息技术中心/信息管理部门

(1) 支持信息化建设,保障绩效管理所需的数据安全和技术支持。

(2) 维护绩效管理系统,确保数据的准确性与完整性。

7. 发展规划处/战略规划部门

(1) 制定学校的长期发展规划。

(2) 将绩效目标与学校的长远发展目标相结合,确保绩效管理与学校战略的一致性。

8. 学生事务处/学生工作部门

(1) 反映学生的意见和需求,促进教学与学生需求之间的联系。

(2) 参与评估学生满意度等相关绩效指标。

9. 法务部门

(1) 提供法律咨询,确保绩效管理方案符合相关法律法规的要求。

(2) 在绩效管理过程中处理可能出现的法律问题。

10. 工会/教职工代表大会

(1) 代表教职工的利益,参与绩效管理制度的制定和修订。

(2) 反馈教职工的意见和建议,促进绩效管理的民主化。

通过部门之间的协调与合作,可以确保绩效目标与指标设计的合理性、透明性和公平性，从而有效防控相关的内部控制风险。

（四）绩效目标的审核内部控制要点

(1) 完整性审核。绩效目标的内容是否完整、明确、清晰。

(2) 相关性审核。绩效目标的编制与部门职能、事业发展规划是否相关，是否对申报的绩效目标设定了相关联的绩效指标，绩效指标是否细化、量化。

(3) 适当性审核。资金规模与绩效目标之间是否匹配，在既定资金规模下，绩效目标是否过高或过低；或者要完成既定绩效目标，资金规模是否过大或过小。综合考虑成本效益，是否有必要安排财政资金。

第三节　预算绩效过程及结果应用管理内部控制

通常情况下，在预算执行过程中，预算部门（单位）应按照批复的绩效目标，对绩效目标实现程度和预算执行进度实行“双监控”，发现问题及时纠正，确保绩效目标按期保质完成。财政部门通过实地核查、跟踪监控等方式，对重大政策和项目的绩效目标运行情况进行核查、督导。

在预算执行完成后，预算部门（单位）应按照批复的绩效目标，对政策和项目实施效果、部门（单位）整体绩效开展绩效自评价。财政部门根据需要组织实施再评价或重点评价。

绩效评价可以按照如下几种方式划分：

(1) 按评价时间顺序划分：绩效目标管理（编报审核）、事前评估（预算立项评审）、事中监控（运行跟踪评价）、事后评价（支出结果评价）。

(2) 按资金组成内容划分：单个项目评价、项目群评价、专项资金政策评价、公共政策评估。

(3) 按项目活动内容划分：业务活动类、设备购置类、政策补贴类、政府购买服务类、工程建设类、实施设备维护类、信息化建设维护类、其他类。

(4) 按评价组织方式划分：自评价、第三方评价、重点评价、再评价。

一、预算与绩效全过程管理内部控制原则

按照“谁申请资金，谁设置目标”的原则，高校在编制预算时，应同步编制绩效目标。绩效目标是预算安排的前置条件和重要依据；按照“谁分配资

金，谁审核目标”的原则，财政部门和预算部门应按照预算管理级次，在审核预算时同步审核绩效目标。必要时，审核部门可以组织相关单位及专家对绩效目标进行评审和论证。绩效目标审核是部门预算审核的重要组成部分。绩效目标不符合编制要求的，财政部门或预算部门应要求报送单位及时修改、完善；审核符合编制要求后，方可进入下一步预算编审流程。高校预算与绩效目标管理亦如此。预算与绩效目标管理审核应实行业务归口管理，层层审核；按照“谁批复预算，谁批复目标”的原则，财政部门在批复部门预算时，同步批复部门绩效目标；预算部门在批复所属单位预算时，同步批复所属单位绩效目标。绩效目标批复后，预算部门应将绩效目标与预算同步公开，自觉接受社会监督。绩效目标一经批复，一般不予调整。在预算执行过程中，因政策变化、突发事件等因素影响绩效目标实现，确需调整绩效目标的，按照绩效目标管理流程报财政部门审批。绩效目标调整时，应同步调整预算。因此，高校的绩效目标与预算上报、调整、决算履行“三重一大”事项，最终要一同上报党委会批准。

二、预算绩效全过程管理主要内控依据

（1）是否遵循国家相关法律法规和规章制度。

（2）是否落实党中央、国务院重大决策部署、经济社会发展目标，以及地方各级党委和政府重点任务要求。

（3）是否明确部门职责相关规定。

（4）是否参照相关行业政策、行业标准及专业技术规范。

（5）是否制定并执行预算管理制度与办法、项目与资金管理办法，以及财务和会计资料。

（6）是否依据项目设立的政策和目标、预算执行情况、年度决算报告、项目决算或验收报告等相关材料。

（7）是否上报并审核本级人民代表大会审查结果报告、审计报告及决定，以及财政监督稽核报告等。

（8）其他相关资料。

三、预算绩效全过程管理主要风险点及内部控制

财政开展绩效评价的框架体系，包括决策、过程、产出、效益、满意度等

五个维度的指标体系，同时对于每个维度又分为一级、二级、三级指标体系，如决策一级指标分为项目立项、绩效目标、资金投入三个二级指标，每个二级指标又由若干个三级指标组成。

（一）项目立项依据充分性风险点及内部控制

项目立项分为依据充分性和程序规范性，其中立项依据充分性反映是否符合法律法规、相关政策、发展规划以及部门职责，用以反映和考核项目立项依据情况。

考核风险要点表现为：

（1）项目立项是否符合国家法律法规、国民经济发展规划和相关政策的要求。

（2）项目立项是否符合行业发展规划和政策要求。

（3）项目立项是否与部门职责范围相符，属于部门履职所需。

（4）项目是否属于公共财政支持范围，是否符合中央、地方事权支出责任划分原则。

（5）项目是否与相关部门同类项目或部门内部相关项目重复。

（二）项目立项程序规范性风险点及内部控制

立项程序规范性是指项目申请、设立过程是否符合相关要求，用以反映和考核项目立项的规范情况。

考核风险要点表现为：

（1）项目是否按照规定的程序申请设立。

（2）审批文件、材料是否符合相关要求（如实训等项目）。

（3）事前是否已经过必要的可行性研究、专家论证、风险评估、绩效评估、集体决策。

（三）绩效目标合理性风险点及内部控制

项目所设定的绩效目标是否依据充分、符合客观实际，用以反映和考核项目绩效目标与项目实施的相符情况。

考核风险要点表现为：

（1）绩效目标是否与部门规划、项目定位高度匹配。

（2）绩效指标设置是否科学、量化、可衡量。

（3）目标值设定是否参考历史数据、行业标准或经过科学测算。

(4) 是否明确核心产出和效益指标之间的逻辑关系。

(5) 是否存在目标设定过高或过低等脱离实际的情况。

(四) 绩效目标明确性风险点及内部控制

依据绩效目标设定的绩效指标是否清晰、细化、可衡量等,用以反映和考核项目绩效目标的明细化情况。

考核风险要点表现为:

(1) 是否将项目绩效目标细化分解为具体的绩效指标。

(2) 是否通过清晰、可衡量的指标值予以体现。

(3) 是否与项目目标任务数或计划数相对应。

(五) 预算编制科学性风险点及内部控制

项目预算编制是否经过科学论证、有明确标准,资金额度与年度目标是否相适应,用以反映和考核项目预算编制的科学性、合理性情况。

考核风险要点表现为:

(1) 预算编制是否经过科学论证。

(2) 预算内容与项目内容是否匹配。

(3) 预算额度测算依据是否充分,是否按照标准编制。

(4) 预算确定的项目投资额或资金量是否与工作任务相匹配。

(六) 资金分配合理性风险点及内部控制

项目预算资金分配是否有测算依据,与补助单位或地方实际是否相适应,用以反映和考核项目预算资金分配的科学性、合理性情况。

考核风险要点表现为:

(1) 预算资金分配依据是否充分。

(2) 资金分配额度是否合理,与项目单位或地方实际是否相适应。

(七) 资金到位率风险点及内部控制

资金到位率是指实际到位资金与预算资金的比率,用以反映和考核资金落实情况对项目实施的总体保障程度。实际到位资金是指一定时期(本年度或项目期)内落实到具体项目的资金。预算资金是指一定时期(本年度或项目期)内预算安排到具体项目的资金。

(八) 预算执行率(专项经费、部门预算)风险点及内部控制

项目预算资金是否按照计划执行,用以反映或考核项目预算执行情况。

预算执行率＝(实际支出资金/实际到位资金)×100%。实际支出资金是指一定时期(本年度或项目期)内项目实际拨付的资金。

(九)资金使用合规性风险点及内部控制

项目资金使用是否符合相关的财务管理制度规定，用以反映和考核项目资金的规范运行情况。

考核风险要点表现为：

(1)是否符合国家财经法规和财务管理制度以及有关专项资金管理办法的规定。

(2)资金的拨付是否有完整的审批程序和手续。

(3)是否符合项目预算批复或合同规定的用途。

(4)是否存在截留、挤占、挪用、虚列支出等情况。

(十)管理制度健全性风险点及内部控制

项目实施单位的财务和业务管理制度是否健全，用以反映和考核财务和业务管理制度对项目顺利实施的保障情况。

考核风险要点表现为：

(1)是否已制定或具有相应的财务和业务管理制度。

(2)财务和业务管理制度是否合法、合规、完整。

(十一)制度执行有效性风险点及内部控制

项目实施是否符合相关管理规定，用以反映和考核相关管理制度的有效执行情况。

考核风险要点表现为：

(1)是否遵守相关法律法规和相关管理规定。

(2)项目调整及支出调整手续是否完备。

(3)项目合同书、验收报告、技术鉴定等资料是否齐全并及时归档。

(4)项目实施的人员条件、场地设备、信息支撑等是否落实到位。

(十二)实际完成率(数量产出类指标)风险点及内部控制

实际完成率是指项目实施的实际产出数与计划产出数的比率，用以反映和考核项目产出数量目标的实现程度。实际产出数是指一定时期(本年度或项目期)内项目实际产出的产品或提供的服务数量。计划产出数是指项目绩效目标确定的在一定时期(本年度或项目期)内计划产出的产品或提供的服务数量。

（十三）质量达标率（质量指标完成情况）风险点及内部控制

质量达标率是指项目完成的质量达标产出数与实际产出数的比率，用以反映和考核项目产出质量目标的实现程度。质量达标产出数是指一定时期（本年度或项目期）内实际达到既定质量标准的产品或服务数量。既定质量标准是指项目实施单位设立绩效目标时依据计划标准、行业标准、历史标准或其他标准而设定的绩效指标值。

（十四）完成及时性（时效产出指标）风险点及内部控制

完成及时性是指项目实际完成时间与计划完成时间的比较，用以反映和考核项目产出时效目标的实现程度。实际完成时间是指项目实施单位完成该项目实际所耗用的时间。计划完成时间是指按照项目实施计划或相关规定完成该项目所需的时间。

（十五）成本节约率风险点及内部控制

成本节约率是指完成项目计划工作目标的实际节约成本与计划成本的比率，用以反映和考核项目的成本节约程度。成本节约率＝[（计划成本－实际成本）/计划成本]×100％。实际成本是指项目实施单位如期、保质、保量完成既定工作目标实际所耗费的支出。计划成本是指项目实施单位为完成工作目标计划安排的支出，一般以项目预算为参考。

（十六）实施效益风险点及内部控制

实施效益是指项目实施所产生的社会效益、经济效益、生态效益、可持续影响等，可根据项目实际情况有选择地设置和细化。

四、绩效评价结果应用及公开内控措施

绩效评价结果的应用及公开是绩效管理过程中的重要环节，旨在确保评价结果能够被充分利用，并促进组织的透明度和责任感的提升。应用及公开绩效评价结果的具体措施如下。

（一）应用绩效评价结果

1. 资源分配

(1) 优化资源配置：根据绩效评价结果，优化资源分配，将更多的资源投向绩效较高的项目或部门。

（2）调整预算：根据绩效评价发现的问题，调整下一年度的预算计划，确保资源使用的合理性。

2. 激励机制

（1）奖励机制：对于绩效优秀的部门或个人给予物质或精神上的奖励，如奖金、晋升机会等。

（2）绩效工资：实行绩效工资制度，根据绩效评价结果调整薪酬水平，激发员工的积极性。

3. 改进措施

（1）问题整改：针对绩效评价中发现的问题，制定整改措施，并监督落实。

（2）持续改进：将绩效评价作为持续改进的工具，定期回顾并调整绩效管理策略。

4. 决策支持

（1）战略规划：绩效评价结果可用于支持未来战略规划的制定，确保组织发展方向与实际情况相符。

（2）政策调整：根据绩效评价结果，调整相关政策和规章制度，确保其有效性。

（二）公开绩效评价结果

1. 内部公开

（1）校园网：通过校园内部网站发布绩效评价报告，让全校师生都能了解绩效情况。

（2）通报会：定期召开绩效通报会，向全校教职工通报绩效评价结果，并解答疑问。

2. 外部公开

（1）官方网站：在学校官方网站上公布绩效评价结果，增加透明度。

（2）媒体发布：通过新闻稿、媒体报道等形式对外公布绩效评价结果，提升社会认知度。

3. 利益相关方沟通

（1）家长会：通过家长会的形式向学生家长通报学校绩效情况，增加家长的信任感。

(2) 校友会:在校友活动中通报学校绩效,吸引校友的支持与捐赠。

4. 社区参与

(1) 社区会议:在社区会议上介绍学校绩效,增强社区对学校的了解和支持。

(2) 公开讲座:举办公开讲座或研讨会,分享绩效管理的经验和成果。

5. 确保公开绩效评价结果的真实性与可靠性

(1) 独立审计:聘请第三方机构进行独立审计,确保绩效评价结果的真实性和可靠性。

(2) 反馈机制:建立反馈机制,允许师生及社会公众对公开的绩效评价结果提出意见和建议。

6. 保护隐私

(1) 匿名处理:在公开绩效评价结果时,对于涉及个人隐私的信息进行匿名处理,保护个人隐私权。

(2) 适度公开:区分不同类型的绩效评价结果,适度公开,避免不必要的敏感信息泄露。

通过以上措施,可以有效地应用绩效评价结果,并确保其公开过程中的透明度和公信力。这样不仅可以促进组织内部的改进和发展,还能增强外界对组织的信任和支持。

高校自评结果主要通过项目支出绩效自评表的形式反映,做到内容完整、权重合理、数据真实、结果客观。绩效评价工作和结果应依法自觉接受审计监督。各部门应当按照要求随同部门决算向本级财政部门报送绩效自评结果。

高校需要树立起“预算＝目标＝绩效＝责任”的管理理念,建立起预算编制、预算执行、执行结果三个阶段的管理要求及其责任制度,将绩效管理和评价嵌入预算管理的每个环节中。

第四节　预算绩效内部控制一体化管理

一、基于标准的单位全业务内部控制建设

内部控制是预算绩效管理的支撑,要将内部控制管理根植于预算绩效

管理的全生命周期。因此，高校需要开展基于标准的单位全业务内部控制建设。

高校开展各项业务活动，应当遵循更多的外部政策要求，依法合规是对高校的刚性要求。从某种程度上讲，外部政策是单位内部控制风险评估和业务流程梳理的标准。

遵循外部政策要求开展内部控制建设，是经各部门/岗位确认的流程，达到既符合外部政策又符合单位内部实际的内部控制设计成果的质量标准，有助于界定各自的职责边界，具有客观性、针对性和系统性的特征。这样做易于被单位领导和各部门/岗位接受并相互达成共识，同时减少了互相摩擦扯皮的现象。这就是基于标准的单位全业务内部控制建设的方法论。

二、基于业财融合的项目库预算与绩效一体化管理

(1) 第一步：高校要实现基于预算项目库建设的项目绩效指标与预算编制标准的一体化。

① 要梳理整合预算项目类型：结合部门职责、中长期规划及当年重点工作任务，合理设置项目类型；绩效项目框架与预算框架一致。

② 分类编制绩效目标和指标标准体系：针对不同项目（业务类、政策类、工程及维护类、设备购置及维护类等项目），可建立不同目标编制标准。

③ 单位建立共性指标体系：部门负责建立个性指标体系，并逐步规范三级指标、评分标准及权重设置。

④ 围绕“部门职能—绩效目标—效果指标—产出指标—预算”逻辑链建设项目库、指标库、标准库。

(2) 第二步：构建项目库标准化的预算绩效一体化体系。

① 构建项目库标准化体系：项目库的申请、评审、立项、入库及退出机制。

② 构建预算标准体系：收入预算框架标准体系、预算支出标准体系、预算专项制度体系。

③ 构建绩效指标标准体系：部门整体绩效指标体系、高质量考核指标体系、年度重点工作计划、各专项指标标准体系。

④ 构建财务核算标准体系：基于预算—核算—决算一体化下的会计核算标准体系、财务报销体系、各类制度体系。

(3) 第三步:实现预算绩效目标一体化管理。

① 解决一致性问题。即绩效目标与任务书、绩效目标与国家政策的一致性问题。

② 解决清晰性问题。即项目绩效目标细化分解为具体的绩效指标,绩效指标应清晰、细化、可衡量。

③ 解决标准性问题。个性指标的标准值可以根据国家标准、行业标准、地方标准、部门职责或者年度工作目标任务确定。各高校、同一高校各项工作均处于不同的发展阶段,标准都是会不同的,关键是每个高校是否每年会统一设置绩效目标,形成每年的工作标准。

④ 解决与预算的匹配性问题。绩效目标与预算之间的层级关系清晰,目标内容与预算内容有关联。

(4) 第四步:实现预算绩效过程一体化管理。

① 预算绩效一体化管理还要实现目标任务完成进度与预算执行双监控,预算部门(单位)要建立绩效监控机制,重点选择当年项目预算中通过绩效目标评审的项目和上年结转的跨年度项目,对其预算执行过程中的项目管理和目标要求的完成情况(目标保障)、目标实现程度、目标偏差和纠偏情况等进行监控。

② 对目标保障情况进行监控。例如重点监控保障项目各阶段有效实施相关制度(包括基本制度、专项办法、管理措施)的完整性,项目实施中相关制度执行的有效性(进度管理、资金拨付、政府采购、资产管理制度执行是目标保障情况监控的重点),以及目标保障中存在的问题。

③ 对目标实现程度进行监控。例如重点监控预算执行情况,为完成绩效目标所需要的各种资源成本消耗情况、项目管理及其完成情况,以及项目预期产出、效果等目标的完成进度情况等。

④ 对目标偏差情况进行监控。即监控重点目标在项目实施中的偏差度和影响度。

(5) 第五步:实现预算绩效纠偏一体化管理。

① 对目标纠偏情况进行监控。例如重点监控纠偏措施的制定和整改落实情况。首先将项目的申报、项目的立项、项目的必要性和可行性、绩效的审核、资产预算的配置、项目预算的编制、项目预算的执行和结果的运用等全过程融入内部控制管理,实现预算绩效系统与各业务系统的对接,如资

产、采购、合同、人事、科研等系统的对接，构建以“高校—部门—政策—项目”为主体的全过程预算绩效管理信息支持系统，从而提高预算绩效管理效率。

② 科学构建绩效目标—指标—标准体系，结合信息化系统建设，全面科学地开展预算绩效管理。

③ 构建项目(政策)绩效—二级学院(职能处室)绩效分析—高校整体绩效分析，稳步推进高校预算绩效管理体系建设，实现高校治理能力现代化。

④ 构建基于多维的绩效目标考核体系。建立各类指标体系属性，搭建满足各类考核需求的指标体系，减小各部门重复填报的压力。例如：财政部门整体绩效指标体系，省委高质量考核指标体系，教育部“双高”建设指标体系；教育固定资产考核指标体系，各类资产材料采购指标体系等。

因此，高校要想实现预算绩效内部控制一体化管理，必须将内部控制标准融于项目库标准体系建设、预算决算标准体系建设、绩效标准体系建设、财务核算标准体系建设，以及成本管理全过程。同时，运用预算绩效内部控制大数据决策分析平台，通过成本绩效分析、工作质量分析、经济活动分析等为单位决策提供依据。

第十章　高校合同管理的内部控制

第一节　合同与合同管理

一、合同及相关概念解析

（一）合同的概念

《中华人民共和国民法典》中合同被定义为："平等主体的自然人、法人、其他组织之间设立、变更、终止民事权利义务关系的协议"。实践中可以合同、合同书、协议、协议书等名称出现。

（二）合同与协议

合同就是协议。合同是内容写得比较明确、具体、详细、齐全，且明确违约责任的协议。但协议不都是合同。

（三）经济合同与非经济合同

经济合同：实现经济目的或以经济交易为内容的合同。经济合同条款至少包括当事人的基本信息、标的、质量与数量、价款、履行的期限、履行地点、履行方式、违约责任、争议解决的方法等。

非经济合同：不涉及经济交易的合同，如劳动合同、安全合同、廉洁协议等。

（四）合同与补充合同（或补充协议）

补充合同或者称为补充协议，是指当事人没有约定具体内容或约定不明确而达成的补充性协议。补充协议就是通过协议方式补充已经存在的合同中的漏洞。

已经存在的合同与补充协议之间是主从关系。已经存在的合同是主合同，补充协议是从合同。

当补充协议约定与主合同约定发生矛盾时，应该以时间在后的约定条款为准执行。

（五）无效合同与可撤销合同

无效合同是指当事人一方主体不合格或采用不正当方式签订的合同，损害了相关方的合法权益。由人民法院或仲裁机关裁定，自始无效，并由过错的一方或双方承担相应法律后果。

可撤销合同是指由于双方有重大误解、显失公平及乘人之危、欺诈胁迫且不危害国家利益，撤销权人决定在规定的期限内撤销的合同。

二、合同管理组织体系

（一）管理方式

合同管理方式包括分散管理、分类归口集中管理与全口径归口集中管理。目前多采用分散管理方式，存在弊端。

（二）归口部门及职责分工

合同归口管理部门：业务（经办部门）、法务（审计部门）或财务（财务部门）。

职责分工：归口管理部门与经办部门及相关的财务、法务、招标、审计等部门的职责分工要清晰、规范。

（三）合同管理中的不相容职务

从权能分析看：管理、经办与监督是不相容职务。

从流程风险看：经办（提出）、审核与审批是不相容职务；业务审核、财务审核与法务审核是不相容职务。

（四）合同审批权限

合同审批既可以是法定代表人审批，也可以是授权审批。合同审批的权限设置要合理、规范，重大合同审批要集体决策。

第二节　合同业务风险及其防控措施

一、业务目标

建立健全合同内部管理制度，根据合同类型分类确定归口管理部门和合同执行部门。明确合同拟定、审批、签订合同的业务和事项范围以及合同授权签署权限、执行、登记保管等各环节的程序和要求，规范合同全过程管理，避免法律纠纷，维护单位的合同利益。完善合同信息管理系统，加强对合同履行情况的监控，提升合同管控的效率、效果，降低违规风险。

二、主要风险及成因

（一）合同管理基础

（1）合同内部管理制度不健全，归口管理部门不明确，未经授权或未按规定的程序签订合同，合同印章管理不规范，可能导致经济资源无法正常流入或形成额外的支付义务。

（2）合同管理权责分配不合理，导致合同管理职能交叉或缺失、推诿扯皮，管理效率低下。岗位设置不合理，岗位职责不明确，可能导致合同管理关键岗位控制和监督缺失，产生控制风险。

（3）合同管理信息系统建设不到位，合同关键信息不能共享或被监督，可能造成合同风险防控措施落实不到位，或者大量人力被浪费。

（二）合同谈判

（1）谈判中忽略合同重大问题或在重大问题上做出不当让步。

（2）谈判组人员经验不足，缺乏技术、法律和财务知识支撑，使单位蒙受损失。

（3）泄露谈判策略和合同关键信息，导致单位在谈判中处于不利地位。

（三）合同审核与签署

（1）未明确经济业务合同的签订标准，可能出现应当订立合同的经济业务未订立合同的情况，或者出现将需要招标的重大经济合同拆分成金额较小的若干不重要的合同以规避国家有关规定的情况。

(2) 未对调查对象的主体资格进行审查，将不具有相应民事权利能力和民事行为能力，或不具备特定资质的主体确定为准合同对象。

(3) 在合同签订前错误判断被调查对象的信用状况，未在合同履行过程中持续关注对方的资信变化。

(4) 合同内容与条款不完整、表述不严谨准确，或存在重大疏漏和欺诈。

(5) 通过操纵合同金额等条款规避合同管理相关规定。

(6) 对合同文本须报相关部门审查或备案的，未履行相应程序。

(7) 未有效使用标准合同文本，或未对标准合同文本进行有效评价与及时更新，降低合同审核工作效率。

(8) 合同评审不规范，未经过充分讨论和法律审核，将不能有效规避法律风险及不平等条款。

(9) 合同签订不合规，未加盖骑缝章或小签，可能无法有效防止合同被偷换页；未经法人签订或没有法人授权委托书，超越权限擅自签订造成法律纠纷和损失。

(10) 合同印章管理不当，为不符合管理程序的合同加盖了合同印章，合同用印未登记，使用不具备效力的行政章/部门章作为合同章加盖在合同上。

(11) 合同缺乏连续编号，合同保管不当，未经适当的登记管理。

(12) 未开展合同定期统计、分类和归档工作。合同的订立、履行和变更情况缺乏详细登记，不利于实现合同的全过程管理。

(四) 合同履行

(1) 未对合同履行状态进行有效跟踪与反馈，使得合同对方未按约定履行合同，存在违约风险，影响设备物资及时到位。

(2) 未建立合同管理台账，没有记录合同签订、履行、付款等状态，无法及时掌握和了解合同履约情况。

(3) 未对合同履行过程进行监督，对方可能有违约的可能或违约行为，未采取相应措施将合同损失降到最低。

(4) 未对合同执行情况进行评价，在合同评价过程中未按照规定兼顾全面和突出重点。

（五）合同法律纠纷处理

(1) 未建立合同纠纷处理的有效机制，纠纷处理不当，可能导致单位利益受损。

(2) 未收集充分的对方违约行为的证据，导致单位在纠纷处置过程中处于举证不力的地位。

（六）合同保管

未对合同审核、签订、履行等相关资料进行保管，导致合同丢失，或者后续工作难以追溯。

三、重点风险防控思路

（一）完善单位合同管理制度

完善单位合同管理制度，重构单位合同管理体系，优化合同管理流程，提高合同管理效率。合同管理制度的基本框架包括：一是非经单位授权，部门不再有对外签署合同的权利；二是所有合同都要经一个归口职能部门进行审查；三是所有合同都推行范本管理模式；四是非使用单位合同范本或对合同范本进行实质性修改的，均要提交法律事务部门进行合法性审查；五是所有职能部门都要建立合同管理实施细则或工作流程；六是所有单位的合同管理细则或工作流程都要报归口管理部门审核；七是所有对外重大合同都要集体研究；八是所有合同都要建立定期评估检查机制；九是所有合同都要建立档案管理制度。

（二）建立合同范本库

通过对合同业务主管部门和下属单位合同管理进行专项调研，以合同范本为主要抓手，通过聘请专业的律师团队共同梳理、制定单位合同范本，形成合同范本汇编，在单位范围公布使用，充分保障单位权益。

（三）重视合同管理制度的执行与落实

加强合同管理的事前、事中、事后管理。一是加强合同的法律审核。单位重大经济合同均由法律事务部门进行法律审核，有效地防范合同法律风险，最大限度地保障单位的合法权益。二是重视合同履行情况的跟踪。单位从法律风险防范的实际需要出发，加强合同订立后的履约跟踪，定期了解合同的执行情况。三是构建合同管理分析制度。定期对合同的审查质量、审查效率和履约情况等进行分析，查找合同管理中的漏洞和问题，避免和减少经济损失。四是强化合同授权委托管理制度。单位对授权委托及签章事项应进行严格的法律审查，避免重复授权、交叉授权、授权不明、职责不清等不规范行为。

（四）积极推进合同管理信息化建设

为了实现合同管理全覆盖、全过程监管，单位应积极推进合同管理信息化系统的建设。通过信息化系统的建设逐步建立单位合同管理的编码管理、范本管理、电子档案备份、财务支付查询等网上审批流程，提高合同管理的效率。

（五）加强合同管理监督检查工作

为进一步规范单位合同管理工作，确保合同管理制度有效落地，单位应加强合同管理监督检查工作。合同管理监督检查可采取单位自查、现场检查和书面审查相结合的方式，力求做到全覆盖、无遗漏。合同监督检查的主要指标包括：① 审批程序是否完备；② 签署合同是否越权；③ 合同内容是否合法（符合单位和国家的规定）；④ 合同履行是否有法律风险；⑤ 合同管理职责是否清晰；⑥ 合同管理制度是否健全（重点核查工作流程、范本管理、档案管理、印章管理等）。按照“分类管理、突出重点”的原则，对职能部门重点检查合同管理制度是否完备，是否实行范本管理，政策性措施是否适当；对下属单位重点检查审批程序是否完备，签署合同是否超越代理权，档案管理是否健全。

第三节　合同流程管理

一、合同签订（签约）管理

签约范围：合同的金额起点如何确定。

签约流程：招标或尽调—起草—审查—批准—签字盖章。

招标方式的合同签订：对招标文件中合同的主要条款进行把关，确保合同与招标文件中的"关键合同条款"相一致。

特别合同签订:金额特大、关系复杂、技术参数高的合同应按照特别程序签订。

合同审查:业务审、财务审和法务审;线上审与线下审。

二、合同履行(履约)管理

(1) 合同收付款的审批流程;合同的大额资金支付按照"三重一大"集体决策审批。

(2) 合同变更或解除风险的控制。

(3) 法律纠纷与非法律纠纷的处理。

三、合同信息与档案管理

(1) 合同台账管理。

(2) 合同统计、分析与报告。

(3) 合同备案与档案管理。

四、合同监督、考核与问责

(1) 合同管理部门:合同监督检查与考核。

(2) 内审部门:合同审计或合同审计调查。

第四节　合同管理案例

一、合同制度体系

某高校出台了《×××大学合同管理办法》,规范了经济合同、科技合同、重大合同的审签;出台了《×××大学人事合同管理暂行办法》,规范了高校与事业编制人员因人才引进、进修、培训、职称评定、延退、返聘等情况下的合同审签;出台了《×××大学合同制人员合同管理暂行办法》,规范了高校招用保安、保洁、水电维修、物业、宿管等工作岗位上的工作人员下的合同审签;出台了《×××大学印章管理规定》,规范了使用校行政印章的特殊、重大合同审签用印。

二、合同归口管理

通过上述制度明确了合同的归口管理部门：

(1) 审计处是经济合同归口管理的职能部门，负责经济合同条款审核及程序把关、高校合同专用章的使用及管理、合同文本的保管及归档等工作。

(2) 科技处和社科处是科技合同归口管理的职能部门，分别负责理工类和人文社科类科技合同条款审核及程序把关、高校科技合同专用印章的使用及管理、合同文本的保管及归档等工作。

(3) 需加盖高校行政印章合同为特殊、重大合同。党政办是特殊、重大合同管理的职能部门，负责合同条款审核及程序把关、印章使用、合同文本的保管及归档等工作。

(4) 人事处是劳务合同、人事合同归口管理的职能部门，负责劳务合同与人事合同条款审核及程序把关、高校人事合同专用章与劳动合同专用章的使用及管理、合同文本的保管及归档等工作。

三、合同管理的表单化

×××高校经济类合同审签单见表 10-1。

×××高校科技合同审签单见表 10-2。

×××高校重大合同审签单见表 10-3。

×××高校人才引进(聘)协议审签单见表 10-4。

×××高校人事合同[除人才引进(聘)协议外]审签单见表 10-5。

×××高校全日制劳动合同审签单见表 10-6。

×××高校劳务合同审签单见表 10-7。

表 10-1　×××高校经济类合同审签单

经办部门单位(盖章)：　　　　　　　　　　　　　　　　　　　　送审日期：

合同名称			
合同相对方 (单位名称)			
合同金额		履约保证金数额	
经办部门(单位) 负责人签字		合同经办人	
计财处意见	审签人：　　日期：		
法律顾问意见 (工程类 50 万元 及以上,其他类 30 万元及以上)	日期：		
审计处意见	审签人：　　日期：		
校领导审批	日期：		
合同备注及 备案登记编号	HGJ-2022-001		

表 10-2　×××高校科技合同审签单

使用部门(盖章):　　　　项目编号:　　　　财务编号:

合同名称		
合同相对方 (单位名称)		
合同期限		
合同金额		合同所属课题为: 文科□;理工科□
项目负责人	本人承诺合同内容真实,无学术争议,项目经费预算、审批、报销、结题等环节严格执行高校的规章制度和合同约定的条款。 负责人签字:　　日期:	
科技处意见	经办人:　　审签人:　　日期:	
法律顾问意见 (文科 10 万元及以上,理工科 30 万元及以上)		
分管校领导审批	日期:	
合同备注及 备案登记编号	HGK-2022-001	

注:办理合同盖章时需附合同审签表及科技合同一并存档。

表 10-3　×××高校重大合同审签单

经办部门单位(盖章):　　　　　　　　　　　　　送审日期:

合同名称			
合同相对方 (单位名称)			
合同金额			
经办部门(单位) 负责人签字		合同经办人	
党政办意见	审签人:　　日期:		
法律顾问意见	日期:		
校领导审批	日期:		
合同备注及 备案登记编号	HGX-2022-001		

表 10-4　×××高校人才引进(聘)协议审签单

送审部门(盖章)：　　　　　　　　　　　　　　　　送审日期：

合同名称			
合同主要内容	购房补贴及安家费、科研启动费、协议工资等	服务期	
送审部门负责人签字		合同经办人	
法律顾问意见	审签人：　　日期：		
校领导审批	校领导：　　日期：		
合同备注及备案登记编号	HGRSG-2022-001		

表 10-5　×××高校人事合同

[除人才引进(聘)协议外]审签单

送审部门(盖章)：　　　　　　　　　　　　送审日期：

合同类型			
签约人姓名			
送审部门 负责人签字		合同经办人	
法律顾问 意见	审签人：　　日期：		
校领导审批	校领导：　　日期：		
合同备注及 备案登记编号	HGRSQT-2022-001		

表 10-6　×××高校全日制劳动合同审签单

送审部门(盖章)：　　　　　　　　　　　　　　　　　　送审日期：

审批材料名称			
合同主要内容			
送审部门负责人签字		合同经办人	
法律顾问意见	审签人：　　日期：		
校领导审批	校领导：　　日期：		
备注			

表 10-7　×××高校劳务合同审签单

送审部门(盖章)：　　　　　　　　　　　　　　　　　　送审日期：

审批材料名称			
合同主要内容			
送审部门负责人签字		合同经办人	
法律顾问意见	审签人：　　日期：		
校领导审批	校领导：　　日期：		
备注			

四、合同管理的信息化

通过建设合同起草、审批、签订、履约、归档、统计的合同全生命周期管理平台，实现合同统一管理信息化，发挥提前预警、降低交易风险的作用。

通过合同管理的信息化可实现以下功能。

（一）业财法税联动

与业务、财务、法务系统全面集成，数据互联互通，以合同为枢纽，辐射业务、财务、法务部门，实现业财法税一体化管控，从而系统化提升高校整体运营水平。

（二）数据驱动管理

文本、审查记录、履约记录等全量数据实行结构化管理，实时洞察高校运营动态。

（三）提升风险防控

规范化、数字化的合同管理体系，可提升高校风险防控能力和合规运营水平。

五、合同重要风险管理

（一）合同管理风险点

制度建设不健全；合同签订不规范；合同执行监督不力；合同归档不规范。

（二）重要风险主要表现形式

（1）合同内部管理制度不健全，归口管理部门不明确。

（2）未按规定的程序审批签订合同，合同印章管理不规范，未经授权使用院系章对外签订合同。

（3）合同签订不规范，存在合同内容和条款不合规、不完善，签订的合同要素不完整、合同倒签等情况。

（4）拆分签订合同，规避招投标、校长签字审批程序。

（5）合同台账登记信息不完整。

（6）合同执行监督不到位，未对合同履行情况实施有效监控。

（7）合同归档管理不规范，未及时归档及建立归档清单。

（三）重要风险预防措施

(1) 建立健全合同内部管理制度，根据合同类型分类确定归口管理部门和合同执行部门，明确签订合同的业务和事项范围以及合同授权签署权限，明确合同拟定、审批、执行、登记保管等环节的程序和要求，规范合同印章管理，规避使用院系印章对外签订合同。

(2) 强化合同签订审批，规范合同执行，健全合同台账。

(3) 加强对合同履行情况的监控，定期检查和评价合同管理中的薄弱环节。

(4) 规范合同归档管理，及时归档并建立归档清单。

第十一章　高校内部监督

内部监督作为内部控制的基本要素之一，对于内部控制的有效运行，以及内部控制的不断完善起着重要作用。内部监督是指高校对内部控制建立与实施情况进行监督检查，评价内部控制的有效性，发现内部控制的缺陷，并及时加以改进。因此，不论是内部控制制度的建立与实施，还是内部控制系统的评价与报告，在此过程中均离不开恰当的监督，确保内部控制有效运行，促进高校实现控制目标。

第一节　内部监督的基本原则和要求

一、内部监督的基本原则

（1）政治主导。发挥公立高校的政治优势，把党的全面领导落实到监督工作全过程，确保上级重大决策部署有效贯彻落实。

（2）合规监督。健全高校内部监督规章制度，补齐监督制度建设短板，依法依规开展监督，严格制度执行，严肃问责。

（3）问题导向。针对高校重点领域、重要风险和突出问题，分类别、分阶段精准施策，强化对公权力运行的制约和监督，建立长效机制，提升监督效能。

（4）协同联动。在健全高校内部监督体系的基础上，对各类监督主体统筹协同，将内外监督主体贯通协调，分级负责、上下联动，形成全方位、多层次、立体化的高校监督工作格局。

二、内部监督的基本要求

（一）具有胜任能力和独立性

负责监督的人员应具有胜任能力和独立性。胜任能力是指监督人员在内部控制和相关流程方面的知识、技能和经验。独立性是指在不考虑可能的个人后果，而且不会为了追求个人利益或者自我保护而操纵结果时，负责监督的人员执行监督和提供信息的公允程度。一般而言，独立性依自我监督、同级监督、上级监督和完全独立监督而逐级增强。

（二）关注关键控制

高校应根据风险评估结果，识别内部控制中的关键控制，收集判断内部控制有效性的相关有力证据，确定需采取的监督程序，以及需执行的频率。

关键控制应考虑以下因素：复杂程度较高的控制；需要高度判断力的控制；已知的控制失效；相关人员缺少实施某一控制所必需的资质或经验；管理层凌驾于某一控制活动之上；某一项控制失效是重大的，且无法被及时地识别并整改。

识别并实施关键控制所需的信息必须是相关的、可靠的、及时的和充分的。

（三）依规依纪依法行使权力

内部监督部门要把全面从严治党、党风廉政建设和反腐败斗争的要求，不折不扣地、创造性地贯彻落实到内部监督管理的各项工作中，体现到规范监督执纪执法权力运行的各环节，真正发挥好“卫士”作用。

内部监督部门要正确处理好监督管理与服务保障的关系。监督管理是为了让纪检监察审计权力行使依规依纪依法，是为了提升工作质量和效果；服务保障是为了提高效率。两者是效果与效率的关系，相辅相成。

第二节　内部监督体系

目前，全口径的高校内部监督体系由四部分构成：政党监督、学术监督、行政监督和民主监督。

一、政党监督

（一）党委监督

党委在高校内部控制体系建设中的作用包括：领导思想政治工作和文化建设；主导改革发展、干部选用、重大事项决策；监督党员干部从业行为；维护教职工合法权益。

（二）纪检监督

纪检监督包括纪检和监察两部分。纪检的职责是监督、执纪、问责，监察的职责是监督、调查、处置，双重职责中的首要职责都是监督，但内涵、依据和对象不同。纪检监督是纪检机构按照党章党规党纪对党组织和党员干部实施的监督；监察监督则是国家监察机关依照宪法、监察法等有关法律法规对所有公职人员开展的监督。两种监督的指导思想、基本原则和主要目标高度一致，机构设置上采用合署办公形式，监察专员由纪委书记兼任。

（三）党派监督

设有民主党派组织的高校，应把党派监督纳入内部监督体系。

二、学术监督

《中华人民共和国高等教育法》规定，高校应设置学术委员会，其职能主要是审议学科、专业的设置，教学、科研计划方案，评定教学、科研成果等有关学术事项。通过学术与行政分离，构造学术管理对行政权力的制衡机制。

三、行政监督

行政监督包括非专门监督（纵向监督与横向监督）和专门监督（内部审计监督）。

非专门监督（纵向监督与横向监督）是指各行政机关自上而下和自下而上以及相互之间进行的普通监督，是行政监督中最主要、最经常、最直接的监督形式。它主要包括以下四种：

（1）上级对下级的监督，指各行政机关按照直接隶属关系，自上而下所产生的监督。

（2）下级对上级的监督，指各行政机关按照直接隶属关系，自下而上所产生的监督。

(3) 职能监督，指各职能部门就其所分管的工作，在自己的职权范围内对其他有关部门所实施的监督。

(4) 主管业务监督，指上级行政机关的各职能部门和直属机构对下级行政机关相应的工作部门所实施的业务上的监督。

专门监督(内部审计监督)是指专门审计机关和其他受委托的人员依法对高校经济活动进行审核检查，以判断其合法性、合理性、有效性的监督、评价和鉴证活动。

四、民主监督

教代会是高校教职工参与高校民主管理和监督的重要机构。其主要职权是听取和讨论校长工作报告，讨论高校的发展规划、改革方案、教职工队伍建设等重大事项，讨论通过教职工奖惩办法等与教职工切身利益密切相关的基本规章制度，以及民主评议领导干部。目前应解决民主监督形式化的问题。

第三节　内部监督机制

高校内部监督必须做到横向协同、纵向联动、内外协调。

一、横向协同监督

(1) 高校内部纪检监察、内部审计、财会机构、教代会或工会、民主党派等各主要监督主体横向协作配合，协同监督的内容包括信息共享、结果共用、线索移送、重要事项共同实施、整改问责共同落实等。

(2) 纪检监察与内部审计可以建立联合监督机制，并推动高校内部“大监督体系”建设，避免各自为战、信息孤岛和资源浪费。

二、纵向联动监督

(1) 压实高校内部各层级组织及高校与所属单位的经济活动和非经济活动的监督责任，加强上下联动。

(2) 高校纪检监察部门应联合内审机构，加强内部监督工作的制度建设和统筹协调，牵头组织制定内部监督工作规划，明确年度监督工作重点，指导推动各部门（单位）组织实施。

（3）高校内部上下级部门（单位）要畅通监督信息渠道，建立监督重大事项报告机制，及时向上级部门（单位）反映监督中发现的重大问题。

（4）畅通师生监督、舆论监督渠道，健全内部监督投诉举报受理机制，完善受理、查处、跟踪、整改等。

三、内外协调监督

（1）探索高校内部监督与上级党组织、主管财政机关、主管教育部门、政府审计机关等外部监督贯通协调的有效路径。

（2）加强与巡视巡察机构协作，建立重点监督协同、重大事项会商、线索移交移送等机制，通报监督检查情况，研究办理巡视巡察移交的建议。

（3）增强与财政、教育、审计等政府部门监督的协同性和联动性，加强信息共享，推动建立健全长效机制，形成监督合力。

第四节 内部监督内容和方法

一、内部监督重点领域与重点环节

（1）非经济活动：上级重大决策部署落实、人员进出和岗位或职务变动、职称评聘与职级确定、招生、教学、科研、社会服务、校园安全等。

（2）经济活动：财务预算、基本建设、资金、债务融资、资产、经费收支、采购与招标、税务事项、财务报告等。

二、内部监督模式与方法

内部监督分为日常监督与专项监督。

（一）日常监督

日常监督是对某一领域的工作进行日常性、经常性的监督，主要是通过定期巡查、随机抽查、自查和监管等方式实施。日常监督的程度越大，其有效性就越高，所需要开展的专项监督就越少。

日常监督的具体方式包括：

（1）内部控制执行证据的获得。这是指师生实施日常的教学科研活动时，取得的必要的、相关的证据证明内部控制系统发挥功能的程度。

（2）内外信息的印证。这是指来自高校外部相关方的信息支持内部产生的结果或反映内部的问题，主要包括来自监管部门的信息和来自客户的信息。例如：与外部监管部门沟通，以验证高校遵循各项法律法规的情况；定期与客户沟通，以验证应收、应付账款记录是否完整、正确。

（3）数据记录与实物资产的核对。例如高校定期将会计记录中的数据与实物资产进行比较并记录存在的差额，对产生差额的原因进行分析。

（4）内外部审计定期提供的建议。审计人员评估内部控制的设计以及测试其有效性，识别潜在的缺陷并向管理层建议采取替代方案，同时为做出决策提供有用的信息。

（5）管理层对内部控制执行的监督。管理层主要通过以下渠道进行监督：校审计委员会接受、保留、处理各种投诉及举报，并保证其保密性；管理层在日常工作中了解到的内部控制执行情况；管理层审核师生提出的各项合理建议等。

（二）专项监督

专项监督是对特定问题、事件进行的有针对性的监督，通常采取突击检查、专项抽查、专项整治等形式。相对于常规性的日常监督方式，“点题式”的专项监督工作，突出“专”字形成“点题—破题—解题”链条，从针对问题制定方案到迅速下沉监督检查，针对性更强、综合施策更多、监督力度更大、监督效果更好。

专项监督的重点包括：

（1）高风险且重要的项目。审计部门依据日常监督的结果，对风险较高且重要的项目（录取通知书、招生计划、高基报表等）进行专项监督。

案例分享一　安徽某高校录取通知书出现错字，校方致歉

2023 年 8 月 6 日，安徽某高校官网就“录取通知书出现错字”发布致歉声明。

全文如下：

我校 2023 级新生录取通知书在印制过程中，由于工作人员的疏忽和审查不严，导致部分新生录取通知书上的报到时间“9 月 6 日”错误印刷为“9

月6月”，给新生和家长们带来了诸多不便和困扰。对此，我们表示深深的歉意！

我们将尽力弥补由此造成的影响，立即为录取通知书印刷有误的新生邮寄新的录取通知书。感谢您的理解与支持！

在今后的工作中，我们将引以为戒，深刻吸取教训，进一步加强管理，做到学生满意、家长放心、社会认可，不辜负社会各界对我们的信任，希望社会各界对我们的工作继续给予监督和指导。

（2）内部控制环境变化。当内部控制环境发生变化时，要进行专项监督，以确定内部控制是否还能适应新的内部控制环境。例如业务流程和关键员工发生变化时，就要进行个别评估，以确保内部控制体系能正常运行。

案例分享二　教务部门新的工作人员工作疏忽导致毕业证书出现错误

某高校每年印制毕业证书的时候，原教务部门工作人员都用放大镜核查边框暗纹中高校英文简称的正确性，但是教务部门工作人员变动后，新的工作人员只用肉眼审核毕业证书的正确性，却忽视了暗纹中简称的错误。毕业证书发放后，学生发现错误并发布在网站，发生重大舆情后，毕业证书统一收回重印后再发放，社会影响极坏，相关工作人员也因此被处分。

第五节　内部审计管理

一、内部审计组织体系

内部审计领导体制：依据《教育系统内部审计工作规定》（中华人民共和国教育部令第47号）（简称《规定》），高校内部审计由单位主要负责人直接领导、对其负责并报告工作。单位主要负责人应当定期听取内部审计工作汇报，加强对重要审计事项的管理。

审计委员会设置：负责部署内部审计工作，审议年度审计工作报告，研究制定内部审计改革方案、重大政策和发展战略，审议决策内部审计重大事项等。

内部审计机构设置:《规定》第六条提出了两种方案——设置独立的机构或明确相关内设机构作为内部审计机构。

需要讨论的问题:一是内部审计机构怎样设置才能更好地体现其独立性?内部审计与财务能否合并设置机构?能与内部审计合并设置机构的职能有哪些?二是内部审计工作由单位主要负责人领导还是由高校党委会或校长办公会领导更加科学合理?三是审计委员会可否借鉴上市公司经验吸收校董或外部相关利益方的代表人士参与?

二、内部审计的范围与职能

内部审计的范围。《规定》就内部审计范围的界定是全覆盖的。内部审计机构重点对本单位及所属单位的以下事项进行审计:贯彻落实国家重大政策措施情况;发展规划、战略决策、重大措施和年度业务计划执行情况;财政财务收支和预算管理情况;固定资产投资项目情况;内部控制及风险管理情况;资金、资产、资源的管理和效益情况;办学、科研、后勤保障等主要业务活动的管理和效益情况;本单位管理的领导人员履行经济责任情况;自然资源资产管理和生态环境保护责任的履行情况;境外机构、境外资产和境外经济活动情况。

内部审计的职能。《规定》第三条提出了高校内部审计的三项基本职能——监督、评价和建议。本人的理解是:监督就是常规意义的以查账验证为主要方式的审计;评价是指风险管理与内部控制评价;建议应该包括审计的管理建议、内部控制评价的管理建议和专项审计调查三个部分。

需要讨论的问题:一是高校内部审计的范围是全覆盖还是重点关注经济活动?《规定》关于高校内部审计范围的规定依据的是2018年审计署《关于内部审计工作的规定》,值得注意的是,即使是内部审计业务水平很高的央企,在倡导"全覆盖"内部审计的同时,也提出内部审计工作的重点范围和内容。考虑目前高校内部审计力量普遍较弱的现实情况,建议将内部审计工作的重点放在经济活动的审计上来。二是如何解决目前存在的"重审计轻调查"?内部审计领域有两个概念被混淆乃至忽视了,这就是专项审计与专项审计调查。专项审计是审计的范畴,也是审计的一种类型,结果是审计报告;专项审计调查是调查的范畴,是调查的一种类型,结果是调查报告。专项审计调查是内部审计机构和人员发挥作用的重要方式。

三、内部审计全流程管理

（1）审计计划管理。内部审计实行年度审计计划管理。审计计划依据高校风险评估情况、主管财政机关和教育部门工作要求、高校年度工作计划及审计资源配置情况编制，经审计委员会审定后，报高校党委会批准实施。

（2）审计过程管理。审计事项的实施有自主审计和外包审计两种方式。外包审计应重点关注外包供应商选择、审计跟踪管理和审计成果验收等。涉及纪检监察线索的审计业务，原则上不采用外包审计。高校应当健全内部审计制度，规范自主审计和外包审计的工作流程。

（3）审计报告管理。审计项目实施结束后，审计人员应以充分适当的审计证据为依据，形成审计意见和审计结论，及时出具审计报告。审计报告应实事求是、不偏不倚地反映审计事项，做出客观、完整、清晰、准确的评价结论，提出有针对性的、切实可行的审计建议，并督促其整改。

（4）后续跟踪审计。内审机构应当有计划地对被审计单位进行后续跟踪审计，检查被审计单位对审计发现问题和审计建议是否已经采取了适当的整改措施并取得预期的效果，确保审计报告提出的问题能够得到有效整改。

（5）审计工作报告。内审机构应当于年度终了后向审计委员会、校党委会提交年度内部审计工作报告，全面总结、汇报年度内部审计工作情况。

第六节　内部监督案例

案例分享　香港监督廉政公署的实践经验

廉政公署是我国香港主要的反腐败机构，它在香港从腐败泛滥之地转变为世界廉洁之都的过程中发挥了关键的作用。作为一个专门的反腐败机构，廉政公署本身的廉洁是非常重要的。50 多年来，廉政公署始终保持高度廉洁的水准，赢得了广大香港市民的极大信赖和支持。而这些奇迹的创造都依赖于成立廉政公署之初所设计的一套严密、科学的外部和内部监督措施。

在可靠的外部监督基础上，廉政公署的内部监督措施也效果独特，主要表现在四个方面：

一是严格的内部保密制度。在保密方面，廉政公署实行“需要知道原则”。只要不是工作需要，任何工作人员都不能得到其他廉政公署的工作信息。此外，廉政办公大楼内执行严格的技术监控措施。

二是“白过白色”的诚信管理制度。“白过白色”是指廉政公署内部的诚信管理标准，意指比“白色”还要“洁白”的高度廉洁。香港对公职人员的诚信和操守高度重视，而廉政公署内部的法规，对其内部员工的诚信、防止利益冲突等问题的要求比其他公职人员更为严格。此外，廉政公署人员的诚信管理对其员工的培训、升职等都有重要的影响。

三是“L 小组”监督。廉政公署设有一个名为“L 小组”的内部调查和监督单位，负责监督调查廉政公署的职员。这个小组的成员是保密的，只有少数高层官员知道。“L 小组”直接由执行处处长领导，而执行处处长直接向廉政专员报告关于职员纪律的内部调查结果。廉政公署的调查过程高度保密，该小组的设计有利于消除信息不对称性，对调查人员有很强的威慑力。

四是特殊的人事管理制度。特殊的人事管理制度发挥了重要的监督作用。它包括：① 廉政专员可以在任何时间无须述明理由而解雇廉政公署雇员，这个权力确保廉政公署可以更容易地解雇那些有瑕疵的雇员。② 廉政公署大部分雇员实行合约制，合约期为 2.5 年。一个雇员如果能够合格履职到期满，将获得 2.5 年总工资的 1/4 作为满期奖金；反之，可能不被续聘，并失去满期奖金。这个机制可以发挥约束和激励的双重效应。

第十二章　高校内部控制管理

第一节　对内部控制和内部控制管理的理解

一、内部控制

（一）广义的内部控制

广义的内部控制是指现有的风险管理、内部控制与合规管理三者的一体化。高校内部控制是指高校为实现办学目标，通过制定制度、实施措施和执行程序，对经济活动的风险进行防范和管控。

（二）内部控制的三个关键词

1. 流程

内部控制之形＝流程

业界关于流程的定义非常之多，不同书籍、不同流派对“流程”都给出了不同的定义，各家均以各自的角度来诠释流程：

韦氏大词典：流程是为达到预想的目标或产品而进行的一系列有序和完善的步骤或操作。

ISO 9000：2015《质量管理体系术语》将“过程”定义为：一组将输入转化为输出的互为关联和（或）互相作用的活动。

著名的管理思想家迈克尔·哈默（Michael Hammer）将流程定义为：把一个或多个输入转换为对顾客有价值的输出的活动。

知识管理的先行者托马斯·H. 达文波特（T. H. Davenport）将流程定义为：一系列结构化的可测量的活动的集合，并为特定市场或特定顾客产生特定的输出。

2. 内部制衡和内部牵制

内部控制之神＝内部制衡

内部制衡≠内部牵制

内部控制的本质是内部制衡。内部制衡不同于内部牵制，内部牵制只是内部制衡的一种。除内部牵制外，还有合作制衡、竞争制衡等多种制衡机制。

(1) 内部牵制应用的两种场景

场景1：把内部牵制作为内部控制的“前身”或早期阶段。一般认为，内部控制是从内部牵制发展而来的，20世纪30年代之前是内部牵制，之后就让位于内部控制。早期的内部牵制是针对会计舞弊的制度安排。

场景2：把内部牵制作为内部控制的基本方法之一。比如《企业内部控制基本规范》(财会〔2008〕7号)就把不相容职务分离作为七种基本的控制措施之一，要求企业全面系统地分析、梳理业务流程中所涉及的不相容职务，实施相应的分离措施，形成各司其职、各负其责、相互制约的工作机制。

(2) 内部牵制应用两种场景的比较(表12-1)

表12-1　内部牵制应用两种场景的比较

要素	场景1	场景2
应用范围	针对会计系统中的牵制机制，以账目间的相互核对为主要内容并实施岗位分离，以确保所有账目正确无误	从会计控制向管理控制扩展，作为一种管理控制机制，具有“全覆盖”的特性，也就是覆盖企业单位的所有功能、活动和部门
牵制目的	着眼于防范会计舞弊，或者以查错防弊为目的	从防控舞弊向防控风险转型。不限于防范舞弊，更为重要的是防范风险
牵制方式	强调不相容职务相互分离	从“分岗”向“分责”和“分权”延伸

(3) 以“分”为特征的内部制衡机制

① “分”式制衡的多样化理解。

从“分”的内容看，有分责与分权。分责是指以职务或岗位为基础划分职责。分权是指划分权力，如决策、执行与监督三权分离等；分事行权、分岗设权、分级授权，就是分权制衡的内容。

从“分”的方式看，有机构分设与岗位分置。实践中应奉行“岗位分置优先”的原则。

从“分”的路径看，有纵向分与横向分。纵向分是指在高校的不同层级之间（如高校与院系）分权或分责；横向分是指在高校内部同一层级的不同机构或部门以及不同职务或岗位之间的职权和职责的分配，方式有多重审核、交叉检查、参与管理等。

从“分”的程度看，有分立与分离。分离是彼此分开，但互不独立，分开后的部门或岗位之上仍有一个或几个领导者或统领者；分立是彼此按照事前确定的权利、责任和规则各自独立运作。分立的制衡强度要大于分离。

② 不相容职务及其分离制衡机制的再造。

第一，不相容职务的概念。不相容职务是指那些如果由一个人担任，既可能发生错误和舞弊行为，又可能掩盖其错误和舞弊行为的职务。

第二，不相容职务的分析与识别。根据我们做内部控制咨询的经验，至少有三种方法：

a. 流程分析法。流程是若干活动的集合，流程中不同节点的活动就是不相容的，如授权、批准、执行、记录和检查等。

b. 权能分析法。不相容的权能在不同层级以及在不同业务中的表现形态不同。从层级看，治理层的决策、执行与监督，以及管理层的管理、经办和监督。

c. 性态分析法。比如钱（资金流）、账（信息流）、物（物流）。

第三，不相容职务分离的理论依据。不相容职务分离要求每项业务都要经过 2 个及以上的部门或人员处理，使得单个人或部门的工作必须与其他人或部门的工作相一致或相联系，并受其监督和制约。

不相容职务分离基于两个基本假设：其一，2 个及以上的人或部门无意识地犯同样错误的机会很小；其二，2 个及以上的人或部门有意识地合伙舞弊的可能性大大低于单独一个人或部门舞弊的可能性。

第四，不相容职务分离机制的构造。考虑成本与收益、控制与效率的平衡、风险大或敏感性强、社会文化特质等，关键不相容职务实施分离，而一般的、次要的、敏感度低的不相容职务未必一定要分离。不相容职务分离的方式有岗位分设与机构（或部门）分设两种。

（4）以“合”为基本特征的内部制衡

合作制衡的现实基础之一正是对双重人性——利他性和利己性的认同。社会基础是和合文化、集体主义文化。制度基础是相关法律法规，如

“三重一大”集体决策制度等。

合作制衡的方式有集体决策、共同审签、共同监督、共同行动等。共同行动如 2 人及以上共同谈判、协议、检查、稽查、考核、审计等。

合作制衡要注意平衡控制与效率的关系，避免过度合作。

(5) 其他制衡方式

① 竞争制衡。如干部竞聘上岗、招标采购等。

② 流程制衡。通过若干关联但功能不同的活动形成彼此制约的流程。

③ 第三方制衡。通过独立、客观公正的第三方对当事人双方形成约束。

3. 风险防控

内部控制之目的＝风险防控

高校内部控制是指高校为实现办学目标，通过制定制度、实施措施和执行程序，对经济活动的风险进行防范和管控。高校内部控制的目标主要包括：保证高校经济活动合法合规、资产安全和使用有效、财务信息真实完整，有效防范舞弊和预防腐败，以及提高资源配置和使用效益。

(1) 风险定义

关于风险定义有四种观点：不确定性观、潜在损失观、不利因素观、问题缺陷观。

(2) 风险防控类型

风险类型：高校组织风险与个人职务风险(廉洁风险)；整体风险与业务风险；经济风险与非经济风险；固有风险与剩余风险。

二、内部控制管理

高校内部控制管理是指高校为保证职能活动正常有序、合法的开展，采取对财务、人、资产、工作流程实行有效监管的系列活动。

内部控制管理的六大环节：内部控制建设、内部控制运行、内部控制维护、内部控制评价、内部控制绩效管理、内部控制管理报告。

第二节　内部控制体系建设

一、选择内部控制体系建设的范围

小口径内部控制：财务意义上的内部控制体系包括预算、资金和核算等。

中口径内部控制：经济活动的内部控制体系。

大口径内部控制：覆盖经济活动和一定数量的非经济活动在内的宽口径内部控制体系。

全口径内部控制：覆盖全部经济活动与全部非经济活动的内部控制体系。

内部控制体系建设范围见表12-2。

表12-2 内部控制体系建设范围

<table>
<tr><th colspan="3">内部控制范围</th><th>内部控制模块</th></tr>
<tr><td colspan="3">高校整体层面</td><td>内部控制环境、风险评估与报告</td></tr>
<tr><td rowspan="3">业务层面</td><td rowspan="2">经济业务</td><td>财政部内部控制报告内的模块</td><td>预决算业务、收支业务、资产业务、工程项目(含建设项目)、采购与招标业务(含政府采购)、经济合同</td></tr>
<tr><td>内部控制报告外的模块</td><td>会计核算与财务报告、资金业务、附属单位管理、审计管理、经济信息化管理、业务外包、内部控制评价等</td></tr>
<tr><td colspan="2">非经济的核心业务</td><td>人力资源、招生业务、教学业务、科研业务、职称评审等</td></tr>
</table>

二、设定内部控制体系建设的原则与思路

(一) 内部控制体系建设的原则

(1) 全面性原则：内部控制应当贯穿高校经济活动的决策、执行和监督全过程，实现对经济活动的全面控制。

(2) 重要性原则：在全面控制的基础上，高校应当关注重要经济活动及其可能产生的重大风险。

(3) 制衡性原则：高校应当在岗位设置、职责分工、业务流程等方面形成相互制约和相互监督的工作机制。

(4) 适应性原则：内部控制应当符合国家有关法律法规和高校实际情况，并随着外部环境变化、经济活动特点和管理要求提高，不断修订和完善。

（二）内部控制体系建设的思路(表 12-3)

表 12-3　内部控制体系建设的思路

1	全面覆盖	三个覆盖：覆盖高校的各个组织层级；覆盖高校相关活动事项；覆盖全体员工等
2	依法合规	两个遵循：遵循高校相关的法律法规；遵循《行政事业单位内部控制规范(试行)》
3	自上而下	两先两后：先高校后院系和附属单位；先高校整体层面设计后业务层面设计
4	顶层设计	三个重视：重视高校治理结构、组织架构等顶层组织体系设计；重视高校内部管控模式和关键业务管控流程设计；重视授权管理体系的设计
5	三个导向	三个导向：战略导向；风险导向；问题导向
6	把握主线	构造有效的制衡机制体系。关注三点：明确制衡范围；整合制衡方式；平衡制衡与效率的关系
7	突出重点	把握“三重”：重点业务或事项、重要风险和缺陷、关键控制活动
8	控制上移	全层级和全过程的控制体系中保持“前位”而非“后位”控制，也就是人们常说的“控制点前移”
9	党政协同	充分发挥党委的领导作用，党政协同，充分发挥审计与纪检监察的监督作用，共同推动内部控制建设和有效实施

三、设定内部控制体系建设程序

调研诊断：开展访谈、问卷、资料搜集等进行实地调研。

三项评估：开展制度评估、风险评估(见表 12-4)与运行评估工作。

流程优化：开展战略调整、组织架构、管控模式、授权审批与程序改进等流程优化工作。

编制手册：开展组织手册、权责手册、风险手册与内部控制手册编制工作。

完善制度：开展顶层制度、基本制度与具体制度完善工作。

表 12-4　风险调查评估表

填写部门或单位：　　　　　　　　填表人：　　　　　　　　审核人：

风险表现(识别)						风险评价	风险应对			
一级风险			二级风险			风险等级	风险应对策略	已采用的关键性措施	补充建议	备注
编号	风险名称	风险概述	编号	风险名称	风险描述					

四、健全内部控制体系表现形式

内部控制流程的描述方法：文本法、表格法和图形法。

内部控制流程的文本形式：内部控制制度（文本法）和内部控制手册（图形法与表格法结合）。

内部控制流程形式之选择：确立“制度比手册更重要”的观念，选择“以制度为主、手册为辅、制度与手册并举”的策略，以确保内部控制体系建设的规范性、权威性。

第三节　内部控制体系运行

一、组织健全、协同运作

（1）专业管理。成立三级组织体系进行高校内部控制管理工作。

内部控制领导小组或内部控制委员会：决定内部控制体系建设和运行的重大事项和问题。

内部控制工作的归口管理部门：考虑高校的特点，经济活动内部控制与非经济活动内部控制应当分别确定归口管理部门，前者适合财务部门，后者适合校办等综合部门。

内部控制主管：部门、所属单位和附属单位，均配备兼职内部控制主管，具体经办本部门或单位的内部控制事宜。

（2）分级管理。高校层面与所属单位、附属单位，按照分级管理的要求明确各组织层级对内部控制的职责与权限划分。

（3）协同运作。横向在部门分工合理的基础上，有明确的目标关联性和明确的完成配合工作的内部控制流程。

二、强化制度执行力管理

“制度的生命力在于执行”。强化制度执行力管理，是因为现实中普遍存在制度执行不给力、不到位，甚至“走样变形”的现象。

内部控制制度执行力管理体系涉及制度意识、制度可执行性和制度执行保障措施的管理。

（1）制度意识。内化于心、外化于行的制度意识，是制度执行的重要前提。制度的权威，很大程度上就体现在制度面前人人平等。领导应当切实强化制度意识，带头维护制度权威，做制度执行的表率，形成“头雁效应”。这是制度得以落实的关键因素。

（2）制度可执行性。研究谋划制度设计，确保制度的可执行性，是制度执行的基础。做好制度设计，要对制度运行的现实条件有充分的调研和认知，注重制度的具体性和可操作性，注重把问题导向和目标导向相统一，注重关联制度之间的协调与配合，注重通过内部控制信息化实现制度流程化、流程表单化。

（3）制度执行保障措施。一是加强内部控制制度和流程的培训学习，全员熟悉内部控制；二是建立内部控制执行的目标管理制度、亮灯管理制度和督查督办制度；三是完善内部控制监督、评价和问责机制，保障制度有效落实。

三、内部控制监督、评价和问责机制

（1）内部控制监督机制。内部控制监督分为日常监督和专项监督。日常监督是指高校对建立与实施内部控制的情况进行常规、持续的监督检查；专项监督是指在高校有重要人事变动、重大事项发生等情况下，对内部控制的某一或者某些方面进行有针对性的监督检查。

（2）内部控制评价机制。按照建评分离原则，内部审计强化内部控制评价。

（3）内部控制问责机制。强化追责惩戒，维护制度权威，坚持有责必问、问责必严，把监督检查、目标考核、责任追究有机结合起来，使对制度执行的外在监督转化为推动制度执行的内在动力。

第四节　内部控制评价

一、内部控制评价基本要求

内部控制评价是指高校自行对自身内部控制建立和执行的有效性进行评价，形成评价结论，并出具评价报告的过程。

（一）统筹内部控制评价与监督工作

充分发挥内部控制评价报告和内部控制监督意见、建议的作用，不断完善高校内部控制体系，提高内部控制建立与实施的有效性。

（二）制定内部控制评价办法

根据教育部办公厅印发的《教育部直属高校经济活动内部控制指南（试行）》，结合高校风险评估情况，制定内部控制评价办法，规定评价的原则、内容、程序和报告形式等，明确相关机构或岗位的职责权限，落实责任制，有序开展内部控制评价工作。

（三）保证评价与监督的独立性

高校内部控制评价与监督工作应由内部审计部门及纪检监察部门负责组织。高校可以委托具备资质的中介机构实施内部控制评价。

为保证评价与监督的独立性，负责内部控制建设和评价监督的校内责任部门应适当分离，为高校提供内部控制建设或内部控制审计服务的中介机构，不得同时为高校提供内部控制评价服务。

二、内部控制评价内容

(1) 内部控制建立的有效性评价应主要考虑以下四个方面：

① 合法合规性。内部控制的建立是否符合《行政事业单位内部控制规范（试行）》《教育部直属高校经济活动内部控制指南（试行）》及国家相关法律法规的规定。

② 全面性。内部控制的建立是否覆盖了高校及所属单位所有的经济活动和非经济活动的全过程、所有内部控制关键岗位、各相关部门及工作人员和相关工作任务。

③ 重要性。内部控制的建立对重要经济活动和经济活动的重大风险是否给予足够关注，并建立相应的控制措施；是否重点关注了高校的各关键部门和岗位、重大政策落实、重点专项执行和高风险领域。

④ 适应性。内部控制的建立是否根据国家相关政策、高校经济活动的调整和自身条件的变化，适时调整其关键控制点和控制措施。

(2) 内部控制执行的有效性评价应主要考虑以下四个方面：

① 各项经济业务控制在评价期内是否按规定运行。

② 各项经济业务控制是否得到持续、一致的执行。

③ 相关内部控制机制、内部管理制度、岗位责任制、内部控制措施是否得到有效执行。

④ 执行业务控制的相关人员是否具备必要的权限、资格和能力。

(3) 内部控制评价指标体系与内容如表 12-5 所列。

表 12-5　内部控制评价指标体系与内容

	评价指标		评价内容
整体有效性评价（目标实现程度）	财务信息		真实性、完整性、及时性
	运营效果		经费支出进度、生均成本
	资产安全		资产损失事件
	合法合规		违法违纪事件、法律纠纷事件、违规损失
过程有效性评价（内部控制关键要素）	内部控制组织		机构设置及协同效果、关键岗位设置
	内部控制模式		管理模式的适用性、先进性和有效性
	内部控制流程		全面性、合规性、制衡性、风险性、效率性、经济性
	内部控制信息		输入和输出信息的有效性、信息系统设计和运行的有效性
	内部控制制度	制定	系统性、完整性、规范性、合理性
		执行	执行力、执行效果
单位层面评价	内部控制组织		牵头部门确定和职责界定，部门间内部控制沟通协调和联动机制
	内部控制机制		关键不相容职务相互分离，议事决策机制、岗位责任制、内部监督机制
	内部控制制度		制度的完整性，执行的有效性
	内部控制人员		配备及培训、评价、轮岗等机制
	财务报告		真实、完整、及时
业务层面评价	预算管理		编制是否合理，执行是否到位
	收支管理		收入是否合规，支出是否真实、合理
	招标采购		招标是否合规，采购是否适当
	资产管理		使用是否有效，管理是否完备

三、内部控制评价的方法

负责内部控制评价工作的部门或具有资质的中介机构，应当对校内被评价部门进行现场调查，综合运用个别访谈、调查问卷、专题讨论、实地查验、抽样和比较分析等方法，充分收集被评价部门内部控制设计和运行是否有效的证据，按照评价的具体内容，如实填写评价工作底稿，研究分析内部控制风险。

四、内部控制的风险认定与评价

（一）重大风险、重要风险

重大风险是指一个或多个控制风险的组合，可能导致高校严重偏离控制目标，严重影响高校的事业发展。重要风险是指一个或多个控制风险的组合，其严重程度和经济后果低于重大风险，但仍有可能导致高校偏离控制目标，影响高校事业发展。

（二）内部控制风险认定汇总表

负责内部控制评价工作的部门或具有资质的中介机构，应当编制内部控制风险认定汇总表，对内部控制风险及其成因、表现形式和影响程度进行综合分析和全面复核后提出认定意见。对内部控制风险的认定，应当以日常监督和专项监督为基础，结合年度内部控制评估，由内部控制评价部门进行综合分析，按照规定的权限和程序进行审核后予以最终认定。

（三）内部控制评价报告

负责内部控制评价的部门或机构在完成评价工作后，应出具内部控制评价报告。内部控制评价报告至少应当包括真实性声明、评价工作总体情况、评价依据、评价范围、评价程序和方法、风险及其认定、风险整改及对重大风险拟采取的控制措施、评价结论等内容。评价报告应提交给高校负责人和内部控制归口管理部门。高校的内部控制归口管理及相关部门应根据评价报告及时进行整改。

高校应当以每年的 12 月 31 日作为年度内部控制评价报告的基准日，并于 6 个月内形成内部控制评价报告。

（四）内部控制评价工作档案管理制度

高校应当建立内部控制评价工作档案管理制度。内部控制评价的有关文件资料、工作底稿和证明材料等应当妥善保管、及时归档。

第十三章 高校内部控制信息化

高校内部控制信息化是用信息化手段完成高校经济活动内部控制的管理活动。

第一节 信息化建设背景

一、从国家层面来看

（一）信息化是现代化的战略引擎

1. 信息化与现代化同向同行

当今社会信息化都与现代化高度契合，使用技术升级、流程优化等手段，不断提升效能、释放红利，推动现代化进程。

2. 信息化与现代化的“化学反应”

各领域都催生新业态、新模式，优化了治理结构，更新了治理理念，提升了治理效能。

3. 关键核心技术的根本性突破

以信息产业为主导，结合大数据、人工智能、云计算、网络信息技术等。

（二）信息化具有全域赋能作用

1. 信息化是现代化的驱动器

信息技术快速发展，技术不断取得新突破，推动各领域各行业业态重塑和格局调整。

2. 信息化推动经济发展质量变革、效率变革、动力变革

信息化具有全域的渗透性、交织性和融合性特征，全域赋能体现在宏观、中观、微观各个层面。

3. 积极应对信息化带来的新挑战

机遇与挑战并存,巨量网民给国家治理带来新挑战。

二、从教育现代化层面来看

《中国教育现代化 2035》第八条强调:要加快信息化时代的教育变革。建设智能化校园,统筹建设一体化智能化教学、管理与服务平台。利用现代技术加快推动人才培养模式改革,实现规模化教育与个性化培养的有机结合。推进教育治理方式变革,加快形成现代化的教育管理与监测体系,推进管理精准化和决策科学化。

三、从高校自身高质量发展层面来看

人才培养质量不断提升需要更深入的产教融合、更优质的教学资源、更高的信息化素养。

高校自身发展需要还体现在构建内部质量保障体系的需要上,加强诊断与改进,高校治理更加有效,促进规范化、流程化、精细化和智能化。

信息化促进高校自身发展,让师生办事服务更方便、工作学习更惬意、日常教学更便捷。

第二节　信息化推进方式

信息化作为实现内部控制管理的手段,如何推进信息化建设以体现内部控制的全过程管理很重要。

一、规划设计原则

(1) 整体规划的顶层设计原则。

这需要从高校层面对于信息化的准确定位;技术层面的顶层架构;以及明确阶段实现的目标。

① 做好整体规划的顶层设计。

高校层面对于信息化的准确定位是要有专门机构设置和人员配备,有专项投入,确定信息化开展的工作方式。

② 技术层面的顶层架构。

要构建高校数字校园通用信息标准、安全保障体系、运营维护体系顶层架构;以“高校数字校园通用信息标准”和“教育部教育管理信息化标准”作为顶层设计的依据。

③ 明确阶段实现的目标。

要通过持续投入建成公共服务平台和业务应用系统,可分期建设。

(2) 日常工作与诊改工作“一张皮”原则。

改变原有的信息化建设模块,满足内部治理五个层面(高校、专业、课程、教师、学生)诊改需要,服务专业、服务学生、服务教师。

(3) 用户体验至上原则。

需要培养用户黏性,做到无感知采集数据。

(4) 共性与个性结合原则。

(5) 软硬同步、注重应用原则。

(6) 系统建设与师生素养同步原则。

把握好这些原则,能更好地做好信息化建设的顶层设计。

二、做好建设模式选择

建设模式分为集成模式和一体化模式。集成模式的特点是信息化起步早,已有多个业务系统,数据有一定沉淀,存在数据孤岛;而一体化模式的特点是无太多业务系统,信息化刚起步。

整合集成模式包括业务系统、系统集成和数据运用,通过云计算基础设施构建统一身份认证平台、共享数据中心平台和统一信息门户平台。

特别要注意的是:整合集成模式需要打通信息孤岛,构建校本数据中心,按照各级要求制作数据报表,实现数据向各级直接推送的效果,通过省级采集平台分析省级采集数据结构,通过国家级采集平台分析国家级采集数据结构。一体化建设模式是利用服务器、高校云计算中心、网络、存储、系统软件等实现目标(实现管理信息化、生活信息化、教学信息化),满足内部控制、诊改等多方面需求。一体化建设模式更是集成高校的数据信息库,服务于师生课程层面、教师层面、学生层面。

第三节　信息化的顶层设计

信息化的顶层设计主要包括服务对象、达到的标准、建设原则、服务层面、技术应用和建设定位。

一、服务对象

它主要包括六类，分别是中基层管理者、普通教师、在校学生、家长、校友、合作企业。从基层管理者的角度，要能便利地进行数据采集与维护、各维度数据分析；从中层管理者的角度，要有便捷的流程审核、单一业务深度挖掘分析和定时工作报告推送；从普通教师的角度，要有便捷的各类服务体验、统一的专业教学、资源库建设和强大的课堂教学支撑；从在校学生的角度，要有方便的办事体验、丰富的线上学习体验和及时的学业预警；从家长的角度，要有及时的学业预警、重要节点的告知反馈、与高校老师便捷沟通；从校友的角度，要能看到在校期间的精彩回忆、多角度的人员交流和便利的捐赠通道，以便校友反馈母校；从合作企业角度，根据深入推进产教融合的需要，要能方便企业人员参与专业建设规划、制订人才培养方案、参与教材开发、参与课堂教学等。

二、设计的项目要达到5A标准

5A代表任何一个人、任何一个时间、任何一个地址、任何一个路径、任何一件事情的全覆盖。

三、顶层设计的建设原则

顶层设计的建设原则主要包括：整体设计、分步实施；应用导向、问题驱动；用户体验、易学易用；主流技术、持续迭代；担当作为、运维保障。这些原则在开发流程时适用，可以更有效地进行信息化建设和内部控制实施。

四、服务层面达到“三化”

“三化”分别是指管理信息化、教学信息化、生活信息化。

五、技术应用

它主要包括课程教学云平台、育人管理云平台、诊改决策云平台。课程教学云平台支持课程教学,生成过程数据,共享教学资源,服务教学诊改。育人管理云平台服务学生终身发展,助力教师专业成长,协同多元育人管理,保障育人条件资源。诊改决策云平台统一校本数据,实时监测预警,精准诊断改进,支持科学决策。

六、顶层设计的建设定位

顶层设计的建设定位为:保障内部控制机制、日常管理和诊改保障相互融合。

第四节　信息化建设项目

信息化建设项目主要包括服务管理方面的应用、服务教学方面的应用、移动端相关应用、大数据分析平台、基础技术平台、信息化基础保障、其他条件保障。

高校的年度工作主要包括行政工作、学生工作、财务工作、党务工作、教学工作、科技工作、后勤工作、质量工作、纪委工作等,围绕高校的中心工作展开。

一、服务管理方面的应用

它包括五大方面平台的应用:行政综合服务平台、人事综合服务平台、学工综合服务平台、教学综合服务平台、后勤综合服务平台。这些平台涵盖了高校运行保障、服务师生、高质量发展的各种任务。

(一)行政综合服务平台

它包括协同办公、党建管理、财务报销、合同管控、会议管理等。这些是一个高校常规的工作内容,围绕行政服务保障各项事业的平稳运行。

1. 协同办公服务

协同办公服务功能高效、便捷。其特点是日程管理实时掌控(包括个人日程管理、部门日程管理实时掌控,人员状态一目了然),公文归类清晰明朗

（对外部来文、高校发文、部门发文等进行归类，做到清晰明朗、一目了然），消息状态实时显示（发送方发送消息后能够及时了解读取方的读取状态），行政值班实时查询（可对值班任务、值班人员、值班记录进行实时查询）。

2. 财务报销服务

财务报销包括预算、采购和报销三个流程。预算时通过预算管理的项目类型和金额控制分类和总量；采购时利用线上流程流转；报销时有前置流程牵制，然后通过线上审批，过程透明。

3. 合同管控服务

合同管控功能能实现全校合同统一管控，以及分类快速检索。

4. 会议管理服务

党委常委会和校长办公会进行议题申报、议题审核、会议会签、会议安排、决议纪要和督办处理等，从而让会议的过程规范化管理，有各种痕迹可以查询，对于会议交办的任务也能反馈完成情况，形成闭环管理。

5. 党建管理服务

党建管理包括党务管理、党员管理和党费管理。党务管理包括“三会一课”、组织生活会、党内实践活动记录情况；党员管理包括对党员的思想、状态的管控；党费管理包括统计党费的收缴并形成收缴记录，方便进行管控查询。

（二）人事综合服务平台

该平台可展示入职前、入职期间、在校期间、离校期间和离校后的教师任职整个生命周期的轨迹，便于人事部门和员工本人及时更新信息、统计业绩，对教师在校期间做到分类管理。

教师业绩服务包括生成业绩、业绩汇总和业绩调用系统。业绩库用于教师的个人发展，比如职称申报、项目申报及工作量统计等。

人事综合服务平台其实是教职工的“人物画像”，教职工的“人物画像”包括教师基本信息、科研信息、教育教学和学生工作等。教师基本信息展示工作经历、进修培训、岗位聘任、学习经历、荣誉称号、年度考核结果等；其他的教育教学、科研信息、学生工作都是业绩的统计。

教师诊改督办平台可帮助教师根据年度目标规划和当前业绩情况进行诊改，根据达成度具体分析未达成的原因。通过教师诊改督办平台能促进教师合理规划自己的目标，能促进教师反思个人的努力程度，也能让职能部门知道教师的发展瓶颈并提供帮助，这样更有利于教师的成长。

（三）学工综合服务平台

该平台可提供入校前、入校期间、在校期间、离校期间和离校后的学生全生命周期的服务。学生是高校的核心，也是所有教育者的服务对象，用赏识的眼光去培养学生，用信息化的手段去成就学生，他们的成长履历都是他们就业的资本，更是高校的宝贵财富。

生源是高校的生命源泉，让社会了解高校，让家长信服高校，招生宣传很重要。招生宣传服务平台包含了拜访记录、定位签到、招生费用和绩效查询等，有利于分析生源和宣传的关系，也有利于达成高校招生的目标。

学生的“人物画像”包括学生成绩信息、学生学籍信息、学生获奖信息和学生违纪信息等。这是学生在校期间的完整记载，有助于高校完善管理和提升服务质量。

我们设置的学生诊改督办平台包括学业学风、第二课堂、实践技能、专利论文和目标规划等模块，为学生的全面发展提供了信息化的记载手段。

（四）教学综合服务平台

该平台提供专业标准服务、教学实施服务、教学评价服务和教学诊改服务等。这是高校管理的核心，通过专业建设和课程建设让我们的人才培养方案更加丰满和具体、高效和规范。

专业标准服务包括专业标准管理、课程标准管理、资源库建设管理、课堂教学实施管理和质量预警与反馈。

教学实施服务包括课前实施、课中实施和课后实施，主要有签到、头脑风暴、在线课程设计等，实现了师生的互动，提高了学生的参与度和听课的积极性。

教学评价可以体现教与学的效果，也可以体现教学目标的实现。教学的最终目标是服务学生，让学生满意，体现以人为本的宗旨。这是实现立德树人目标的具体体现。

教学诊改服务包括对课堂活跃度、作品点赞率、问答对错率、讨论活跃度、测试正确率、目标达成率和学生出勤率的诊改等，这是实际的结果展示。教学诊改还包括对课程目标达成度、课程资源利用率、课程评价、课堂活动参与率的诊改。

（五）后勤综合服务平台

该平台提供维修管理服务和资产管理服务。维修管理主要流程包括提交保修申请、保修中心派单、填写维修记录和用户评价。资产管理服务包括资产采购、资产调拨和资产盘点等。

服务教学方面的应用包括场所、平台和资源的建设。场所要有满足智能课堂互动的智慧教室；平台要有承载课堂全过程的教学软件；资源要能提供高质量专业教与学的素材。

教学平台需要承载课程全过程的教学软件，即以课程为中心搭建云课堂教学平台，可以体现教师备课、课前预习、快速考勤、互动答题、目标达成、学生评价、过程快照、随时学习，最终形成学习报告。

教学资源提供高质量专业教与学的素材：包括网络教学云平台要能支持全天在线学习、支持辅助式教学和支持在线考试。

移动端的相关应用以方便为主，由在校师生服务平台、校企合作共赢平台以及家校协同育人平台组成，让师生之间，校企之间、家校之间形成合力，一起培养我们的学生成长成才。移动端主要包括校园生活、行政管理、教务服务和交流互动等应用。移动端的信息化定位为唯一入口、全覆盖、微服务和轻应用，让师生方便操作，不影响工作和学习进展。

二、大数据分析平台

该平台包括报表展示平台、自助分析平台和诊改数据平台。报表展示平台展示了高校校情总览，包括目标任务主题、协同办公主题、师资分析主题、干部分析主题、教师科研主题、预算报销主题、学生主题、成绩主题等。其中：学生主题有在校生统计、各学院各专业人数分布；成绩主题有全校、各学院、各班级不及格学生的比例等，通过这些平台能很好地掌控学生的动态；教师科研主题会反映全校历年专利获取情况和各部门专利获取情况。数据关联分析会将全校总疑似数、各学院疑似数、各专业疑似数和疑似学生做关联分析。

大数据分析平台还必须有诊改数据平台，以课堂质量诊断和改进系统为例，反映了实时上课状态和学院出勤预警。实时上课状态包括学院平台使用情况、课堂活动参与率、各学院资源数和学院出勤率；学院出勤预警包括学生出勤预警和活动参与预警等。

三、基础技术平台

该平台包括校本数据中心，要体现应用管理和呈现以及高校个性化配置。构建校本数据中心，打通信息孤岛实现数据的共享，形成集成数据库。

校本数据中心通过建立标准、打通信息孤岛、数据同步、数据治理、数据展示、订阅推送和自助应用，打造全生命周期、高质量的数据中心。

应用管理和呈现包括多终端的应用支持、便捷的移动服务、业务的多端触达和消息的全方位推送，让管理和服务覆盖各个角度。

基础技术平台的高校个性化配置是指要有基于微服务的融合门户。门户通过链接或者某个特定的通道能体现微服务的便捷。

四、信息化基础保障

信息化基础保障包括基础链路、中心机房、网络承载、计算机存储资源、信息安全和运维保障。

基础链路全部双设备、双链路冗余；中国电信、中国移动、中国联通、中国教育和科研计算机网（CERNET）四家互联网骨干网单位的国际出口带宽；全校统一认证平台、统一运维；动态智能选路等。

中心机房主要包括改造校园网物理链路、云计算设备架设、专业化、电信级标准数据中心机房。

网络承载要满足多业务承载下的高性能需求、校园网深化管理的需求、网络管理和扩展能力。满足多业务承载下的高性能需求需要支持多业务、多用户的校园网络，适应于教学、科研、后勤等多方面的需求；满足校园网深化管理的需求需要掌握校园网内的用户行为，控制基于“用户”的级别；满足网络管理和扩展能力需要优化网络架构和业务模式、简化管理和维护的工作量。

计算及存储资源包括专业中心机房、服务器虚拟化、全部云存储、异地数据备份。

信息安全包括：入侵防御、APT＋IDS，漏洞扫描系统，网站防护系统（WAF），数据库审计系统，堡垒机系统，安全管理一体化，三级等级保护要求，网络、信息、数据安全等。

运维保障包括对链路资源、网络设备、虚拟化平台、服务器系统、应用平台、业务系统、机房环境的保障。运维保障要求网络统一化、存储集中化、桌面虚拟化、安全体系化、运维透明化、人员专业化、机制市场化。这些是信息化安全的守护，是高校各个系统正常运行的保障。

信息化建设项目还需要其他条件保障，如部门职能的设置、工作机制的完备、人员到位和经费足额投入等。

五、信息化建设效果

① 信息化建设是重塑工程，是治理模式、教学形态和服务理念的重塑。② 信息化建设是融合工程，体现职业教育、高校管理、信息技术的三者融合；是信息技术和教育教学的深度融合，更是管理和服务的完美融合。③ 信息化建设是重要工程，单位领导在理念上要给予重视，在投入上要给予保障，在政策上要给予倾斜。④ 信息化建设是全员工程，全体师生员工、IT 人员、管理人员和“一把手”领导都要参与。只有参与其中才能体现内部控制用信息化实现的必要性和可行性，更能加强内部控制建设的效果。

由于管理需求不断变化，信息技术不断发展，师生素养不断提高，所以信息化建设是长期工程，需要不断更新、不断持之以恒，让信息化实现内部控制成为常态，让大家体验到内部控制是不断完善、不断更新、不断提升的过程。

第十四章 高校内部控制报告

内部控制报告填报是当前推进高校内部控制建设的主要抓手，如何准确把握内部控制报告填报的内容及要求，如何从内部控制报告填报工作中发现和梳理高校内部控制建设与实施工作中存在的不足，通过对内部控制报告填报过程中反映的信息进行分析，及时发现内部控制建设工作中存在的问题，进一步健全制度，提高执行力，完善监督措施，确保内部控制有效实施，持续推动和完善高校内部控制建设工作。

第一节 内部控制建设历程与报告填报意义

《行政事业单位内部控制规范(试行)》第七条规定内部控制建设“具体工作包括梳理单位各类经济活动的业务流程，明确业务环节，系统分析经济活动风险，确定风险点，选择风险应对策略，在此基础上根据国家有关规定建立健全单位各项内部管理制度并督促相关工作人员认真执行。”可以说，梳理单位经济活动及其业务流程、业务环节是内部控制建设的基础。

一、内部控制报告填报要求

根据《财政部关于开展 2022 年度行政事业单位内部控制报告编报工作的通知》(财会〔2023〕6 号)要求，单位填报内部控制报告“一是提高政治站位，加强组织协调；二是加大审核力度，提高编报质量；三是强化分析应用，做好问题整改；四是落实保密责任，严守保密规定。”为此，高校要组织开展内部控制报告填报，需要做好如下几方面的准备工作：

(1) 组织召开内部控制建设领导小组会和工作小组会，专题研究相关填报任务分工和填报过程中需要解决和未来需要推进的工作内容。

(2) 明确填报内容分工和目标任务，内部控制涉及学校教学科研等经济活动的方方面面，不仅仅是财务部门或内部控制建设牵头部门的事情，需要从单位层面和业务层面进行内容分工。

（3）组织开展填报事项培训会，要按照持续推进内部控制建设的要求进行相关建设与实施现状的梳理，对照填报内容和要求统一口径，通过内部控制报告填报进一步推进内部控制建设。

二、内部控制建设及内部控制报告填报历程

高校内部控制建设经历过一个爬坡过坎的发展时期。自2012年印发《行政事业单位内部控制规范（试行）》到2014年正式实施，该阶段高校基本没有什么行动，更多停留在学习与试点阶段；2016年4月，教育部印发《教育部直属高校经济活动内部控制指南（试行）》，部省属高校纷纷开始内部控制试点建设和全面推进。总之，高校内部控制建设与实施经历过准备期（分散学习与试点建设期）、集中建设期（强力建设推进期）、报告填报与持续改进期（或称为稳定期、持续改进期）。三个时期的划分，有着清晰的政策制度背景。

2023年4月14日发布《关于开展2022年度行政事业单位内部控制报告编报工作的通知》（财会〔2023〕6号）；

2022年4月12日发布《关于开展2021年度行政事业单位内部控制报告编报工作的通知》（财会〔2022〕9号）；

2021年4月8日发布《关于开展2020年度行政事业单位内部控制报告编报工作的通知》（财会〔2021〕6号）；

2020年2月19日发布《财政部会计司关于调整2019年度行政事业单位内部控制报告报送时间的通知》（财会便〔2020〕8号）；

2019年12月27日发布《关于开展2019年度行政事业单位内部控制报告编报工作的通知》（财会函〔2019〕16号）；

2018年11月24日发布《财政部关于开展2018年度行政事业单位内部控制报告编报工作的通知》（财会函〔2018〕11号）；

2017年12月28日发布《关于开展2017年度行政事业单位内部控制报告编报工作的通知》（财会函〔2017〕15号）；

2017年3月30日发布《关于发布2016年度行政事业单位内部控制报告填报软件的通知》（财办会〔2017〕8号）；

2017年1月25日发布《关于开展2016年度行政事业单位内部控制报告编报工作的通知》(财会函〔2017〕3号);

2017年1月25日发布《关于印发〈行政事业单位内部控制报告管理制度(试行)〉的通知》(财会〔2017〕1号);

2016年7月26日发布《关于报送2016年上半年行政事业单位内部控制工作总结的通知》(财办会〔2016〕29号);

2015年12月21日发布《关于全面推进行政事业单位内部控制建设的指导意见》(财会〔2015〕24号);

2014年7月11日发布《财政部关于开展行政事业单位内部控制知识竞赛活动的通知》(财会〔2014〕24号);

2013年12月5日发布《教育部关于做好〈行政事业单位内部控制规范(试行)〉实施工作的通知》(教财函〔2013〕142号);

2012年11月29日发布《行政事业单位内部控制规范(试行)》(财会〔2012〕21号)。

通过上述文件的梳理可以发现,连续七年的内部控制报告填报取得了阶段性成效,通过报告填报及时梳理反馈高校内部控制建设现状及持续改进情况,包括新问题、新制度、新流程等,高校内部控制工作机制基本建立,内部控制意识明显增强,预算管理、收支业务、政府采购、资产管理、建设项目、合同管理等业务的内部控制制度逐步健全,内部控制报告填报逐步常态化、规范化,"以报促建"作用初显,有效推进了高校内部控制持续改进建设。

三、内部控制报告填报的重要意义

财务部门和内部控制建设牵头部门人员、高校所有校领导、每个部门的负责人和管理人员,以及广大教师等,都要认识到内部控制报告填报在促进内部控制建设与实施上的重要意义和作用,这样才能更好地动员各部门对照内部控制报告填报内容、内部控制建设要求等收集梳理并提供一年来高校各部门内部控制建设工作推进情况,包括风险评估、内部评价、流程改进、制度"废改立"等方面。

(1)内部控制报告填报是持续改进内部控制建设与实施的重要抓手。通过内部控制报告填报,如问题整改工作、风险评估工作、内部控制评价工作,有助于高校坚持问题导向,及时对发现的问题、风险进行控制,调整优化举措，包括制度建设、流程再造和责权调整等。

（2）内部控制报告填报是推进高校内部控制建设与实施工作的依据。内部控制报告有关风险评估、内部控制评价、制度建设内容填报，有助于明确高校内部控制建设与实施工作的重点，有助于针对风险评估发现的问题开展内部控制建设。

（3）内部控制报告填报是发现内部控制建设与实施不足的主要机会。通过相关成效及问题的梳理填报，特别是巡视巡察、纪委监察、审计与财会监督等发现问题，及时整改，达到以评促建的目的。

（4）内部控制报告填报是一次系统性全面再学习贯彻《行政事业单位内部控制规范（试行）》的机会。通过内部控制报告填报，可以有效对照规范找差距。

因此，高校要全面发动，不能仅由内部控制牵头部门独立完成填报工作，需要发动全校相关部门同时发力、形成合力。各部门要不断增强经济责任意识，聚焦内部控制制度建设重点，提升内部管理的规范性；要落实管理责任，规范权力运行，积极稳妥推动内部控制工作向基层拓展；要认真筛查关键风险环节，查缺补漏，及时整改，切实增强高校内部管理水平；要明确填报分工，确保按照时间节点高质量完成编报工作；要及时总结分析内部控制建设与实施存在的不足，促进高校持续改进内部控制。

第二节　内部控制报告填报内容及要求

按照《行政事业单位内部控制规范（试行）》确定的行政事业单位内部控制框架，分别从单位层面和业务层面对内部控制报告填报进行讲解。通过内部控制报告的填报，全面回顾高校内部控制建设进展及实施情况，分析识别内部控制建设与实施过程中存在的不足，为后续的持续改进提供指导。

一、内部控制报告填报总体框架

内部控制报告填报内容近几年略有变化，根据财政部《关于开展 2022 年度行政事业单位内部控制报告编报工作的通知》有关填报要求，概括起来就是一个封面、七张表和一个报告，核心是单位层面内部控制建设情况和业务层面内部控制建设情况，具体见表 14-1。

表 14-1　2022 填报表整体结构

封面代码信息
单位层面内部控制建设情况 单位层面内部控制建设情况(一) 单位层面内部控制建设情况(二) 单位层面内部控制建设情况(三) 单位层面内部控制建设情况(四) 信息系统层面内部控制建设情况 单位内部控制报告文本
2022 年度行政事业单位内部控制报告

高校主要根据《关于开展 2022 年度行政事业单位内部控制报告编报工作的通知》有关填报内容和《行政事业单位内部控制规范(试行)》有关内部控制建设要求规定，结合高校经济业务活动实际填报。

(一) 内部控制报告封面

内部控制报告封面(见图 14-1)主要填报内容包括单位负责人、分管内部控制负责人、牵头部门负责人、填表人和填表部门等五项主要内容。该五项填报内容与高校内部控制建设相关组织工作密切相关。《行政事业单位

2022年度行政事业单位
内部控制报告

(单位公章)

单位名称：__________
单位负责人：__________ (签章)
分管内部控制负责人：__________ (签章)
牵头部门负责人：__________ (签章)
填表人：__________ (签章)
填表部门：__________

电话号码：__________

单位地址：__________

邮政编码：__________

报送日期：__________ 年　月　日

图 14-1　行政事业单位内部控制报告封面填报截图

内部控制规范(试行)》明确规定"单位负责人对本单位内部控制的建立健全和有效实施负责","单位应当单独设置内部控制职能部门或者确定内部控制牵头部门,负责组织协调内部控制工作"等。《教育部直属高校经济活动内部控制指南(试行)》同样明确提出"高校要成立专门负责内部控制建设的职能部门,或者明确内部控制建设的牵头部门,负责组织协调全校的内部控制建设"等。为此,高校一般都是财务部门负责牵头内部控制建设,在财务部门内设内部控制建设机构,具体负责内部控制建设与实施工作。

例如南京工业大学计划财务处是现阶段学校内部控制建设的牵头部门,相应的分管财务副校长就是内部控制负责人。同时,封面信息的填报与内部控制机构组成填报要相一致。

(二) 单位基本情况

单位基本情况(见图 14-2)主要包括预算级次、预算管理级次、支出功能分类、年末在职人数等基本信息。其中:① 预算级次填列部门和单位按照预算管理权限和经费领拨关系所确定的预算级次,与部门决算封面上预算级次一致。非预算单位此项填报"无"。② 预算管理级次按单位预算分级管理的级次选择填列。非预算单位填报"90 非预算单位"。③ 支出功能分类填列部门决算"支出决算表"(财决 04 表)中涉及金额最多的支出功能分类科目。高校一般填报高等教育类。④ 年末在职人数填列在政府编制管理部门核定的编制内、由单位人事部门管理的实有年末在职人数,与部门决算"基本数字表"(财决附 02 表)第 4 栏合计数一致,即"年末实有人数"中"人员总计"的"在职人员"合计数。我们高校一般用工性质比较复杂,目前主要有事业编人员、人事代理编人员、劳务派遣人员和购买第三方服务人员等。年末在职人数一般包含事业编人员和人事代理编人员合计数,不包含劳务派遣人员数量。

组织机构代码	□□□□□□□□□□	基本性质	□□
预算级次	□	预算管理级次	□□
支出功能分类		年末在职人数	
所在地区	□□□□□□	隶属关系	□□□□□□-□□□
财政预算代码	□□□□□□□□□□□□□□□□□□□□□□□□□□		

图 14-2 单位基本情况填报截图

二、单位层面内部控制建设情况填报

单位层面内部控制报告填报内容主要包括四个方面：一是高校单位层面内部控制机构设置及运行情况；二是高校单位层面规范权力运行情况；三是单位层面内部控制相关问题整改情况；四是政府会计制度改革实施情况。其中，核心就是机构和人的控制情况，如内部控制机构设置及运行情况、规范权力运行情况等，包括建设工作开展情况、分级授权情况、轮岗情况等。

（一）高校单位层面内部控制机构设置及运行情况填报

1. 高校单位层面内部控制机构设置情况填报

高校内部控制机构组成情况（见图 14-3）主要填报内容包括：单位是否成立内部控制领导小组、工作小组，小组主要成员及所在部门，内部控制建设牵头部门，内部控制评价与监督部门。这反映了高校推进内部控制建设的组织实施情况，该部分内容填报需要根据高校有关内部控制建设组织机构设置文件填报。

单位是否成立内部控制领导小组	是 □ 否 □	单位是否成立内部控制工作小组	是 □ 否 □
单位内部控制领导小组负责人为	单位主要负责人□　分管财务领导□　其他分管领导□ 姓名：__________　职务：__________		
内部控制建设牵头部门设在	行政管理部门□　财务部门□　内审部门□ 纪检监察部门□　其他部门□　未设置□		
内部控制评价与监督部门设在	行政管理部门□　财务部门□　内审部门□ 纪检监察部门□　其他部门□　未设置□		

图 14-3　单位内部控制机构设置情况填报截图

《行政事业单位内部控制规范（试行）》第六条规定“单位负责人对本单位内部控制的建立健全和有效实施负责。”第十三条规定“单位应当单独设置内部控制职能部门或者确定内部控制牵头部门，负责组织协调内部控制工作。同时，应当充分发挥财会、内部审计、纪检监察、政府采购、基建、资产管理等部门或岗位在内部控制中作用。”《教育部直属高校经济活动内部控制指南（试行）》明确“高校要成立专门负责内部控制建设的职能部门，或者明确内部控制建设的牵头部门，负责组织协调全校的内部控制建设”等。

例如南京工业大学2017年成立相应的领导小组、工作小组,明确书记、校长为双组长,分管财务的校领导为工作小组负责人等;据此该高校内部控制建设工作的组织体系比较健全,成立领导小组和工作小组,明确财务部门为内部控制建设牵头部门等。2022年,根据高校党委换届,重新调整相应机构成员。该高校及时发文进行了调整,相应领导小组成员和工作小组成员由原具体人员变更为具体部门负责人等,提升了工作开展的便捷性。

内部控制机构组成情况填报与高校内部控制建设相一致,如果按照《行政事业单位内部控制规范(试行)》或《教育部直属高校经济活动内部控制指南(试行)》等成立内部控制领导小组和工作小组,明确相应内部控制建设牵头部门和评价牵头部门等,则相应填报内容就比较好填报。假如高校没有成立相应的组织机构,则反映高校内部控制建设组织工作不力。内部控制建设牵头部门与内部控制评价与监督牵头部门应当相互分离,不能既做运动员,又做裁判员。

为此,高校在收集内部控制建设组织机构设置情况的基础上,按照要求填报。相应佐证材料就是成立或变更小组成员的工作方案、发文通知等。这里要特别提醒:牵头部门和评价与监督部门应分别由不同部门承担,现阶段一般由财务部门牵头内部控制建设,由审计部门牵头内部控制评价与监督,一方面实现内部控制建设与评价分离,另一方面可以将内部控制建设与实施情况纳入部门单位主要负责人经济责任审计内容。

2. 高校单位层面内部控制机构运行情况填报

单位内部控制机构运行情况(见图14-4)主要填报内容与内部控制机构组成情况密切相关,反映高校内部控制建设组织开展情况,主要包括:××××年度单位召开内部控制领导小组会议次数;××××年度单位开展内部控制相关培训次数;××××年度单位层面内部控制风险评估覆盖情况;××××年度单位是否开展内部控制评价;××××年度单位内部控制评价结果应用领域。

内部控制机构运行情况全面反映高校内部控制建设工作的开展情况,如当年内部控制建设有无持续改进等,就直接体现在相应工作开展中。如专题会、培训会、风险评估工作、内部控制评价工作,将内部控制建设与实施纳入单位负责人经济责任审计等,都是内部控制建设工作的体现,相应的会议单、会议通知、会议报道、风险评估招标书、风险评估报告、内部控制评价报告等是佐证材料。所以日常的会议召开、日常的内部控制建设，包括持续改进就非常重要，如预算业务内部控制优化建设等。

<table>
<tr><td colspan="3">××××年度单位召开内部控制领导小组会议次数</td><td>××××年度单位开展内部控制相关培训次数</td></tr>
<tr><td>××××年度单位层面内部控制风险评估覆盖情况</td><td colspan="3">组织架构□ 运行机制□ 关键岗位□
制度体系□ 信息系统□ 未评估□</td></tr>
<tr><td>××××年度单位是否开展内部控制评价</td><td>是□
否□</td><td>××××年度单位内部控制评价结果应用领域</td><td>作为完善内部管理制度的依据□
作为绩效管理的依据□
作为监督问责的参考依据□
作为领导干部选拔任用的参考□
其他领域□
未应用□</td></tr>
</table>

图 14-4 单位内部控制机构运行情况填报截图

（1）内部控制领导小组会议包括内部控制专题会议或与内部控制工作相关会议。需上传内部控制领导小组会议纪要作为佐证材料。牵头部门需要及时组织召开会议。

（2）内部控制相关培训包括内部控制专题培训或将内部控制作为议题之一的相关培训。需上传内部控制培训通知或纪要等作为佐证材料。牵头部门、监督评价部门要及时组织内部控制建设与实施培训，监督与评价工作培训。

（3）××××年度单位层面内部控制风险评估覆盖情况根据××××年度单位组织开展或委托第三方开展单位层面风险评估工作以及出具的风险评估报告或其他文件，逐项勾选已进行内部控制风险评估的方面。需上传风险评估报告等材料作为佐证材料。牵头部门需要全面或定项开展风险评估工作。

（4）内部控制评价是指单位自行或者委托第三方对单位内部控制体系建立与实施情况进行评价并出具评价报告。需上传内部控制评价报告作为佐证材料。该项工作一般由监督与评价牵头部门开展，目前由审计部门牵头比较多。该项目也可以进行全面评价、专项评价和分部门评价，如对领导干部任中或任期进行经济责任审计，应开展专项或分部门内部控制评价工作。

内部控制机构运行情况的佐证材料主要来自会议单、会议纪要，以及风险评估报告、内部控制评价报告等。填报必须注意佐证材料与内容的一致性，杜绝出现佐证材料文件名称与填报内容不符或者佐证材料内容与佐证材料名称不相符的情况。

（二）高校单位层面规范权力运行情况填报

单位层面规范权力运行情况（见图 14-5）填报内容包括：单位是否建立健全分事行权、分岗设权、分级授权机制；单位是否建立关键岗位干部交流或定期轮岗机制，并明确不具备条件轮岗的实行专项审计；单位是否针对“三重一大”事项建立集体议事决策机制。

单位是否建立健全分事行权、分岗设权、分级授权机制	是□ 否□
单位是否建立关键岗位干部交流或定期轮岗机制，并明确不具备条件轮岗的实行专项审计	是□ 否□
单位是否针对“三重一大”事项建立集体议事决策机制	是□ 否□

图 14-5 单位层面规范权力运行情况填报截图

该方面填报内容仅填“是”和“否”，是一个总体性判断，具体细化内容在后面进一步明确。精准把握填报内容的内涵比较重要，这是精准判断单位规范权力运行情况的重要依据。

(1) 分事行权是指对单位经济活动和业务活动的决策、执行、监督，应当明确分工、相互分离、分别行权；分岗设权是指对涉及经济活动、业务活动的相关岗位，应当依职定岗、分岗定权、权责明确；分级授权是指对单位各管理层级和相关岗位，应当明确授权范围、授权对象、授权期限、授权与行权责任、一般授权与特殊授权界限。

为此，梳理高校各项经济业务活动事项，明确不同事项、不同环节的处理岗位设置，包括处理权限分配等，就非常重要。通过强化内部流程控制，防止权力滥用。

(2) 单位应当按照有关规定对关键岗位人员实行轮岗交流，明确轮岗范围、轮岗周期与轮岗方式，不具备轮岗条件的可以采用专项审计等替代措施。需上传定期轮岗（或专项审计）相关制度。

识别并明确关键岗位是对关键岗位人员实施轮岗交流的重要基础，只有识别并明确关键岗位，才能根据不相容岗位要求、关键岗位轮岗要求实施轮岗或专项审计。通过不相容职务相互分离，使不相容岗位和职务之间能够相互监督、相互制约，形成有效的制衡机制。

(3)“三重一大”是指重大事项决策、重要干部任免、重要项目安排、大额度资金的使用。落实“三重一大”决策制度，是高校推进民主管理的重要举措，也是高校深化内部治理的重要保障，同时也是内外部审计监督的重点。通过加强“三重一大”的有效监督，找准权力的制衡点，促进集体决策的全面受控和有效执行。

(三) 高校单位层面内部控制相关问题整改情况填报

单位内部控制相关问题整改情况(见图 14-6)填报比较重要。高校接受巡视巡察及审计发现的问题比较多，但仅需填报与内部控制相关的问题，因此一定要识别分析发现的问题，哪些是与内部控制相关的，如高校没有合同管理办法导致合同签订与执行中出现的问题。

××××年度单位内部控制评价发现问题整改情况	问题总数:____ 已完成整改问题数量:____ 正在进行整改问题数量:____ 未整改问题数量____
××××年度单位巡视发现与内部控制相关问题整改情况	问题总数:____ 已完成整改问题数量:____ 正在进行整改问题数量:____ 未整改问题数量____
××××年度单位纪检监察发现与内部控制相关问题整改情况	问题总数:____ 已完成整改问题数量:____ 正在进行整改问题数量:____ 未整改问题数量____
××××年度单位审计发现与内部控制相关问题整改情况	问题总数:____ 已完成整改问题数量:____ 正在进行整改问题数量:____ 未整改问题数量____

图 14-6 单位内部控制相关问题整改情况填报截图

内部控制相关问题填报主要包括××××年度单位内部控制评价发现问题整改情况、××××年度单位巡视发现与内部控制相关问题整改情况、××××年度单位纪检监察发现与内部控制相关问题整改情况、××××年度单位审计发现与内部控制相关问题整改情况等方面，每个方面又包括很多细节。该部分内容填报涉及高校内部控制评价部门、纪委监察部门、审计部门以及财会监督部门等，需要相关部门的密切配合与支持。

(1) ××××年度单位内部控制评价发现问题整改情况根据内部控制评价报告及整改文件、成果等内容填写。

（2）××××年度单位巡视发现与内部控制相关问题整改情况根据各类巡视报告及巡视整改工作报告等内容填写，仅填列与内部控制相关的问题。

（3）××××年度单位纪检监察发现与内部控制相关问题整改情况根据单位纪检监察报告及整改工作报告等内容填写，仅填列与内部控制相关的问题。

（4）××××年度单位审计发现与内部控制相关问题整改情况根据各类审计报告及整改工作报告等内容填写，仅填列与内部控制相关的问题。

（四）政府会计制度改革实施情况填报

单位政府会计改革情况（见图 14-7）填报内容主要包括：单位是否执行政府会计准则制度；××××年度单位是否按照政府会计准则制度要求开展预算会计核算和财务会计核算；××××年度单位是否对固定资产和无形资产计提折旧或摊销；××××年度编制政府部门财务报告时，部门及所属单位之间发生的经济业务或事项是否在抵销前进行确认；单位是否将基本建设投资、公共基础设施、保障性住房、政府储备物资、国有文物文化资产等纳入统一账簿进行会计核算；单位是否开展财务报告数据的分析与应用；等等。这项指标不需要上传材料，单位按照实际情况勾选“是”“否”或者“不适用”即可。

单位是否执行政府会计准则制度	是□ 否□	××××年度单位是否按照政府会计准则制度要求开展预算会计核算和财务会计核算	是□ 否□
××××年度单位是否对固定资产和无形资产计提折旧或摊销	是□ 否□	××××年度编制政府部门财务报告时，部门及所属单位之间发生的经济业务或事项是否在抵销前进行确认	是□ 否□ 不适用□
单位是否将基本建设投资、公共基础设施、保障性住房、政府储备物资、国有文物文化资产等纳入统一账簿进行会计核算	基本建设投资：是□　否□　不适用□ 公共基础设施：是□　否□　不适用□ 保障性住房：是□　否□　不适用□ 政府储备物资：是□　否□　不适用□ 国有文物文化资产：是□　否□　不适用□		
单位是否开展财务报告数据的分析与应用	是□ 否□		

图 14-7　单位政府会计改革情况填报截图

(1) 单位应当按照国家统一的政府会计准则制度进行账务处理，编制会计报表，并建立健全会计核算过程和财务报告编制环节的内部控制制度。

(2) ××××年度单位是否按照政府会计准则制度要求开展预算，会计核算和财务会计核算根据单位年度预算会计核算和财务会计核算情况勾选。

(3) 编制××××年度政府部门财务报告时，部门及所属单位之间发生的经济业务或事项是否在抵销前进行确认，根据××××年度政府部门财务报告编制过程中的内部抵销情况勾选。若单位不存在内部抵销事项，则勾选“不适用”。

(4) 单位是否将基本建设投资、公共基础设施、保障性住房、政府储备物资、国有文物文化资产等纳入统一账簿进行会计核算，根据单位基本建设投资、公共基础设施、保障性住房、政府储备物资、国有文物文化资产核算实际情况勾选。若单位不存在相关业务，则勾选“不适用”。

(5) 单位是否开展财务报告数据的分析与应用，根据单位实际情况勾选。

综上所述，单位层面内部控制报告填报工作主要涵盖以下四个关键方面：① 内部控制建设的组织与领导。单位是否专门开展了内部控制建设？具体由谁牵头负责？哪些领导直接参与？哪些部门和人员参与了相关工作？这些信息需要明确记录，以确保责任清晰、分工明确。② 内部控制建设的进展与评价。单位是否系统性地开展了内部控制建设工作？目前的内部控制体系建设进展如何？是否已经完成了相关制度的制定与实施？是否开展了内部控制建设与运行的评价工作？这些内容反映了单位在内部控制建设中取得的实际成效。③ 组织架构与岗位职责设置。单位内部的组织架构是否合理？各部门的职责是否清晰？岗位设置是否科学？是否存在职责交叉或职责空白的情况？这些问题的梳理有助于优化内部管理，确保各部门和岗位的职责明确、权责匹配。④ 内部控制方法与举措的实施。单位是否实施了有效的内部控制方法？例如职权分离(三权分离)、分岗设权(不同岗位拥有不同的职权)、分级授权(明确哪些事项需要通过授权进行)、定期轮岗(明确哪些部门和岗位需要轮岗)等。这些措施的实施情况直接关系到内部控制的执行效果。

总体而言，单位层面的内部控制建设旨在夯实内部控制设计与执行的基础条件，主要包括以下几个方面：① 组织人事制度。明确单位内部的机构设置、部门职责、岗位设置及岗位职责。② 议事决策机制。完善党委行政议事决策机制，包括议题申报、决议下达与执行、决议执行督查等环节。③ 制度规范。通过《党委会决策议事规程》《内部部门与岗位职责及人员配备办法》等制度文件，确保“人（部门）”对“事”的控制权限划分清晰，履职尽责到位。

内部控制建设的核心在于风险防控，通过科学的组织架构、明确的职责分工和有效的制度执行，确保单位在运营过程中能够有效识别、评估和应对各类风险。

三、业务层面内部控制情况填报

业务层面内部控制报告填报内容包括六个方面：一是单位内部控制适用的业务领域；二是单位内部控制职责分离情况；三是单位内部控制关键岗位轮岗情况；四是单位业务层面风险评估覆盖情况；五是业务层面内部控制制度建立情况；六是业务层面内部控制制度执行情况。其中，核心就是《行政事业单位内部控制规范（试行）》在具体业务内部控制方面建设情况。

（一）单位内部控制适用的业务领域填报

单位内部控制适用的业务领域（见图 14-8）填报内容主要包括预算业务、收支业务、政府采购业务、资产管理、建设项目管理和合同管理，以及内部控制适用的其他业务等领域。

预算业务	适用□ 不适用□	收支业务	适用□ 不适用□
政府采购业务	适用□ 不适用□	资产管理	适用□ 不适用□
建设项目管理	适用□ 不适用□	合同管理	适用□ 不适用□
内部控制适用的其他业务领域			

图 14-8 单位内部控制适用的业务领域填报截图

（1）如单位适用某项经济业务，但某年度该业务实际未发生，也应勾选“适用”。对于不适用的业务领域，应在佐证材料中加以说明或提供支撑材料，如加盖单位公章的说明材料等。

（2）政府采购是指各级国家机关、事业单位和团体组织，使用财政性资金采购依法制定的集中采购目录以内的或者采购限额标准以上的货物、工程和服务的行为。单位使用财政性资金采购集中采购目录以外和限额标准以下的货物、工程和服务，即自行采购业务，可比照政府采购业务控制程序执行。

(3) 建设项目是指单位自行或委托其他单位进行的建造、安装活动。建造活动主要是指各种建筑的新建、改建、扩建及修缮活动；安装活动主要是指设备的安装工程。

(4) 若内部控制建设覆盖六大业务领域以外的其他业务，可填写具体业务名称。

(二) 单位内部控制职责分离情况填报

单位内部控制职责分离情况（见图 14-9）内容填报涉及内部控制六大经济业务领域主要业务环节的岗位设置及职责分离情况，是“分事行权、分岗设权”的具体化，也是内部控制制衡的具体化。职责分离是指对于各业务环节中的不相容职责，不得由同一人员承担。填报时需上传岗位职责说明书等作为佐证材料。使用网络版填报的单位，若以前年度已经上传过相应佐证材料，则无须再次上传；若以前年度未上传或第一年使用网络版填报，则需上传相应佐证材料。使用单机版填报的单位，需上传相应佐证材料。

预算业务	收支业务	政府采购业务	资产管理	建设项目管理	合同管理
是否制定岗位职责说明书 是□ 否□	是否制定岗位职责说明书 是□ 否□	是否制定岗位职责说明书 是□ 否□	是否制定岗位职责说明书 是□ 否□	是否制定岗位职责说明书 是□ 否□	是否制定岗位职责说明书 是□ 否□
预算编制与审核分离 是□ 否□	收款与会计核算分离 是□ 否□	采购需求提出与审核分离 是□ 否□	货币资金保管、稽核与账目登记分离 是□ 否□	项目立项申请与审核分离 是□ 否□	合同拟订与审核分离 是□ 否□
预算审批与执行分离 是□ 否□	支出申请与审批分离 是□ 否□	采购方式确定与审核分离 是□ 否□	资产财务账与实物账分离 是□ 否□	概预算编制与审核分离 是□ 否□	合同订立与合同章管理分离 是□ 否□
预算执行与分析分离 是□ 否□	支出审批与付款分离 是□ 否□	采购执行与验收分离 是□ 否□	资产保管与清查分离 是□ 否□	项目实施与价款支付分离 是□ 否□	合同订立与登记台账分离 是□ 否□
决算编制与审核分离 是□ 否□	业务经办与会计核算分离 是□ 否□	采购验收与登记分离 是□ 否□	对外投资立项申报与审核分离 是□ 否□	竣工决算与审计分离 是□ 否□	合同执行与监督分离 是□ 否□

图 14-9　单位内部控制职责分离情况填报截图

例如南京工业大学《工作职责汇编》明确了不同部门的工作职责。该汇编规定的工作职责还比较宏观，需要进一步从部门履职、部门岗位设置角度进一步细化。例如该高校计划财务处预算管理科工作职责，就进一步细化了预算管理职责及工作内容。即使这样还不够细化，需要进一步细化工作事项清单，从每件事情的角度去细化工作职责。

（1）预算业务。预算业务的职责分离情况主要填报内容包括是否制定预算岗位职责说明书及是否建立预算编制与审核分离、预算审批与执行分离、预算执行与分析分离、决算编制与审核分离等方面，涉及预算编制岗、预算审核岗、预算审批岗、预算执行岗、预算分析岗、决算编制岗等不相容岗位。一般来说，不论是高校部门预算还是校内执行分解预算，需经历预算申报到预算编制、预算审批、预算执行、执行分析、决算编报等流程，需要经过审核、审定和审批等环节，不同岗位之间要相互分离，如预算申报和预算编制要分离，预算审批与执行要分离等。要做到职责分离，需要制定岗位职责说明书，明确岗位职责。

（2）收支业务。收支业务的职责分离情况主要填报内容包括是否制定收支岗位职责说明书及是否实施收款与会计核算分离、支出申请与审批分离、支出审批与付款分离、业务经办与会计核算分离等方面，涉及收款岗、会计核算岗、支出审批岗、支出付款岗、业务经办岗等。

（3）政府采购业务。政府采购业务的职责分离情况主要填报内容包括是否制定岗位职责说明书及采购需求提出与审核分离、采购方式确定与审核分离、采购执行与验收分离、采购验收与登记分离等方面，分别涉及采购需求申报岗、采购审核审批岗、采购执行岗、采购验收岗、采购资产与服务验收岗等。

（4）资产管理。资产管理的职责分离情况主要填报内容包括是否制定岗位职责说明书，以及货币资金保管、稽核与账目登记分离，资产财务账与实物账分离、资产保管与清查分离、对外投资立项申报与审核分离等方面。

（5）建设项目管理。建设项目管理的职责分离情况主要填报内容包括是否制定岗位职责说明书及项目立项申请与审核分离、概预算编制与审核分离、项目实施与价款支付分离、竣工决算与审计分离等方面，涉及项目立项申请岗、项目审核岗、项目概预算编制岗、工程款项支付与审核岗等。

（6）合同管理。合同管理的职责分离情况主要填报内容包括是否制定岗位职责说明书及合同拟订与审核分离、合同订立与合同章管理分离、合同订立与登记台账分离、合同执行与监督分离等方面。

识别业务工作职责及其分离情况，一方面来自单位部门机构设置及部门岗位职责规定，另一方面就来自单位相关管理制度中的业务管理体制、相关部门职责及业务处理流程等。如何识别和判断相关部门设置和部门、岗位职责，以及相关管理制度中是否遵守不相容岗位相互分离、关键岗位职责相互分离，需要我们对照内部控制规范要求，按照业务流程环节进行对照识别。因此制度的建立健全和科学合理就非常重要。目前存在的问题：一是简单以外部规定替代内部管理制度；二是处理流程不完整，环节不细化，导致制度落地比较差；三是基本没有建立岗位责任制，岗位职责和岗位履职规范空白。因此，该部分内容填报的重点就是要收集部门职责、岗位职责和相关管理办法。

（三）单位内部控制关键岗位轮岗情况填报

该部分主要填报预算业务、收支业务、政府采购业务、资产管理、建设项目管理和合同管理相关的关键岗位轮岗情况。具体见图 14-10。

预算业务	轮岗周期内所有关键岗位已轮岗或开展专项审计□ 轮岗周期内部分关键岗位已轮岗或开展专项审计□ 轮岗周期内所有关键岗位未进行轮岗且未开展专项审计□
收支业务	轮岗周期内所有关键岗位已轮岗或开展专项审计□ 轮岗周期内部分关键岗位已轮岗或开展专项审计□ 轮岗周期内所有关键岗位未进行轮岗且未开展专项审计□
政府采购业务	轮岗周期内所有关键岗位已轮岗或开展专项审计□ 轮岗周期内部分关键岗位已轮岗或开展专项审计□ 轮岗周期内所有关键岗位未进行轮岗且未开展专项审计□
资产管理	轮岗周期内所有关键岗位已轮岗或开展专项审计□ 轮岗周期内部分关键岗位已轮岗或开展专项审计□ 轮岗周期内所有关键岗位未进行轮岗且未开展专项审计□
建设项目管理	轮岗周期内所有关键岗位已轮岗或开展专项审计□ 轮岗周期内部分关键岗位已轮岗或开展专项审计□ 轮岗周期内所有关键岗位未进行轮岗且未开展专项审计□
合同管理	轮岗周期内所有关键岗位已轮岗或开展专项审计□ 轮岗周期内部分关键岗位已轮岗或开展专项审计□ 轮岗周期内所有关键岗位未进行轮岗且未开展专项审计□

图 14-10　单位内部控制关键岗位轮岗情况填报截图

要准确填报关键岗位轮岗情况，首先需要精准识别关键岗位及关键岗位与不相容岗位间的关系等。其次就是明晰关键岗位职责及工作要求，包括岗位轮岗制度等。最后就是明确是否严格执行岗位轮岗制度。

高校应当按照有关规定对关键岗位人员实行轮岗交流，明确轮岗范围、轮岗周期与轮岗方式，不具备轮岗条件的可以采用专项审计等替代措施。需上传定期轮岗（或专项审计）记录、专项审计报告等文件作为佐证材料。关于关键岗位轮岗情况的佐证材料主要来自两个方面：一是单位的部门岗位职责及其有关轮岗制度规定，包括领导干部任期换届的规定；二是单位有关轮岗交接单、任期换届任命文件等。

高校实行轮岗制度，要统筹兼顾工作的安排和人员的使用，既能达到轮岗的目的和要求，又能保证各项工作的连续性和人员的相对稳定性。轮岗的人员必须具备所轮换岗位德才要求的基本条件。

（四）单位业务层面风险评估覆盖情况填报

风险评估是持续开展内部控制建设的必要环节，通过风险评估及时发现高校内部控制存在的漏洞，以及需要建立健全内部控制制度的具体业务环节等。目前单位业务层面风险评估覆盖情况（见图 14-11）填报内容主要包括预算业务是否开展风险评估、收支业务是否开展风险评估、政府采购业务是否开展风险评估、资产管理是否开展风险评估、建设项目管理是否开展风险评估、合同管理是否开展风险评估等。

预算业务是否开展风险评估	是□ 否□	收支业务是否开展风险评估	是□ 否□
政府采购业务是否开展风险评估	是□ 否□	资产管理是否开展风险评估	是□ 否□
建设项目管理是否开展风险评估	是□ 否□	合同管理是否开展风险评估	是□ 否□

图 14-11　单位业务层面风险评估覆盖情况填报截图

高校在全面内部控制建设的基础上，应该逐年持续优化、完善内部控制建设，包括分业务优化完善和全面优化完善。相应的，风险评估开展也可以实施全面风险评估和专项风险评估。其中，专项风险评估是根据年度需要持续改进完善的内部控制业务进行，如需对预算业务内部控制制度进行进一步优化完善，就可以专项对预算业务内部控制风险进行评估，发现高校预算业务管理中还存在的内部控制风险点。为此，高校风险评估情况的佐证材料主要来自高校开展的风险评估工作及其评估报告。如果是全面风险评估，一般都应涵盖预算、收支等六大经济业务；如果是专项内部控制风险评估，如仅对某部门或某项业务开展风险评估，则可能覆盖的范围就仅限于某项具体业务。

（五）业务层面内部控制制度建设情况填报

《行政事业单位内部控制规范（试行）》第三条指出，内部控制是指“单位为实现控制目标，通过制定制度、实施措施和执行程序，对经济活动的风险进行防范和管控”。第七条规定“单位应当根据本规范建立适合本单位实际情况的内部控制体系，并组织实施。具体工作包括梳理单位各类经济活动的业务流程，明确业务环节，系统分析经济活动风险，确定风险点，选择风险应对策略，在此基础上根据国家有关规定建立健全单位各项内部管理制度并督促相关工作人员认真执行。”可以说，内部控制管理制度和内部管理制度，抑或内部控制制度，它们不是一个个孤立或独立的制度体系，都是单位内部管理制度、办法等融合在一起的，是现有管理办法融合内部控制相关控制举措，包括控制程序等。因此，高校要以内部控制规范为依据，构建高校内部控制制度体系，完善相关内部管理流程和管理制度。如××大学内部控制制度体系架构包括管理制度体系和管理流程体系，通过制度优化和流程再造实现内部控制建设目标。

1. 预算业务内部控制制度建设情况

预算业务内部控制制度建设情况填报截图见图 14-12。

高校预算管理制度体系涵盖预算编制与审核、预算执行与调整、决算管理、绩效管理等业务内容及其相应的管理控制点。

（1）是否已建立制度和流程图。需要根据单位内部控制制度和流程图建立情况勾选。截至××××年年底单位已经建立对应业务环节（类别）的制度或流程图，勾选“是”；若单位尚未建立对应业务环节（类别）的制度或流程图，勾选“否”。

（2）××××年度是否更新。需要根据单位××××年度内部控制制度和流程图更新情况勾选。若单位在以前年度已经建立对应业务的制度或流程图且××××年度进行过更新，或者单位××××年度首次建立对应制度或流程图，勾选“是”，否则勾选“否”。

（3）内部控制制度覆盖关键控制点情况。需要根据单位现有管理制度办法进行识别，对照内部控制制度要求进行分析识别。

<table>
<tr><th>业务类型</th><th>环节（类别）</th><th>是否已建立制度和流程图</th><th>××××年度是否更新</th><th>内部控制制度覆盖关键管控点情况</th></tr>
<tr><td rowspan="4">预算业务</td><td>预算编制与审核</td><td>建立制度：
是□ 否□
建立流程图：
是□ 否□</td><td rowspan="4">更新制度：
是□ 否□
更新流程图：
是□ 否□</td><td>单位预算项目库入库标准与动态管理□
单位预算编制主体、程序与标准□
单位预算分解及下达□
预决算公开□
未覆盖以上所有管控点□</td></tr>
<tr><td>预算执行与调整</td><td>建立制度：
是□ 否□
建立流程图：
是□ 否□</td><td>单位预算执行分析次数、内容及结果应用□
单位预算调整主体、程序及标准□
未覆盖以上所有管控点□</td></tr>
<tr><td>决算管理</td><td>建立制度：
是□ 否□
建立流程图：
是□ 否□</td><td>单位决算编制主体、程序及标准□
单位决算分析报告内容与应用机制□
未覆盖以上所有管控点□</td></tr>
<tr><td>绩效管理</td><td>建立制度：
是□ 否□
建立流程图：
是□ 否□</td><td>单位新增重大预算项目事前评估程序□
单位整体绩效目标设定与审核□
单位项目绩效目标设定与审核□
单位项目绩效运行监控□
单位整体绩效评价主体、程序及结果应用□
单位项目绩效评价主体、程序及结果应用□
未覆盖以上所有管控点□</td></tr>
</table>

图 14-12　预算业务内部控制制度建设情况填报截图

可以说，判断预算业务的内部控制制度及流程图是否建立、是否更新、是否覆盖关键管控点，特别是现有管理办法是否覆盖关键管控点，需要通过对高校预算管理办法等相关制度进行识别分析来确定。如××大学预算管理办法明确了预算分析、决算资料保管等关键控制点。

2. 收支业务内部控制制度建设情况

高校收支管理制度涵盖收入管理、票据管理、支出管理、公务卡管理等主要业务内容及其相应的管控点。收支业务内部控制制度建设情况（见图14-13）主要包括是否已建立制度和流程图、××××年度是否更新、内部控制制度覆盖关键管控点情况。具体覆盖的关键管控点分别有财政收入种类与收缴管理、非财政收入种类与收缴管理、财政票据申领等、支出范围与标准、支出审批权限、公务卡结算范围及报销程序等。

<table>
<tr><th>业务类型</th><th>环节（类别）</th><th>是否已建立制度和流程图</th><th>××××年度是否更新</th><th>内部控制制度覆盖关键管控点情况</th></tr>
<tr><td rowspan="4">收支业务</td><td>收入管理</td><td>建立制度：
是□ 否□
建立流程图：
是□ 否□</td><td rowspan="4">更新制度：
是□ 否□
更新流程图：
是□ 否□</td><td>单位财政收入种类与收缴管理□
单位非财政收入种类与收缴管理□
未覆盖以上所有管控点□</td></tr>
<tr><td>票据管理</td><td>建立制度：
是□ 否□
建立流程图：
是□ 否□</td><td>单位财政票据申领、使用保管及核销□
单位发票申领、使用保管及核销□
未覆盖以上所有管控点□</td></tr>
<tr><td>支出管理</td><td>建立制度：
是□ 否□
建立流程图：
是□ 否□</td><td>单位支出范围与标准□
单位各类支出审批权限□
未覆盖以上所有管控点□</td></tr>
<tr><td>公务卡管理</td><td>建立制度：
是□ 否□
建立流程图：
是□ 否□</td><td>单位公务卡结算范围及报销程序□
单位公务卡办卡及销卡管理□
未覆盖以上所有管控点□</td></tr>
</table>

图 14-13　收支业务内部控制制度建设情况填报截图

可以说，精准填报收支业务内部控制制度建立情况表，需要收集整理高校有关收入管理办法、支出管理办法等制度，对照《行政事业单位内部控制规范（试行）》要求和报告填报内容，识别分析是否将关键管控点融入制度条款中。

3. 政府采购业务内部控制制度建设情况

政府采购业务内部控制制度和流程包括采购需求管理、变更采购方式、采购进口产品、履约验收、信息公开等环节。政府采购业务内部控制制度建设情况填报截图见图 14-14。

可以说，精准填报政府采购业务内部控制制度建立及持续改进情况，判断是否涵盖各环节关键管控点，需要收集梳理高校现有管理制度，按照《行政事业单位内部控制规范（试行）》要求分析相关条款是否遵循了内部控制，是否涵盖相关关键管控点。如果没有涵盖或未能明确岗位职责、不相容岗位相互分离等内部控制举措，则应持续改进完善。

<table>
<tr><th>业务类型</th><th>环节（类别）</th><th>是否已建立制度和流程图</th><th>××××年度是否更新</th><th>内部控制制度覆盖关键管控点情况</th></tr>
<tr><td rowspan="5">政府采购业务</td><td>采购需求管理</td><td>建立制度：
是□ 否□
建立流程图：
是□ 否□</td><td rowspan="5">更新制度：
是□ 否□
更新流程图：
是□ 否□</td><td>采购需求的内容、合规性、合理性□
采购需求调查主体、范围、内容、形式、存档□
采购实施计划（包括采购项目预算、采购组织形式、采购方式等）的内容、存档□
采购需求审查的范围、内容、成员、存档□
未覆盖以上所有管控点□</td></tr>
<tr><td>变更采购方式</td><td>建立制度：
是□ 否□
建立流程图：
是□ 否□</td><td>申请变更采购方式的主体、程序□
未覆盖以上所有管控点□</td></tr>
<tr><td>采购进口产品</td><td>建立制度：
是□ 否□
建立流程图：
是□ 否□</td><td>申请采购进口产品的主体、程序□
未覆盖以上所有管控点□</td></tr>
<tr><td>履约验收</td><td>建立制度：
是□ 否□
建立流程图：
是□ 否□</td><td>履约验收的主体、时间、方式、程序、内容、验收标准等□
未覆盖以上所有管控点□</td></tr>
<tr><td>信息公开</td><td>建立制度：
是□ 否□
建立流程图：
是□ 否□</td><td>信息公开的主体、范围、时间、内容、程序□
未覆盖以上所有管控点□</td></tr>
</table>

图 14-14 政府采购业务内部控制制度建设情况填报截图

4. 资产管理业务内部控制制度建设情况

资产管理业务内部控制包括货币资金管理、固定资产管理、无形资产管理、对外投资管理等业务环节。资产管理业务内部控制制度建设情况（见图 14-15）主要填报内容同样涉及制度与流程的建立、更新方面，以及内部控制制度覆盖关键管控点情况。

可以说，收集梳理高校有关资产管理制度就是精准填报的第一步，通过收集梳理高校相关管理制度，分析其管理条款，对照《行政事业单位内部控制规范（试行）》要求和填报内容，判断是否涵盖关键管控点，是否落实不相容岗位相互分离原则等。如××大学国有资产管理办法中明确了管理体制和归口管理部门职责等。

业务类型	环节（类别）	是否已建立制度和流程图	××××年度是否更新	内部控制制度覆盖关键管控点情况
资产管理	货币资金管理	建立制度： 是□ 否□ 建立流程图： 是□ 否□	更新制度： 是□ 否□ 更新流程图： 是□ 否□	单位银行账户类型、开立、变更、撤销程序及年检□ 单位财务印章、银行密钥管理□ 未覆盖以上所有管控点□
	固定资产管理	建立制度： 是□ 否□ 建立流程图： 是□ 否□		单位固定资产类别与配置标准□ 单位固定资产清查范围及程序□ 单位资产处置标准与审批权限□ 未覆盖以上所有管控点□
	无形资产管理	建立制度： 是□ 否□ 建立流程图： 是□ 否□		单位无形资产类别、登记确认、价值评估及处置□ 未覆盖以上所有管控点□
	对外投资管理	建立制度： 是□ 否□ 建立流程图： 是□ 否□		单位关于《政府投资条例》的具体管理办法□ 单位对外投资范围、立项及审批权限和程序□ 单位对外投资价值评估与收益管理□ 未覆盖以上所有管控点□

图 14-15 资产管理业务内部控制制度建设情况填报截图

5. 建设项目管理内部控制制度建设情况

建设项目管理内部控制包括项目立项、设计与概预算，项目采购管理，项目施工、变更与资金支付，项目验收管理与绩效评价等业务环节，同样涉及制度与流程建设、持续改进问题。不同业务环节需要关注相应的关键管控点，要通过填报梳理与识别项目投资评审程序、项目采购程序、项目变更权限与程序、项目验收程序等。建设项目管理内部控制制度建设情况填报截图见图 14-16。

可以说，收集梳理有关建设项目管理制度是精准填报的第一步，难点在于分析条款，发现制度设计缺陷。

6. 合同管理及其他业务领域内部控制制度建设情况

合同管理内部控制包括合同拟订与审批、合同履行与监督、合同档案与纠纷管理等业务环节。合同管理及其他业务领域内部控制制度建设情况填报截图见图 14-17。

业务类型	环节（类别）	是否已建立制度和流程图	××××年度是否更新	内部控制制度覆盖关键管控点情况
建设项目管理	项目立项、设计与概预算	建立制度：是□ 否□ 建立流程图：是□ 否□	更新制度：是□ 否□ 更新流程图：是□ 否□	单位项目投资评审、立项依据与审批程度□ 未覆盖以上所有管控点□
	项目采购管理	建立制度：是□ 否□ 建立流程图：是□ 否□		单位项目采购范围、方式及程序□ 未覆盖以上所有管控点□
	项目施工、变更与资金支付	建立制度：是□ 否□ 建立流程图：是□ 否□		单位项目分包控制□ 单位项目变更审批权限及程序□ 未覆盖以上所有管控点□
	项目验收管理与绩效评价	建立制度：是□ 否□ 建立流程图：是□ 否□		单位项目验收主体、内容及程序□ 单位项目绩效评价形式与内容□ 未覆盖以上所有管控点□

图 14-16　建设项目管理内部控制制度建设情况填报截图

业务类型	环节（类别）	是否已建立制度和流程图	××××年度是否更新	内控制度覆盖关键管控点情况
合同管理	合同拟订与审批	建立制度：是□ 否□ 建立流程图：是□ 否□	更新制度：是□ 否□ 更新流程图：是□ 否□	单位合同审核主体、内容及程序□ 单位法务或外聘法律顾问介入条件与环节□ 单位合同章种类、使用权限及使用范围□ 未覆盖以上所有管控点□
	合同履行与监督	建立制度：是□ 否□ 建立流程图：是□ 否□		单位合同台账设置及管理要求□ 单位合同执行监督机制□ 单位合同变更、转让或解除机制□ 未覆盖以上所有管控点□
	合同档案与纠纷管理	建立制度：是□ 否□ 建立流程图：是□ 否□		单位合同执行归档制度□ 单位合同纠纷处理程序□ 未覆盖以上所有管控点□
其他业务领域		建立制度：是□ 否□ 建立流程图：是□ 否□	更新制度：是□ 否□ 更新流程图：是□ 否□	

图 14-17　合同管理及其他业务领域内部控制制度建设情况填报截图

可以说，收集梳理高校有关合同管理及其他业务领域制度是准确填报的第一步。首先是高校有无合同管理制度，其次是高校合同管理制度是否涵盖所有业务环节；最后判断相关合同条款是否覆盖《行政事业单位内部控制规范（试行）》和报告填报所要求的关键管控点。假如高校合同管理制度内容不齐全，相关关键管控点未覆盖，就需要对其进行持续改进完善。

7. 内部控制制度建立及条款覆盖情况的佐证材料收集整理和上报

关于相关业务内部控制制度建立及条款覆盖情况的佐证材料收集整理，主要来自高校相关内部管理制度的建立与收集整理，如预算管理相关制度办法等（包括预算管理办法、预算绩效管理办法、结转结余管理办法、决算管理办法以及相应的业务操作规程等）、预算申报流程等。因此，一是要根据国家和高校业务监管需要，构建高校内部管理制度体系，二是要根据《行政事业单位内部控制规范（试行）》要求及时修订完善内部管理制度。

使用网络版填报的单位，若以前年度已经上传过相应业务的内部控制制度和流程图，则只需上传进行过更新或首次建立的制度或流程图作为佐证材料；若以前年度未上传过相应业务的内部控制制度和流程图，或第一年使用网络版填报，则需上传相应业务的内部控制制度和流程图作为佐证材料。使用单机版填报的单位，需上传相应业务的内部控制制度和流程图作为佐证材料。

（六）业务层面内部控制制度执行情况填报

内部控制制度执行情况表（见图 14-18）从内部控制制度执行结果反馈单位内部控制建设成效，主要从预算绩效管理情况、预算执行情况、资产管理情况和合同管理情况等方面体现，图 14-18 中展示的是 2022 年的相关数据。

1. 预算绩效管理情况

（1）事前绩效评估执行情况中的“2022 年度新增重大项目数量”是指 2022 年度单位新设立的非常态化、非延续性的重大项目数量，重大项目衡量标准由各单位根据实际情况界定；“2022 年度已开展事前绩效评估的新增重大项目数量”是指单位组织或由主管部门统一组织的针对 2022 年度新设立的重大项目开展事前绩效评估的项目数量。预算项目是指非基本支出的二级预算项目。

（2）项目支出绩效目标管理情况中的“2022 年度项目总数”是指经批复

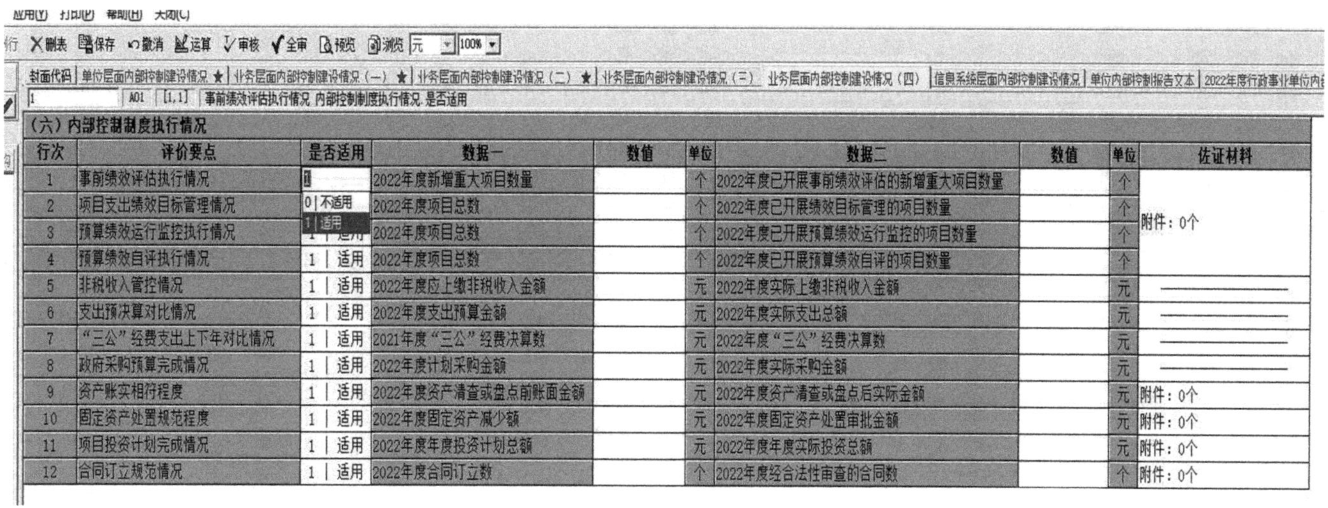

行次	评价要点	是否适用	数据一	数值	单位	数据二	数值	单位	佐证材料
1	事前绩效评估执行情况	1	2022年度新增重大项目数量		个	2022年度已开展事前绩效评估的新增重大项目数量		个	附件：0个
2	项目支出绩效目标管理情况	0｜不适用	2022年度项目总数		个	2022年度已开展绩效目标管理的项目数量		个	
3	预算绩效运行监控执行情况	1｜适用	2022年度项目总数		个	2022年度已开展预算绩效运行监控的项目数量		个	
4	预算绩效自评执行情况	1｜适用	2022年度项目总数		个	2022年度已开展预算绩效自评的项目数量		个	
5	非税收入管控情况	1｜适用	2022年度应上缴非税收入金额		元	2022年度实际上缴非税收入金额		元	——
6	支出预决算对比情况	1｜适用	2022年度支出预算金额		元	2022年度实际支出总额		元	——
7	"三公"经费支出上下年对比情况	1｜适用	2021年度"三公"经费决算数		元	2022年度"三公"经费决算数		元	——
8	政府采购预算完成情况	1｜适用	2022年度计划采购金额		元	2022年度实际采购金额		元	——
9	资产账实相符程度	1｜适用	2022年度资产清查或盘点前账面金额		元	2022年度资产清查或盘点后实际金额		元	附件：0个
10	固定资产处置规范程度	1｜适用	2022年度固定资产减少额		元	2022年度固定资产处置审批金额		元	附件：0个
11	项目投资计划完成情况	1｜适用	2022年度年度投资计划总额		元	2022年度年度实际投资总额		元	附件：0个
12	合同订立规范情况	1｜适用	2022年度合同订立数		个	2022年度经合法性审查的合同数		个	附件：0个

图14-18　内部控制制度执行情况填报截图

的2022年度单位正在执行的项目数量;"2022年度已开展绩效目标管理的项目数量"是指单位2022年度执行绩效目标管理的项目数量。

(3)预算绩效运行监控执行情况中的"2022年度已开展预算绩效运行监控的项目数量"是指单位针对2022年度执行项目开展绩效运行监控的项目数量。

(4)预算绩效自评执行情况中的"2022年度已开展预算绩效自评的项目数量"是指单位针对2022年度执行项目开展绩效自评的项目数量(包括委托第三方开展绩效评价的项目)。

以上信息填报需上传单位正在执行的预算项目清单作为佐证材料,清单中需至少包括以下信息:项目名称,项目代码,是否为2022年度新增重大项目,是否已开展事前绩效评估执行,是否已开展项目支出绩效目标管理,是否已开展预算绩效运行监控,是否已开展预算绩效自评。

2. 预算执行情况

(1)非税收入收缴方面。非税收入管控情况中的"2022年度应上缴非税收入金额"是指纳入预算管理及财政专户管理的非税收入合计数;"2022年度实际上缴非税收入金额"是指决算报表的"非税收入征缴情况表"(财决附04表)中纳入预算管理的已缴国库小计数及纳入财政专户管理的已缴财政专户小计数之和。

(2)支出预决算方面。支出预决算对比情况中的"2022年度支出预算金额"是指2022年度决算报表的"收入支出决算总表"(财决01表)中2022年度支出的全年预算数;"2022年度实际支出总额"是指2022年度决算报表的"收入支出决算总表"(财决01表)中2022年度支出的决算数。

(3)"三公"经费支出方面。"三公"经费支出上下年对比情况中的"2021年度'三公'经费决算数"是指2021年决算报表的"机构运行信息表"(财决附03表)中"三公"经费支出的合计数;"2022年度'三公'经费决算数"是指2022年度决算报表的"机构运行信息表"(财决附03表)中"三公"经费支出的合计数。

(4)政府采购预算方面。政府采购预算完成情况中的"2022年度计划采购金额"是指2022年度单位预算批复中的政府采购预算金额和采购预算调整金额的合计数;"2022年度实际采购金额"是指实际完成的政府采购金额,即部门决算报表中相关政府采购数据,根据决算报表"机构运行信息表"

(财决附 03 表)“政府采购支出合计”的统计数填列。

3. 资产管理情况

(1) 资产账实方面。资产账实相符程度中的“2022 年度资产清查或盘点前账面金额”是指单位在进行资产清查或固定资产盘点前确认的账面金额;“2022 年度资产清查或盘点后实际金额”是指单位在进行资产清查或固定资产盘点后的实际金额。需上传当年度单位资产清查或固定资产盘点前账面金额记录、资产清查报告或固定资产盘点表作为佐证材料。如单位 2022 年度未开展资产清查或盘点,可不填写(即选择“否”)。

(2) 固定资产处置管控方面。固定资产处置规范程度中的“2022 年度固定资产减少额”是指单位国有资产报表中“资产处置情况表”(财资 10 表)中本期减少的固定资产账面原值;“2022 年度固定资产处置审批金额”是指严格按照单位国有资产业务管理制度中规定的资产处置审批权限及程序,实际审批的固定资产处置金额(本指标考核范围不包含固定资产出租出借涉及的金额)。该指标建议参考资产登记表、资产处置审批单、单位国有资产报表中的资产处置情况表等资料填写。需上传审核后的资产处置审批单(审批单数量大于 5 份的单位,抽取 5 份;审批单数量小于或等于 5 份的单位,全部上传)作为佐证材料。

(3) 建设项目管控方面。项目投资计划完成情况中的“2022 年度投资计划总额”是指以预算年度为统计口径的基本建设类项目计划投资金额,包括国家发展和改革委员会安排的基建项目、同级财政安排的基建项目、其他主管部门安排的基建项目。该指标建议参考投资计划表、项目概预算表等资料填写;“2022 年度实际投资总额”是指 2022 年度决算报表中基本建设类项目支出决算金额,根据决算报表“项目收入支出决算表”(财决 06 表)“基建项目属性”为“国家发展和改革委员会安排的基建项目”“同级财政安排的基建项目”“其他主管部门安排的基建项目”的支出数合计填列。需上传投资计划表或项目概预算表(项目数量大于 5 个的单位,抽取 5 份;项目数量小于或等于 5 个的单位,全部上传)作为佐证材料。

4. 合同管理情况

合同订立规范情况中的“2022 年度合同订立数”是指单位 2022 年度签订的全部合同个数;“2022 年度经合法性审查的合同数”是指在已签订的合同中,严格执行审核审批程序的合同,其中具有重大影响的合同需由法务人员参与审批并签字。该指标建议参考合同文本、合同台账等资料填写。需上传审核后的合同申请审批单(合同数量大于5个的单位,抽取5份;合同数量小于或等于5个的单位,全部上传)作为佐证材料。

综上所述,高校业务层面内部控制报告填报工作归纳起来就是五个方面:一是梳理高校部门岗位设置及职责情况,分析部门和岗位职责之间的不相容岗位相互分离贯彻情况,特别是决策、执行与监督分离。二是梳理识别出高校各业务关键岗位以及这些岗位轮岗情况,包括领导干部换届情况。三是根据规定开展风险评估工作,包括高校经济责任审计过程中的风险评估与内部控制评价工作,分析风险评估覆盖范围及发现问题。四是收集梳理高校相关管理制度建设情况,可以分部门或分类别进行梳理,梳理过程中需要按照《行政事业单位内部控制规范(试行)》要求分析相关条款是否贯彻内部要求。五是内部控制制度执行结果反馈情况需要与年度预算、年度决算等管理工作相一致。总之,业务层面内部控制建设与实施的核心在于高校有关管理办法及其业务流程的建立健全。

四、内部控制信息化情况

内部控制信息化情况(见图14-19)主要反馈高校信息化建设情况,侧重经济业务管理信息化建设。

内部控制信息化建设是指运用信息化手段将内部控制关键点嵌入业务系统中。财政部门统一建设的预算管理一体化系统、行政事业单位内部控制报告填报系统、与业务无关的内部控制工作辅助软件等,不纳入"单位内部控制信息化覆盖情况"填报范围。单位内部控制信息化模块联通是指不同业务的系统模块之间的数据信息能够同步更新与实时共享。

单位内部控制信息化覆盖情况	预算业务□ 收支业务□ 政府采购业务□ 资产管理□ 建设项目管理□ 合同管理□ 其他□ 未覆盖□
单位内部控制信息化模块联通情况	内部控制信息化实现互联互通模块
是否联通政府会计核算模块	是□ 否□

图14-19 内部控制信息化情况填报截图

需上传内部控制信息系统设计文档及系统截图作为佐证材料。使用网络版系统填报的单位，若以前年度已经上传过相应佐证材料，则无须再次上传；若以前年度未上传或第一年使用网络版系统填报，则需上传相应佐证材料。使用单机版软件填报的单位，需上传相应佐证材料。

五、单位内部控制工作情况报告

单位内部控制工作情况总结报告包括五个方面：

一是内部控制工作的基本情况，包括介绍高校内部控制机构设置及运行、制度建设与执行、内部控制评价与监督等。

二是单位内部控制存在的问题及其整改情况，包括评价发现的问题、巡视审计等发现的内部控制问题。

三是内部控制报告审核情况，包括相关佐证材料的审核说明等是否能支撑所填报的内容。如不相同岗位相互分离与内部管理制度中的部门职责划分等。

四是高校内部控制工作的经验做法及取得的成效。

五是有关意见建议。

第三节　内部控制建设与实施工作

通过学习《行政事业单位内部控制规范（试行）》相关条款不难发现，高校内部控制建设工作包括：一是梳理经济活动的业务流程，明确业务环节（包括业务环节的职责和分工）；二是识别经济活动风险，确定风险点和应对策略（风险规避、转移、减轻和接受四种）；三是建立健全单位各项内部管理制度；四是督促相关工作人员认真执行。随着全面从严治党向纵深推进，内部控制建设越来越重要，它是基础性防范风险举措。

（一）总结性反馈

内部控制评价报告填报过程就是在某一时点上，对单位内部控制建设与执行情况的一个总结性反馈，是单位内部控制建设与执行成效的综合反映。内部控制评价报告的内容包括单位治理结构与治理能力，单位内部管理制度建立健全状态，单位内部管理制度是否融合内部控制要求，业务管理相关内部控制方法是否融入，是否还存在环节盲点，流程是否融合内部管理制度等方面。

(二) 全员发动

要深入学习《行政事业单位内部控制规范(试行)》,在全面梳理相关业务内容的基础上,对照填报内容,做好任务分解。

如××大学组织召开内部控制报告编报工作协调会,相关工作小组成员参与,明确任务分工。

(三) 全面把握高校内部控制体系

通过建立和完善内部控制制度,加强对薄弱环节和重要岗位的控制,细化责任,做到制度管人、责任到人,形成一个在内部控制方式、技术、手段等方面相对完整、有章可循的内部会计控制体系。首先根据实际情况进行分工控制,对单位内各部门定岗定职,明确分工,坚持不相容职务的有效分离,相互牵制、相互监督、相互制约,形成有效的制衡机制。其次实行业务流程控制,建立严格的审批制度及报销程序。对每一笔经济业务所产生的票据必须进行严格的把关,规范单位财务审批程序和制度。最后加强资金和财产安全控制,定期对各项财产物资进行盘点,并将盘点结果与会计记录进行核对,出现不一致时应分析原因、查明责任、完善管理制度。

(四) 加强内外监督

要充分发挥内部监督部门的监督作用,并确保其独立性和公正性。由于内部监督部门对本单位内部控制情况比较了解,应建立定期的内部控制制度评价制度,及时发现内部控制制度的缺陷和薄弱环节,针对这些问题对症下药,制定改进措施,帮助有关控制部门逐步加强和完善内部控制,使内部控制起到应有的作用。

(五) 内部控制有效性评价与考核及结果的运用挂钩

政府层面或上级主管部门将单位内部控制制度的建立与实施及有效性等方面纳入考核范畴。同时,要将考核结果与单位及主要负责人在内部控制的建立、实施、执行情况挂钩,并将其作为评优、评先、干部提拔任用的重要参考,以此实现以"考"促"建",全面提升管理成效。

(六) 加大内部控制制度建设培训力度

定期开展、分批培训,提高管理人员业务素质,推动内部控制体系建设进一步完善。

第十五章　高校内部控制实践案例

第一节　常州工程职业技术学院信息化建设的成功经验案例

高校的高质量发展，离不开内部治理体系的有效运行。而有效运行的内部治理体系离不开现代化的技术手段，本节主要围绕常州工程职业技术学院信息化建设案例，分享内部控制信息化建设的实效。

常州工程职业技术学院作为全国首批诊改试点单位，内部质量保证体系成为全国样本，也是全省首批15所核准颁布章程的高校之一。作为当年江苏省高职院校中的唯一内部控制试点单位，其“互联网＋”内部控制体系成为全省标杆，“制度管权、流程管事、自主自律、追求卓越”的现代职业高校制度和运行体系健全，治理走向科学化、精细化和法治化。

一、信息化建设背景

（一）国家层面

《国家职业教育改革实施方案》《教育信息化2.0行动计划》《中国教育现代化2035》《加快推进教育现代化实施方案（2018—2022年）》等文件都强调了信息化的重要性。《中国教育现代化2035》第八条提出“加快信息化时代教育变革”。

着力构建基于信息技术的新型教育教学模式、教育服务供给方式以及教育治理新模式。促进信息技术与教育教学深度融合，支持高校充分利用信息技术开展人才培养模式和教学方法改革，逐步实现信息化教与学应用师生全覆盖。

创新信息时代教育治理新模式，开展大数据支撑下的教育治理能力优化行动，推动以互联网等信息化手段服务教育教学全过程。

（二）教育类型层面

信息化是职业教育类型发展特点的需要，人才培养模式改革和教学方式改革需要产教融合。例如校企合作、现代学徒制模式、泛在学习、个性教学等都要用信息化的方式进行展示和体现。

生源来源、人才培养方案、教学形式、考核方式等多样性决定了职业教育管理需要提升信息化水平。

（三）高校层面

高校治理模式的改革需要教授治学和专家治校；构建内部质量保证体系需要加强诊断与改进，促进规范化、流程化和精细化；"双高"建设的保障和支撑需要信息化，助力高水平专业建设和高水平院校建设。

二、信息化建设经验

常州工程职业技术学院信息化建设从业务部门、信息化技术推进和诊断改进三个视角展开。首先，业务部门主要致力于构建各类管理业务系统；其次，信息化技术推进方面重点建设数据中心、门户、大数据平台和微服务等基础设施；最后，从高校、课程、教师和学生四个层面进行诊断改进，例如在高校层面建立管理服务平台、目标任务分解系统和师生网上一站式办事系统等。

（一）业务部门的视角

业务部门的信息化建设涵盖了大行政管理、大科研管理、大后勤管理、大学工管理和大人事管理等多个领域。具体包括：

（1）大行政管理：涵盖绩效管理、预算管理、办公管理等，旨在提升行政效率和管理水平。

（2）大人事管理：包括教师管理、干部管理、业绩管理等，确保人事管理的科学化和规范化。

（3）大学工管理：涉及迎新管理、学生事务管理、团学管理、离校管理、校友管理等，全面支持学生从入学到毕业的全周期管理。

（4）大科研管理：包括项目管理、经费管理、校企合作管理等，促进科研活动的有序开展和资源的高效利用。

（5）大后勤管理：涵盖宿舍管理、报修管理、餐饮管理、保卫管理等，保障校园后勤服务的顺畅运行。

通过以上多方面的信息化建设，常州工程职业技术学院实现了业务管理的全面升级，为学校的高效运营和持续发展提供了有力支撑。

（二）信息化技术推进视角

信息化技术的推进可以概括为“一中心、一门户、一系统，三个终端、N个服务”。

（1）一中心：即一个数据中心，数据中心通过集成多个基础数据库构建而成，根据应用功能划分为教师数据库、学生数据库、资产数据库等，服务于不同的主题和业务区域。数据中心作为一个集成化的核心数据库，主要用于数据的存储、管理和交换，为各类应用系统提供统一的数据支持。

（2）一门户：建设统一的门户平台，集成各类应用系统和服务，为用户提供一站式的访问入口，提升使用便捷性。

（3）一系统：构建核心业务系统，支持学校各项管理业务的数字化和智能化运行。

（4）三个终端：包括PC端、移动端和多媒体自助终端，覆盖多种使用场景，满足用户多样化的需求。

（5）N个服务：基于微服务架构，开发和部署多样化的服务模块，满足不同业务场景的需求，实现灵活扩展和高效协同。

通过“一中心、一门户、一系统，三个终端、N个服务”的整体架构，常州工程职业技术学院实现了信息化技术的高效推进，为学校的数字化转型提供了坚实的技术支撑。

（三）诊断改进视角

（1）高校层面的管理服务平台：首先要有目标任务分解系统，含高校规划目标、年度党政工作要点、部门工作任务、月度反馈、年度绩效评测等内容。这是高校每年党政工作要点的顶层设计，从目标到分解到结果到考核运用。

（2）专业课程层面的教学平台：围绕专业标准管理、课程标准管理、资源库建设管理、课堂教学实施管理、质量预警与反馈等进行展示，可以实时查看每一门课程的达成度、满意率、出勤率等情况。

（3）教师发展和学生发展平台：职业学业生涯规划实现年度目标设定；通过业绩自动生成与比对实现师生动态改进。

（4）预警和发展平台：展示学生发展的情况，可以针对个性化的问题提前预警和采取措施，这也是高校立德树人的根本任务（即服务学生，为国育才，为党育人）。

教师发展诊改：从师德修养、社会实践、教育教学、教研科研四个维度体现教师发展的四个方面，师德师风贯穿始终，围绕教育教学、教研科研、社会实践都是教师发展的实现渠道和路径，四个维度体现了教师发展的重要方面，并为判断每位教师在全校的业绩排名提供依据。

学生发展诊改：从学业发展、职业发展、个人发展、社会能力发展四个维度入手，规划学生的成长路径。

三、信息化建设的效果

信息化建设的效果体现在满足高校三个层次的需求、涵盖了六类角色的需求、达到5A标准、服务对象有获得感。

(1) 满足高校三个层次的需求：运行管理是从管理需要的角度满足高校的基本运行；从满足高校诊断改进工作需要出发，引导高校开展诊断改进；服务高质量发展需要，引领高校迈向高质量发展。

(2) 涵盖了六类角色的需求：分别是中基层管理者、普通教师、在校学生、校友、家长、合作企业等六类不同人员的需求。

(3) 达到5A标准：实现任何一个人、任何一个时间、任何一个地址、任何一个路径、任何一件事情的全覆盖。

(4) 服务对象有获得感：七类人员从不同的角度有不同的获得感。如普通教师便捷的服务体验、有统一的专业教学资源库建设、有强大的课堂作为教学支撑；从在校学生的角度感受到办事的便利性、线上学习的多样化，以及学业预警的及时性；从校友的角度能体验在校期间的精彩回忆、多角度的人员交流、便利的捐赠通道；从家长的角度能获得及时的学业预警、重要节点的告知反馈、与高校老师的便捷沟通等。

第二节 南京体育学院内部控制标准体系建设实例

一、南京体育学院内部控制标准体系建设的背景

（一）南京体育学院的基本情况

南京体育学院1956年建校，是江苏省唯一一所独立建制的体育类高等

院校，由江苏省体育局与江苏省教育厅共管，除了培养本科、硕士学历体育人才外，还管理着 11 支省优秀运动队，并培养了 18 位奥运冠军与 100 多位世界冠军，被誉为“世界冠军的摇篮”，兼具高等院校与训练基地的特征，是一个有着光荣与梦想的独特高校。近年来学校推动“二次创业”，努力打造特色鲜明、优势突出、国内一流、国际知名的高水平体育大学，学校的建设与发展都迈上了新台阶。

（二）学校内部控制史上的沉痛教训

2012 年前，由于学校尚无完善的内部控制体系及科学合理的内部控制要求，工作中出现相互稽核与制衡的失效，使得高校主要负责人与财务负责人权限偏大，经济行为缺少约束，使国家遭受了经济损失，学校正常的财务运行与管理遭到了破坏，有些个人也为此付出了沉重的代价。而正是这些惨痛的教训，促使学校痛定思痛，加强内部控制建设有了内生动力，并在教职工心目中形成共识。

（三）新一届领导班子十分重视内部控制标准体系建设工作

2017 年学校新一届党政领导班子到任后，把重建高校良好的运行生态作为重要任务，当财务部门建议推进经济业务内部控制标准体系建设时，契合了校领导班子的工作需求，学校推进内部控制标准体系建设迎来了机遇。全校上下充分认识到内部控制建设的重要性与急迫性，领导班子不仅重视内部控制标准体系的建设工作，且决心非常大，为后续内部控制标准体系建设的顺利推进提供了保障。

二、南京体育学院内部控制标准体系建设的过程

（一）统一思想，形成工作方案，聘请第三方专家

由于前述的特殊情况，高校领导班子统一思想的过程简洁而迅速，在财务部门 2018 年提出推动高校内部控制标准体系建设的动议后，高校立即形成决策，下定决心借助学校换届之机推进内部控制标准体系建设工作，并于年内形成初步工作方案，经讨论通过后，确定于 2019 年全面启动。

随即学校调整内部控制建设领导小组，成立内部控制建设工作小组，将内部控制建设工作纳入年度工作目标任务，由财务部门牵头负责，并通过公开招标的形式选择了以南京大学李心合教授为核心人物的咨询团队来校推

进内部控制标准体系建设工作。

（二）明确总体目标、指导思想、具体任务

总体目标：对学校的内部控制标准体系从设计和运行两个环节进行全面诊断评估，发现重大和重要缺陷；运用科学、实用的方法对学校进行全面的风险排查、分析和评估，确定重大和重要风险；通过流程再造、优化流程、规范制度，建立科学合理、规范有效、体现改革创新要求的内部控制流程和制度体系。

指导思想：① 依法合规、规范流程。内部管控流程的优化必须符合国家法律法规的规定，符合学校章程和"三重一大"决策制度的要求，符合南京体育学院实际情况。② 效率优先、兼顾风控。内部管控流程的优化应在优先保证工作效率的前提下，平衡效率与管控的关系，避免管控不足或管控过度。③ 两权分离、控制前移。在事项审批与财务审批适当分离的基础上，把控制点前移至事项审批，事项审批层级高于财务审批层级。④ 分岗设权、避免重复。事项分管领导或财务分管领导不重复审批。事项分管领导不在报销环节审批，财务分管领导不在事项决策环节审批。

具体任务：根据《行政事业单位内部控制规范（试行）》和《江苏省省属院校经济活动内部控制实施指南（试行）》（苏教财〔2017〕2 号）的要求，学校内部控制标准体系建设立足大口径内部控制，在六大类经济活动——预决算业务、收支业务、资产业务、工程项目（含建设项目）、采购与招标业务（含政府采购）、经济合同业务的基础上，另加业务外包、内部审计、所属单位、内部控制评价、法律事务五大模块（12 项基本制度）。

内部控制标准体系建设过程中，总体目标必须是真实意图的表达，它决定了牵头部门工作的态度与最终的成败；指导思想是内部控制标准体系建设过程中重要的决策判断依据与评价标准；具体任务是总体目标的落地抓手。

（三）制度评估与运行缺陷评估

1. 制度评估

内部控制就是一套制衡性的流程，制度是流程的主要表现形式。制度评估的目的是分析查找内部控制流程"设计环节"的缺陷。南京大学内部控制标准体系建设项目组（以下简称项目组）从两个方面对制度进行评估：一是对学校现有的 44 项制度进行整体评估，指出整体存在的四大缺陷。即制度立项缺乏总体设计，部分重要制度缺失；制度不系统，缺少层次划分，名称繁多；制度内容与风险对接程度不够，一些重要风险点制度中找不到控制措施；制度更新不及时等。二是对44项制度进行了单项评估，发现很多制度内容缺乏完整性、针对性和合理性。2019年3月项目组完成“学校制度评估报告”，通过制度评估，发现了学校内部控制标准体系“设计环节”的缺陷，例如“三重一大”制度设计环节的缺陷如图15-1所示。

序号	制度类别	制度名称	缺陷	建议
1	“三重一大”制度	1. 落实“三重一大”决策制度的实施办法	1. 议事范围部分事项不明确，不利于实际操作。如：重要资产处置需经党委会，但并未明确额度等。 2. 会议资料管理内容缺失。 3. 大额资金调度、使用额度应区分设定。	1. 制定“三重一大”清单，便于实际操作。 2. 会议资料规范管理，特别是重要会议记录要完善签字手续，避免后期出现追责。
		2. 党委会议事规则		
		3. 院长办公会议事规则		

图15-1 “三重一大”制度设计环节的缺陷

2. 运行缺陷评估

通过实地调研，项目组发现内部控制标准体系运行环节存在的问题。自2019年2月，项目组先后多次与学校内部控制工作组沟通，实地访谈了学校领导及主管人员约40人，于4月份完成“学校内部控制诊断报告”。通过实地访谈和沟通，项目组发现了很多内部控制设计特别是“执行环节”的缺陷。问题主要体现在：学校与院系、资产经营公司之间的权责关系需要梳理，职能部门间的工作职责和流程需要有效衔接；审批权限需要进一步调整，“三重一大”集体决策制度需要完善；部分内部控制流程存在缺陷，需要通过流程再造来优化；内部控制制度体系尚不健全，制度执行力需要提升。改进建议包括：重新梳理学校与院系、资产经营公司之间的关系；进一步调整和规范学校内部审批权限；进一步调整和规范内部控制流程；健全和完善学校内部控制制度；加快推进内部控制信息化建设，提升内部控制管理效力。

（四）流程再造与优化

在内部控制诊断和缺陷评估的基础上，以风险、问题、缺陷为导向，针对内部控制缺陷整改和重大风险防控，形成具有可操作性的、以组织和流程优化为主的“管理建议书”，围绕组织架构、管控模式、审批权限、控制流程等提出了一些建议，旨在强化内部控制体系。

（1）组织架构。主要针对部门设置及职责分工、内设机构等提出建议。一是关于部门设置及职责分工，项目组围绕涉及经济活动的部门（包括资产、后勤、财务、审计等部门）的设置及职责分工提出了系统改革建议；二是关于内设科室，针对学校提出的内设机构方案，项目组提出了进一步调整和优化的建议。关于组织架构调整的建议，多数意见都被采纳。

（2）管控模式。主要围绕三大方面展开：一是归口集中管理。建议资产和合同采用“归口集中管理、管办分离、招采分离、分散采购与集中采购相结合”的管控模式，实现了从以往的分散管理向集中管理的转型。二是分级管理。借鉴国内学校经验并结合学校实际，建议采用分级管理和授权管理，并设置了学校与所属院系的权责界面。三是市场化管理。主要是针对院系的市场化创收与所属企业的市场化经营。

（3）审批权限。原有的内部控制审批权限有一定的局限性，主要表现为授权程度小、审批流程长、控制烦琐。

审批权限方面给出的建议主要围绕两个方面：

一是财权调整。具体包括四项，即：① 调整大额度资金调动和使用标准；② 调整财务经费报销审批权限，部门负责人＜1 万元，学院＜2 万元，总会计师为 1.0/2.0～30 万元，校主要领导≥30 万元；③ 调整资产损失核销权限，常委会≥30.0 万元；院长办公会＜30.0 万元；④ 明确预算调整权限。

二是事权调整。主要涉及资产处置和学术报告审批等。① 关于资产处置审批权限，建议常委会≥50.0 万元，院长办公会＜50.0 万元；② 关于院系请专家做学术报告，以往的做法是层层审批，涉及 6～7 人审批，程序烦琐，项目组借鉴外校的做法，把权力授予院系，由院系自主决定。

（4）控制程序。12 项制度围绕费用报销、资产管理、采购管理、合同管理、工程管理等业务的控制程序进行了分析、调整、简化和优化。比如关于费用报销，新流程在“部门或院系负责人—财务处负责人—总会计师—校长或书记等”这条线上展开，业务分管领导不再审批费用和资金，体现了财权与事权分权制衡的原则要求；又如合同，建议进行线上审核。

（五）编制制度与手册

内部控制制度：全部制度分为两个层级，即基本制度和具体制度。项目组主要围绕 12 项基本制度展开设计和优化。南京体育学院《经济业务内控制度》目录如图 15-2 所示。

南京体育学院　　经济业务内控制度

目 录

图 15-2　南京体育学院《经济业务内控制度》目录

内部控制手册:内部控制就是通过流程实现制衡以防控风险。流程、制衡、风险是理解和把握内部控制的三个关键词。"内部控制手册"主要包括流程图和内部控制矩阵。其中,内部控制矩阵重点突出了五项内容或要素:流程节点、风险点、控制措施、主办部门和痕迹等。南京体育学院《经济业务内控手册》目录如图 15-3 所示。

南京体育学院　　　　经济业务内控手册

目　录

图 15-3　南京体育学院《经济业务内控手册》目录

在前期工作的基础上，项目组形成制度与手册的征求意见稿，并充分征求了相关单位与部门的意见，内部控制建设团队也对相关单位与部门提出的问题与意见进行了书面答复，随后将制度与手册定稿，首次在学校形成初具规模的内部控制框架体系。

三、内部控制体系试运行与优化

经过项目组以及全校教职工的共同努力，对制度与手册充分征求意见并修改反馈之后，积极应对新冠肺炎疫情的不利影响，于 2020 年正式进行内部控制标准体系的试运行（见图 15-4）。通过试运行全面检测内部控制标准体系建设的成效，发现内部控制标准体系中的不足、不合理之处，并不断加以修改完善。

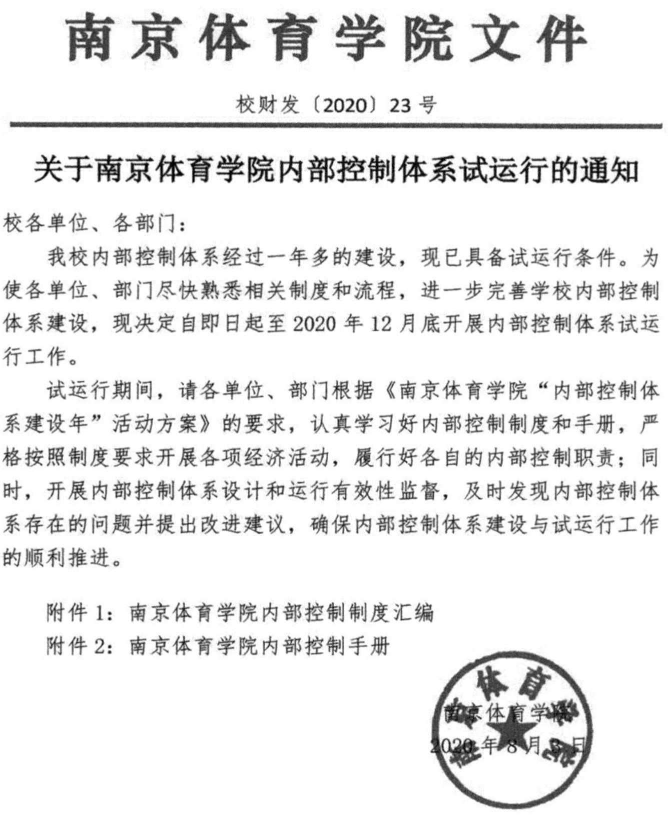

南京体育学院文件

校财发〔2020〕23 号

关于南京体育学院内部控制体系试运行的通知

校各单位、各部门：

我校内部控制体系经过一年多的建设，现已具备试运行条件。为使各单位、部门尽快熟悉相关制度和流程，进一步完善学校内部控制体系建设，现决定自即日起至 2020 年 12 月底开展内部控制体系试运行工作。

试运行期间，请各单位、部门根据《南京体育学院“内部控制体系建设年”活动方案》的要求，认真学习好内部控制制度和手册，严格按照制度要求开展各项经济活动，履行好各自的内部控制职责；同时，开展内部控制体系设计和运行有效性监督，及时发现内部控制体系存在的问题并提出改进建议，确保内部控制体系建设与试运行工作的顺利推进。

附件 1：南京体育学院内部控制制度汇编

附件 2：南京体育学院内部控制手册

南京体育学院

2020 年 8 月 3 日

图 15-4　南京体育学院关于内部控制标准体系试运行的文件

（一）全校性内部控制持续建设工作

通过“内部控制体系建设年”“内部控制体系强化年”的系列活动（图15-5和图15-6），在彰显学校领导班子推动内部控制标准体系建设决心的同时，促使广大教职工充分参与到内部控制标准体系建设工作中来，以不同的身份、从不同的角度客观体验与评价内部控制标准体系的优劣，给出进一步改进优化的建议。

在“内部控制建设年”活动中学校提出：以风险评估为基础，优化管控模式；以制度建设为重点，优化业务流程；以信息系统为支撑，推进内部控制系统化；以监督检查为手段，加强内部控制执行、评价与改进等要求。

在“内部控制强化年”活动中学校提出：加强组织领导，为内部控制强化提供更多保障；加强制度宣传，为内部控制执行打造更好氛围；加强部门协同，为内部控制实施创造更佳条件；加强执行调研，为内部控制优化打下更优基础；加强内部控制信息化，为内部控制落地给予更强支撑。

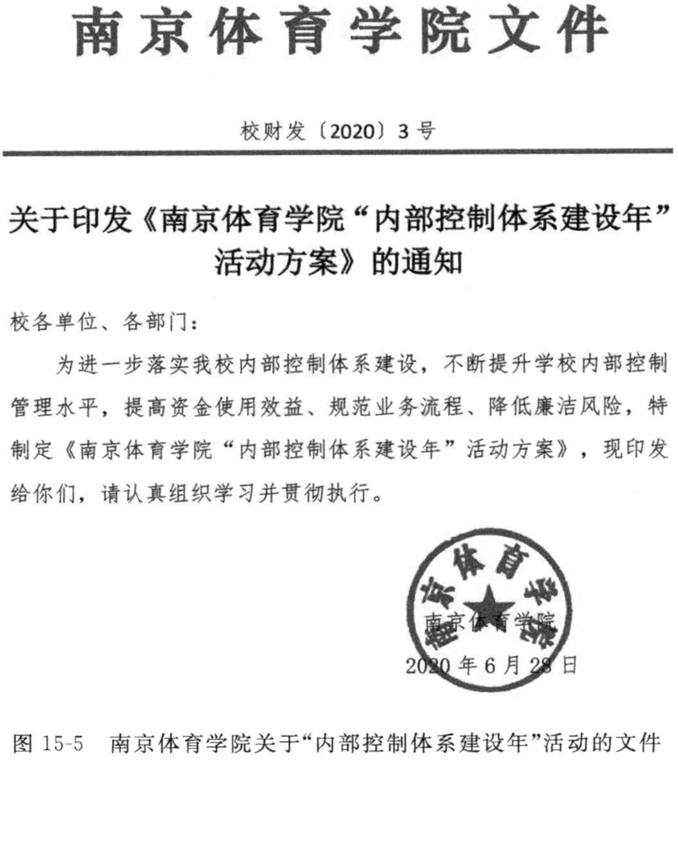

南京体育学院文件

校财发〔2020〕3号

关于印发《南京体育学院“内部控制体系建设年”活动方案》的通知

校各单位、各部门：

为进一步落实我校内部控制体系建设，不断提升学校内部控制管理水平，提高资金使用效益、规范业务流程、降低廉洁风险，特制定《南京体育学院“内部控制体系建设年”活动方案》，现印发给你们，请认真组织学习并贯彻执行。

南京体育学院

2020年6月28日

图15-5　南京体育学院关于“内部控制体系建设年”活动的文件

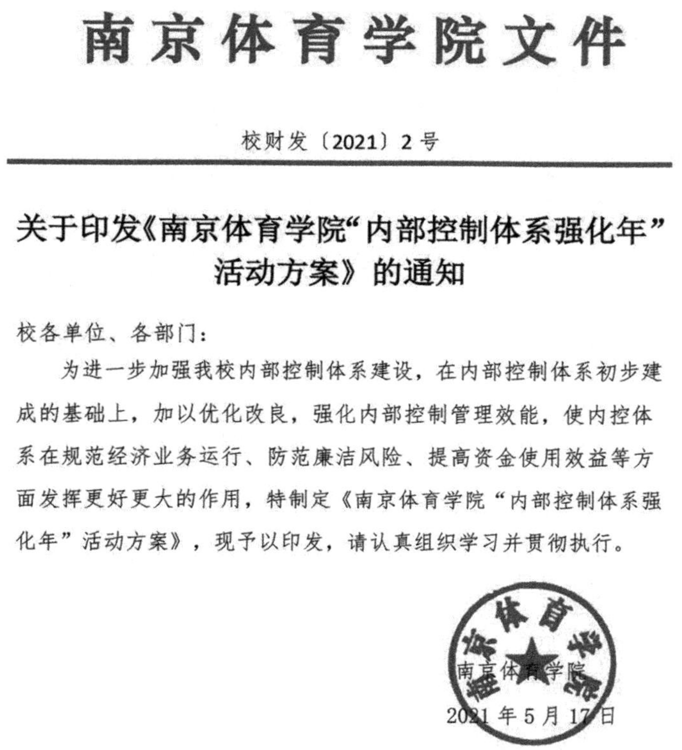

南京体育学院文件

校财发〔2021〕2号

关于印发《南京体育学院“内部控制体系强化年”活动方案》的通知

校各单位、各部门：

为进一步加强我校内部控制体系建设，在内部控制体系初步建成的基础上，加以优化改良，强化内部控制管理效能，使内控体系在规范经济业务运行、防范廉洁风险、提高资金使用效益等方面发挥更好更大的作用，特制定《南京体育学院“内部控制体系强化年”活动方案》，现予以印发，请认真组织学习并贯彻执行。

南京体育学院

2021年5月17日

图 15-6　南京体育学院关于“内部控制体系强化年”活动的文件

（二）内部控制阶段性总结与评价

从谋划到建设、试运行、优化，经历了两年多的建设完善期之后，学校邀请了江苏省财政厅、教育厅、体育局及在宁学校的专家进行了内部控制标准体系建设的阶段性总结（图 15-7），让各位专家、领导现场会诊，全方位发现内部控制标准体系建设过程中存在的问题，总结成功的经验，为内部控制标准体系的持续建设与优化提供支撑。

四、内部控制标准体系建设成效与特点

（一）内部控制标准体系建设的成效

1．进行了充分的内部控制建设知识宣传与思想动员

内部控制标准体系建设是学校管理思想的一次解放与动员，是培养规

图 15-7 南京体育学院内部控制体系
建设阶段性评价会议现场

则意识的典范。学校借内部控制标准体系建设之机,开展党委中心组学习,让部门主要领导认识到内部控制的重要意义,并按照内部控制的规划进行部门机构的调整;项目组深入访谈,不断征求各方对于内部控制制度与手册的意见;以及持续开展了两年的全校性内部控制建设与强化活动等。这些举措让学校的干部与职工意识到学校规范管理与运行的决心,促使大家开始审视和反思惯例做法是否合适,也逐步能够理解制度规范与工作效率出现矛盾时,为什么不总是选择效率优先,也开始逐步体会到制衡与约束形成对他们个人的有效保护。

2. 搭建了学校内部控制运行完备的标准体系框架

内部控制标准体系建设是学校内部管理工作的一个重要里程碑。这是学校一次大规模全面、深入、彻底的管理改进工作。学校在江苏省体育局系统单位内率先搭建完成了较为完善的内部控制标准体系框架,尽管这一框架还存在不足之处,但已从顶层架构上消除了内部控制的盲区与空白,在此基础上的每一次优化与完善都能提升学校内部控制建设与管理的水平,该框架的基础性作用体现得十分明显,这一体系必将在近期乃至于未来一段时间内始终作为学校经济业务管理的基础框架,并发挥重要作用。此外,内部控制标准体系不仅在建设之初对教职工有思想触动、启迪作用,同时建成后的制度与要求也将内部控制理念进一步深入了人心。在今后的工作中,教职工都会有更强的内部控制意识、规范意识,该体系在思想上的指导意义同样不容忽视。

3. 规范了学校经济业务活动，提高了学校治理能力与水平

内部控制标准体系的建设涵盖了预决算业务、收支业务、资产业务、工程项目（含建设项目）、采购与招标业务（含政府采购）、经济合同业务、业务外包、内部审计、所属单位、内部控制评价、法律事务等方面，流程优化再造直接深入至机构设置、职能划分的层面，在充分体现了内部控制标准体系建设全面性、重要性、制衡性、适应性原则的同时，对于规范和约束学校的经济行为也起到了切切实实的作用。该体系实际运行以来，从预算分配到调整、从事项审批到执行、从采购需求到招标、从工程预算到建设等，教职工都有了要遵循的明确的制度与规范、具体的流程与要求，经济业务事项的处理开始真正做到有章可循、监督有效、制衡适度、行之有效。

4. 保障了财务良性运转

学校借助内部控制标准体系建设之机，彻底修补了原有财务运行过程中存在的漏洞与不足，为学校的财务运行提供了制度与规范性保障。财务部门的自身运转也借助内部控制建设之机转入正常化的轨道，从预算申报、调整、报销审批等财务运行的主要环节都做到了有章可循、严谨规范，减少了由于制度与规范缺失，财务部门不得不面对的所谓“自由裁量”，降低了岗位风险，减少了缺乏标准化和一致性带来的矛盾。此外，学校紧接着进行新一轮的财务信息化建设工作，内部控制标准体系明确的要求也为在财务系统的流程设定与节点控制指出了明确的方向，切实为提升会计基础工作质量奠定了坚实的基础。

（二）内部控制建设特点总结

1. 学校领导层改革决心大、支持力度大从而建设变化大

校党委、行政对于学校推动内部控制标准体系建设不仅思想高度一致，并且具有使命感、紧迫感，有着破釜沉舟般的决心，因此书记、校长都十分关心与支持内部控制标准体系的建设工作。学校也给予内部控制标准体系建设小组充分的支持与授权，为内部控制建设小组提供了充足的发挥空间与可能，并最终形成了改革创新、体系完备、行之有效的内部控制标准体系。

2. 咨询建设方专业素养高、敬业程度高从而建设水平高

咨询建设方的核心人物李心合教授是国内知名的内部控制建设专家，不仅具有深厚的理论功底，同时还具有丰富的实践经验。李教授全程参与

了学校的内部控制标准体系建设工作,从前期的需求调研直至后期的试运行、总结,他都以其专业素养及敬业精神把握着内部控制标准体系建设的整体方向乃至具体细节,并最终形成了框架合理、结构科学、制衡有效的内部控制标准体系。

3. 学校教职工对于内部控制建设配合好、制度执行好从而建设成效好

从内部控制标准体系的建设到试运行,学校的教职工都能做到识大体、知大局,不抵触、不观望,从内部控制调研、制度评价、风险评估到制度出台试运行,都能做到充分支持内部控制标准体系建设,主动执行内部控制制度,积极反馈内部控制不足,从而最终形成了切合实际、运行规范、执行有力的内部控制标准体系。

4. 信息化建设跟进快、措施落地快从而成效显现快

在启动内部控制标准体系建设不久,学校随即启动了新一轮的财务信息化平台建设工作,内部控制制度为信息化建设指明了方向,信息化建设为内部控制落地提供了基础保障,两者相辅相成。预决算管理、收费管理、财务报销、招标管理、合同管理、采购管理等方面数据互通共享,各项内部控制具体要求不断落地生根,并积极地发挥作用,学校的业务与经济行为的规范性、严谨性有了大幅度的快速提升。

参考文献

[1] 陈焕娣. 高校内部控制建设及典型案例[M]. 苏州：苏州大学出版社，2022.

[2] 池国华. 内部控制学[M]. 2 版. 北京：高等教育出版社，2023.

[3] 刘永泽，唐大鹏. 行政事业单位内部控制实务操作指南[M]. 3 版. 大连：东北财经大学出版社，2016.

[4] 美国 COSO. 企业风险管理：整合框架[M]. 方红星，王宏，译. 2 版. 大连：东北财经大学出版社，2017.

[5] 任彦申. 后知后觉[M]. 南京：江苏人民出版社，2010.

[6] 沈烈，谭芳碧. 高校内部控制转型与创新研究[M]. 北京：中国财政经济出版社，2020.

[7] 王清刚. 内部控制与风险管理：理论、实践与案例[M]. 北京：北京大学出版社，2016.

[8] 张志军. 政府采购全流程百案精析[M]. 北京：中国法制出版社，2019.

[9] Treadway 委员会发起组织委员会(COSO). 内部控制：整合框架[M]. 方红星，译. 大连：东北财经大学出版社，2008.